Joan E. Cashin

·

War Stuff

The Struggle for Human and Environmental Resources in the American Civil War

Cambridge University Press

2018

Джоан Э. Кэшин

Насущный хлеб сражений

Борьба за человеческие и природные ресурсы в ходе Гражданской войны в США

Academic Studies Press
Библиороссика
Бостон / Санкт-Петербург
2023

УДК 94(73).07
ББК 63.3(7Сое)52
К98

Перевод с английского Марии Быковой

Серийное оформление и оформление обложки Ивана Граве

Кэшин, Джоан Э.
К98 Насущный хлеб сражений. Борьба за человеческие и природные ресурсы в ходе Гражданской войны в США / Джоан Э. Кэшин ; [пер. с англ. Марии Быковой]. — СПб.: Academic Studies Press / Библиороссика, 2023. — 322 с. — (Серия «Современная американистика» = «Contemporary American Studies in the Russian Language»).

ISBN 979-8-887192-67-3 (Academic Studies Press)
ISBN 978-5-907532-78-6 (Библиороссика)

В своем новаторском исследовании, посвященном истории Гражданской войны в США, Джоан Э. Кэшин изучает проблему борьбы за человеческие и природные ресурсы между мирными жителями и военными. Поначалу мирные жители с радостью помогали войскам Севера или Юга, однако война оказалась таким тяжелым испытанием, что вскоре южане, независимо от их политических взглядов, всецело сосредоточились на собственном выживании. Обе армии забирали себе все, что считали нужным, и в конечном итоге полностью уничтожили военный потенциал региона. В этой ожесточенной борьбе мирные жители потерпели поражение.

УДК 94(73).07
ББК 63.3(7Сое)52

© J. Cashin, text, 2018
© Cambridge University Press, 2018
© М. А. Быкова, перевод с английского, 2022
© Academic Studies Press, 2023
© Оформление и макет.
ООО «Библиороссика», 2023

ISBN 979-8-887192-67-3
ISBN 978-5-907532-78-6

Благодарности

Когда книга дописана, автору всегда очень приятно поблагодарить тех многочисленных людей, которые помогали ему в процессе работы.

Возможностью отправиться в поездки по различным архивам, крайне важные для моего исследования, я обязана двум организациям, оказавшим мне финансовую поддержку: Мершоновскому центру изучения международной безопасности при Университете штата Огайо, от которого я получила грант, и Филсоновскому историческому обществу в Луисвилле, Кентукки, выдавшему мне научную стипендию.

Благодарю сотрудников архивов за их доброту и готовность сразу же прийти на помощь: Деанну Блэнтон из Национального архива, Джона Коски из Музея истории Гражданской войны, Джеффа Флэннери, Патрика Кервина и Бруно Кирби из Библиотеки Конгресса, Кэтрин Холл из Юридической библиотеки имени Морица при Университете штата Огайо, Ноэля Харрисона из Музея и культурного центра Фредериксберга, Элизабет Холланд, на тот момент работавшую в Публичной библиотеке Чикаго, Джеймса Холмберга из Филсоновского исторического общества, Рональда Ли и Дарлу Брок из Государственной библиотеки и архива штата Теннесси, Джеймса Льюиса из национального парка «Битва при Стоунз-Ривер», Кэти Нидергесес из архива округа Лоуренс, Теннесси, и Лиз Новара из Библиотеки имени Хорнбейка при Университете Мэриленда.

За помощь с иллюстрациями я бы хотела поблагодарить Жермена Бьенвеню из Университета штата Луизиана, Билла Дормана из библиотеки прихода Тангипахоа, Луизиана, Лору Сигер, сотрудницу исторического факультета Университета штата Огайо, Дэвида Вулдриджа из офиса Службы национальных парков в Аппоматтоксе и Кэти Райт из Музея истории Гражданской войны. Мои научные ассистенты Джон Найт, Меган Риэл и Лора Смит провели тщательную и добросовестную работу по поиску книг, статей и документов.

Своим богатым опытом со мной поделились и специалисты из других областей: полковник в отставке Фред Л. Борч, военный историк и сотрудник архива при Корпусе начальника военно-юридической службы Вооруженных Сил США, просветил меня в том, что касалось военной истории и юриспруденции, а Томас Уолдроп, специалист по изучению пожаров при Службе охраны лесов США (университет Клемсон) рассказал мне о лесном хозяйстве.

Терри Алфорд, Джин Бейкер, Марк Болдуин, Стив Берри, Сидни Блюменталь, Джон Брук, Майкл Берлингейм, Джон Бернхэм, Аня Джейбур, Стефани Кермес, Дэниэл Корнстейн, Майкл Марточчио, Стив Минтц, Дэвид Мольтке-Хансен, Рэнди Рот, Лесли Роуленд, Эд Ругемер, Джонатан Уайт и Ли-Энн Уайтс — мои глубокоуважаемые друзья и коллеги, которые делились со мной идеями, внимательно слушали мои рассказы и оказывали теплую поддержку, когда я собирала материал и работала над книгой. Я глубоко благодарна им всем.

Марк М. Смит и Пит Кокланис, редакторы «южной» серии издательства Cambridge University Press, выказали большой энтузиазм в работе над рукописью. Спасибо редактору моей книги Деборе Гершеновиц за ее мудрость и вдумчивость.

Мои коллеги Марк Гримсли и Брукс Симпсон прочитали каждый по одной главе и предоставили полезную обратную связь. За последние двадцать с лишним лет мы с Марком не раз обсуждали те или иные аспекты эпохи Гражданской войны.

Трое моих коллег тщательно вычитали всю рукопись целиком: это Уильям Харрис, Эрл Хесс и Джордж Рэйбл. Они высказали ценнейшие замечания по части стиля и аргументации и проявили себя настоящими друзьями. Однако если какая-то неудачная фраза или фактическая неточность избежала их внимания, то ответственность за это, разумеется, лежит на мне. Я благодарю Кристофера Вуда за возможность побеседовать и узнать его точку зрения о событиях прошлого и настоящего. Эту книгу я посвящаю моей сестре Беверли — человеку искусства, источнику вдохновения и гражданке мира.

Список сокращений

ALA	Архивно-историческое отделение Алабамы
ASI	Институт изучения Арканзаса, Центр истории и культуры Арканзаса
BU	Университет Брэдли, Пеория, Иллинойс
CHMRC	Исследовательский центр Музея истории Чикаго
CHSL	Библиотека Исторического общества Цинциннати
CMLS-VHS	Мемориально-литературное общество Конфедерации под управлением Виргинского исторического общества
CPL	Публичная библиотека Чаттануги
DHS	Далласское историческое общество
DML	Библиотека Метро в Дайтоне, Огайо
DU	Университет Дьюк, Библиотека редких книг и рукописей имени Дэвида М. Рубинштейна
ETHS	Историческое общество Восточного Теннесси
FHS	Филсоновское историческое общество, Луисвилл
GC	Геттисбергский колледж, специальные коллекции и архивы колледжа
HSWP	Историческое общество Западной Пенсильвании
ISL	Библиотека штата Индиана
KHS	Историческое общество Кентукки, Франкфорт
LC	Библиотека Конгресса, отдел рукописей
LCTA	Архивы округа Лоуренс, Теннесси

LMRL	Научная библиотека при Музее Линкольна, Форт-Уэйн, Индиана
LSU	Университет штата Луизиана, Мемориальная библиотека Хилла
NARA	Национальная служба архивов и документации, Вашингтон, Колумбия
NARA-II	Национальная служба архивов и документации – II, Колледж-Парк, Мэриленд
NYPL	Публичная библиотека Нью-Йорка
OCM	Музей «Старая ратуша», Виксбург
OHC	Исторический клуб Огайо
OR	«Война мятежников: собрание официальных документов армий Союза и Конфедерации» в 128 томах (Вашингтон: Государственная типография США, 1897)
OSU	Университет штата Огайо, исторический факультет, eHistory
RG	Группа записей
SCC	Комиссия по требованиям южан
SCHS	Историческое общество Южной Каролины, Чарльстон
TSLA	Библиотека и архивы штата Теннесси
UGA	Университет Джорджии, Библиотека редких книг и рукописей имени Харгретта
UKL	Университет Кентукки — Лексингтон
UM	Университет Мичигана, Библиотека имени Уильяма Л. Клементса
UMCP	Университет Мэриленда — Колледж-Парк, Библиотека имени Хорнбейка
UMIS	Университет Миссисипи, особые собрания
UMS	Университет Мемфиса, особые собрания
UNC-SHC	Университет Северной Каролины, собрание по истории Юга

USC	Университет Южной Каролины, библиотека «Южная Каролиниана»
UTA	Университет Техаса в Остине, Центр американской истории имени Дольфа Бриско
UTK	Университет Теннесси в Ноксвилле
UVA	Университет Виргинии, Библиотека особых собраний имени Альберта и Ширли Смолл
VHS	Историческое общество Виргинии
VMI	Военный институт Виргинии
VSP	Проект «Долина теней», Университет Виргинии
WIU	Университет Западного Иллинойса
WRHS	Историческое общество Западного резервного района

Введение

Эймит, Луизиана, 1861 год

В сентябре 1861 года во дворе Дэвида Уотерса, сорокалетнего надсмотрщика над рабами, жившего в Эймите, штат Луизиана, разместился на постой отряд конфедератов. Уотерс работал в этих местах еще до начала Гражданской войны, а зимой 1860–1861 годов он решил окончательно перебраться в Эймит — деревню в приходе Ливингстон, к северу от озера Пончартрейн. Он не был против того, что возле его дома разбили военный лагерь, — во всяком случае, поначалу — и охотно делился с солдатами едой. Однако его отношения с ними недолго оставались безоблачными. Когда они стали разорять сад Уотерса и ломать там деревья, он пригрозил, что будет стрелять, если еще раз увидит подобное. Именно так в конце концов и случилось — Уотерс открыл огонь по группе солдат, и один из них оказался убит. Остальные пришли в ярость и разрушили дом до основания, хотя офицеры и несколько сослуживцев пытались их остановить. После этого по-прежнему «охваченные гневом» солдаты срубили деревья, снесли изгороди, подожгли амбар и другие дворовые постройки и полностью уничтожили запасы провизии. За этим в ужасе наблюдали родственницы Уотерса. Хозяину сохранили жизнь, но он оказался полностью разорен. Как пишет его соседка Сара Лоис Уэдли, кроме дома и участка у него ничего не было, и с апреля, когда началась война, он не мог найти себе работу[1].

---

[1] См. данные федеральной переписи населения за 1860 год (с. 219) и запись от 21 сентября 1861 года в дневнике Сары Уэдли. После войны приход получил название Танджипахо.

Казалось бы, Сара Уэдли должна была искать оправдания действиям разъяренных конфедератов. Девочка-подросток из семьи рабовладельцев — ее отец занимал высокую должность на железной дороге, — она вела обеспеченную жизнь, коротая время за визитами, шитьем, посещением церкви и чтением. Сара была склонна к самоанализу: она напоминала себе, что нужно верить в Бога, становиться лучше и дорожить тем, что у нее есть. Родственники Уэдли жили по всему штату, и Сара очень любила Эймит с его типичными для маленького городка хитросплетениями светской жизни. У ее семьи было много друзей, в том числе и Дэвид Уотерс; на Рождество 1860 года они нанесли ему полагающийся визит. Во время зимнего политического кризиса некоторые ее родственники поддержали северян, однако сама Сара была убежденной сторонницей сецессии. Когда началась война, она выступила за Конфедерацию. Ее отец служил в небоевом подразделении — он был суперинтендантом на железной дороге, а Сара с матерью присоединились к швейному кружку конфедератов. Она с радостью встретила новости о победе повстанцев в первой битве при Булл-Ран в июле 1861 года[2].

Однако то, что произошло с мистером Уотерсом и его собственностью, ужаснуло Сару Уэдли. Она была ошеломлена, узнав о нападении, которому подвергся их друг и сосед. «Ужасно», пишет она, что на такое способны «наши собственные солдаты». Жители Эймита боялись, что отряды мятежников не удовлетворятся одним домом и подожгут весь город, так что местная милиция патрулировала этот район на протяжении нескольких дней. К превеликому облегчению горожан, поджога не случилось. Уэдли обвинила во всем нью-орлеанских солдат польского происхождения, однако эта история глубоко ее потрясла — отчасти из-за того, что Уотерс выказал солдатам гостеприимство, а те в ответ разрушили его дом. С ее точки зрения, это было неспра-

---

[2] См. данные федеральной переписи за 1860 года (с. 15), описание дневника Сары Уэдли и записи в дневнике от 3 января 1861 года, 1 октября 1860 года, 27 марта 1861 года, 13 октября 1860 года, 4 декабря 1860 года, 31 декабря 1860 года, 5 января 1861 года, 29 декабря 1860 года, 3 января 1861 года, 22 июля 1861 года, 20 марта 1861 года, 14 июля 1861 года и 28 июля 1861 года.

ведливо. И, что хуже всего, офицеры оказались в этой ситуации бессильны. Война шла всего полгода, и — хотя Уэдли об этом не пишет, — случившееся вопиющим образом нарушило Военный кодекс Конфедерации[3].

Кажется странным, что подобная ситуация возникла в самом начале войны, и уж тем более, что солдаты-южане вели себя подобным образом на территории самой Конфедерации. Однако это не единственный случай. В ходе моих исследований я часто обнаруживала истории об ущербе, нанесенном мирным жителям и их собственности. Обе враждующие армии отбирали у гражданского населения еду и древесину и разрушали частные дома. Вскоре я стала задавать себе вопрос: существовали ли какие-либо документы, призванные ограничить злоупотребления? Я не рассчитывала, что кто-то стал бы в точности им следовать — поскольку слишком долго преподавала в крупных государственных университетах, чтобы сохранить веру в готовность людей точно выполнять официальные инструкции. Однако чем дальше, тем больше меня изумляло то, с каким безразличием и презрением относились к подобным документам солдаты и офицеры обеих армий. Я стала интересоваться тем, как воюющие стороны рассматривали ресурсы — и человеческие (например, гостеприимство Дэвида Уотерса), и материальные (его продукты, изгороди и дом). Результатом этого интереса и оказалась настоящая книга.

О чем эта книга

Предмет нашего исследования — это отношение к ресурсам, как человеческим, так и материальным, а также борьба за эти ресурсы, развернувшаяся в военное время между солдатами и гражданским населением. Отдельной важной темой оказались незначительные возможности официальных распоряжений ограничить действия военных. Обе армии, и северная, и южная,

---

[3] См. запись от 21 сентября 1861 в дневнике Сары Уэдли.

в основном состояли из обычных людей, выросших в сельской местности и в небольших городах. До войны белое население обоих регионов придерживалось схожих ценностей общинности и разумного хозяйствования. По большей части представители этого населения были согласны с тем, что у каждого человека есть определенные обязательства перед другими людьми и что ценными материальными ресурсами необходимо распоряжаться с умом — хотя, конечно, иногда люди обращаются друг с другом несправедливо или растрачивают ресурсы впустую. Ни Север, ни Юг нельзя было назвать аграрными утопиями, однако среди большинства жителей обоих регионов преобладало коммуналистское отношение к другим белым и стремление разумно использовать ресурсы.

И вот началась война. Обе армии активно обратились к человеческим ресурсам Юга — к знаниям и умениям белого населения южных штатов, — и в процессе их применения разрушили, неправильно использовали и растратили такое количество материальных ресурсов, которое до 1861 года было невозможно представить. В обеих армиях всегда имелось некоторое количество солдат и офицеров, старавшихся защитить гражданское население и сохранить материальные ресурсы, однако потребности военных стояли выше, чем нужды гражданского общества и доминировавшие в довоенной культуре ценности. Обе армии выжали из материалов, необходимых для продолжения боевых действий, — того, что рядовой-янки Эдгар Элай назвал «материей» войны, — все возможное, вне зависимости от того, отправлялись ли эти материалы в Конфедерацию, в пограничные штаты или на Север. Этот подход действовал вне зависимости от этнического происхождения военных, их религиозных и политических взглядов и того, когда именно они присоединились к воюющим. Тот, кто носил мундир — неважно, синий или серый, — ставил свои потребности превыше всего[4].

---

[4] См. письмо Эдгара Элая миссис Теодор Фаулер от 24 января 1864 года. О роли гражданского населения в других войнах см. [Uglow 2014; Gibson 2014; Proctor 2010; Tirman 2011; Merridale 2006; Schrijvers 1998; Eby 1998].

Речь идет не об отдельных преступниках, дезертирах или отщепенцах. Описанное поведение было типичным для обеих армий — и для пехоты, и для кавалерии, среди офицеров разных званий, как на восточном театре, так и на западном. Историки расходятся в том, насколько эффективной, профессиональной и хорошо организованной была армия довоенных Соединенных Штатов, однако в армиях Гражданской войны практически не было кадровых офицеров, встречавшиеся же там выпускники Вест-Пойнта далеко не всегда придерживались буквы приказа. «Законы» войны, развивавшиеся на протяжении столетий, мало влияли на практические действия, то же самое можно сказать о скудной на тот момент литературе по военной теории. Верховный суд США не предоставил четких указаний, в Конфедерации же вообще не существовало Верховного суда; ни Авраам Линкольн, ни Джефферсон Дэвис не принимали непосредственного участия в создании законов, определяющих взаимодействие военных с гражданскими лицами и принадлежащими тем ресурсами. Предполагалось, что американские войска должны придерживаться Военного кодекса от 1806 года, а также ориентироваться на «Военный словарь» Генри Ли Скотта — своеобразный военный альманах, опубликованный в 1861 году. В федеральной армии в 1862 году появились приказы Джона Поупа, а в 1863 году — Кодекс Фрэнсиса Либера. Эти документы, с одной стороны, предоставляли солдатам бо́льшую свободу действий, но с другой — стремились хоть сколько-нибудь защитить нонкомбатантов и их материальное окружение. На практике такие меры работали плохо. Приказы и кодексы едва ли могли противостоять ненасытным потребностям обеих армий, обладавших собственной, независимой от директив сверху волей[5].

Война способствует нарушению закона и, как правило, поглощает невероятное количество ресурсов. На протяжении всей

---

[5] См. [Bledsoe 2015; Watson 2013; Herrera 2015; Skelton 1992; Chetail, Haggenmacher 2011; Reardon 2012: 10–11, 15, 19–21, 87, 137; Coffman 1986: 42–211; Carnahan 2010: 23, 43, 119; Escott 2006: 17, 93–94; Davis 1991: 440, 541, 581]. Ср. [Witt 2012: 2–9, 237–238], где автор утверждает, что Кодекс Либера своим появлением обязан Линкольну.

современной истории, невзирая на официальные запреты, армии всегда наносили вред гражданскому населению и уничтожали его собственность. Американская Гражданская война не стала исключением. И все же поражает масштаб совершенных в ее процессе правонарушений, ра́вно как и их последствия для нонкомбатантов. Ученые слишком часто верят в то, что достаточно издать указ, и армия автоматически станет ему следовать, однако ни один документ не может претвориться в жизнь сам по себе — нужны те, кто будет следить за его исполнением. Офицеры и солдаты неохотно подчинялись упомянутым выше приказам и кодексам, а иногда и вовсе их игнорировали. Помимо прочего, в этой книге речь пойдет именно о том, как на фоне разгорающейся войны официальные директивы становятся все менее эффективными в плане предотвращения нарушений. Гражданская война оказалась поистине «тотальной»: она потребовала эксплуатации всех имевшихся человеческих и материальных ресурсов. В ней отсутствовал «парфюмерный» период, когда армии воздерживались бы от экспроприаций. Из-за проблем со снабжением и дисциплиной обе враждующие стороны с самого начала выбрали «жесткий» подход[6].

Созданные на скорую руку системы военного снабжения должны были обеспечивать поставки на большие расстояния. Естественно, они не справлялись. Обе армии сталкивались с проблемами на уровне организационной структуры, транспорта, технологий и финансирования, поскольку впервые участвовали в операциях подобного масштаба. Однако ученые обычно рассматривают эти проблемы с точки зрения «оптовика» — то есть служб снабжения[7]. Стоит взглянуть на них и с позиции «розницы» — под этим я понимаю непосредственное взаимодей-

---

[6] См. [Dyer 1985: 4; Hickey 1990: 129–130; Schrijvers 1998: 105; Parker 2013: 28–29, 671]. В дискуссии о том, считать ли Гражданскую войну «тотальной» либо «жесткой», Ройстер [Royster 1991] и Феллман [Fellman 1995] утверждают, что она имела глубоко разрушительный эффект, в то время как Дилбек [Dilbeck 2016], Гримсли [Grimsley 1995] и Нили [Neely 2007] с этим не согласны.

[7] См. [Goff 1969: 90–91, 129–130, vii; Wilson 2006: 3, 191–192].

ствие солдат и гражданского населения. В целом в исторической науке утвердилась точка зрения, что янки хоть и не сразу, но разобрались, как обеспечить поставки, в то время как конфедератам этого не удалось. Однако если посмотреть непосредственно на поведение солдат, то станет ясно: в плане снабжения ни та ни другая сторона не отличались особой эффективностью действий. Даже армию федералов нельзя было назвать отлично смазанной военной машиной[8].

Когда речь шла об обучении занимающих ключевые посты военных чиновников, обе армии исповедовали принцип «учись на ходу». Интенданты и офицеры-хозяйственники не получали практически никаких инструкций. По прибытии на фронт некоторые из них даже не знали, какой властью обладают другие офицеры — например начальники военной полиции. Капитан армии Севера Чарльз Фрэнсис Адамс вспоминал, что всему научился на собственном опыте. Он описывает армию как машину, в которой никто не понимает, что, собственно, эта машина делает. Эта проблема была характерна не только для федеральных войск. В ноябре 1862 года генерал-адъютант армии конфедератов Сэмюэл Купер убеждал генерал-майора одного из повстанческих подразделений прочесть Военный кодекс, поскольку тот, очевидно, вообще не был знаком с этим документом. Джордж Кэри Иглстон, как и многие солдаты Юга, ругал некомпетентных военных чиновников и утверждал, что за время войны они ничему не научились — ни выдавать паспорта, ни организовывать снабжение[9].

Более того, ни та ни другая армия не располагали надежными механизмами, позволяющими призвать к порядку солдат, если те нарушали установленные правила. Военно-полевые суды, проводившиеся стремительно и в отсутствие какого бы то ни было установленного порядка, редко снисходили до рассмотре-

---

[8] См. [Shannon 1965: 53–103; Hagerman 1988: xi–xviii, 58; Huston 1966: 179–187; Wilson 2006: 191–192; Wiley 1943: 90–107; Escott 1978: 54–93].

[9] См. [Le Duc 2004: 68–69, 84–85; Дневник У. Ч. Брауна; Adams 1916: 135, 147; OR: 951; Eggleston 1875: 208–210].

ния дел, связанных с гражданскими лицами и их имуществом. За весь период войны всего тринадцать солдат Севера предстали перед военным трибуналом за преступления против гражданских лиц и их имущества; по оценке исследователя Роберта Алотты, за разбой, грабеж и кражу у гражданских лиц в федеральной армии казнили всего десятерых солдат. В 1862 году было учреждено Управление главного военного прокурора. Эта мера, которая должна была укрепить систему военно-полевых судов, не имела почти никакого практического значения. Данных об аналогичных военно-полевых судах или казнях в армии повстанцев не сохранилось. Структуры, аналогичной Управлению главного военного прокурора, в Конфедерации тоже не было. Однако исторические свидетельства демонстрируют, что реальная ситуация по обе стороны конфликта была практически одинаковой. В послевоенных мемуарах солдат обеих армий упоминаются многочисленные случаи нарушений. Военные не без оснований полагали, что никаких последствий у этого не будет. Системы компенсаций, предназначенные для возмещения вреда, нанесенного гражданскому населению, тоже не отличались эффективностью. В армиях Севера и Юга не было никаких страховочных механизмов, которые бы гарантировали проведение операций строго в установленных рамках. В подобном механизме нуждается каждая организация[10].

Главная причина, по которой приказы оставались только на бумаге, — это менталитет большинства солдат в обеих армиях. Этими солдатами были простые люди, своенравные и непокорные; так пишут историки, и такую же точку зрения озвучивали сами военные. Армия конфедератов была слишком большой, пишет офицер-северянин Чарльз Уиллс, и потому офицеры не

---

[10] См. [Borch 2016: 1; Witt 2012: 269, 273–274; Alotta 1989: 202–209; Kastenberg 2011: 193–228]. С аналогичными бюрократическими сложностями сталкивались медицинские департаменты и Бюро Свободы; см. [Humphreys 2013: 34–36, 38–39, 129–130, 208–242; Downs 2012: 81–82]. Патентная служба Конфедерации работала более эффективно, потому что располагала небольшим и опытным коллективом сотрудников; см. [Knight H. 2011: 4, 49–52, 204–205].

могли контролировать друг друга и своих солдат. Те, кто воевал «в поле», не всегда подчинялись приказам вышестоящего командования. Отдельные офицеры могли сколько угодно метать громы и молнии, порицая эксплуатацию гражданских лиц и их имущества, однако солдаты не всегда к ним прислушивались — отчасти и потому, что другие офицеры смотрели на такие действия сквозь пальцы или даже сами принимали в них участие. Многие солдаты воспринимали ограничения как досадную помеху, которую можно было обойти. С первых месяцев войны и до самого ее конца рядовые игнорировали слишком совестливых офицеров и поступали так, как считали нужным[11].

Чарльз Перроу, исследователь организационных структур, утверждает, что одна из причин, по которой бюрократия может оказаться неэффективной, заключается в следующем: исполнители опираются на собственную точку зрения, сформированную в течение предшествующей жизни, и создать новый комплекс ценностей, который придется по душе каждому, удается не всегда. Солдаты времен Гражданской войны не обладали опытом ведения бизнеса, у них не было организационных навыков, и они не стремились четко соблюдать каждое требование; зачастую им было абсолютно все равно, что написано в уставах. Более того, их политическая культура предполагала сильное недоверие к чиновничьей бюрократии. Когда они конфисковали у гражданских еду или древесину или вставали к ним на постой, обычно обходилось без заполнения каких бы то ни было документов — никому не хотелось с этим возиться. Если солдат не хотел выполнять приказы, он их не выполнял. Вместо того чтобы быть жесткими и непреклонными, военно-бюрократические структуры обеих армий были вялыми и чрезмерно перегруженными. Между тем солдатами двигали самые базовые нужды: найти пропитание, тепло и кров. Ради этого они были готовы почти на все. Результатом стала

---

[11] См. [Mitchell 1988: 138, 140–146; Glatthaar 2008: 176–185; Hughes N. 1995: 26, 82; Wills 1906: 360–361; Ramold 2010: 273–276, 286–287; Wiley 1943: 217–243; Wiley 1962: 193–223].

«тотальная» по своей разрушительности война, не отличавшаяся эффективностью[12].

Во время войны у военных и гражданских существовало множество точек пересечения. В некоторых случаях можно говорить, что они подчинялись правилам. Как мудро отмечает историк Пол Эскотт, между белым гражданским населением и армией Юга наблюдалось активное «взаимопроникновение», и то же самое можно сказать о белом гражданском обществе Юга и армии Севера. В некоторых отношениях военное и гражданское население было очаровано друг другом. Многие гражданские лица не оставались в стороне от войны и играли в ней важную роль. Однако интересы военных и гражданских расходились, и чем дальше, тем сильнее. Когда нужды одних сталкиваются с нуждами других, нонкомбатанты полагают, что приоритетом должны пользоваться именно они, особенно если на кону стоит их выживание. На фоне борьбы двух армий разгорается конфликт между ними и гражданским обществом — конфликт настолько сложный, что его нельзя свести к простой виктимизации. Некоторые гражданские извлекали из связи с армией пользу, однако значительно большему их числу пришлось отдать войне своих людей, свое продовольствие, свои дрова и свои дома. Зачастую человек даже не понимал особенностей военной политики той или иной армии. В этом изматывающем поединке гражданское население проиграло[13].

Когда жителям Америки пришлось надеть мундиры, многие из них взглянули на человеческое поведение и материальные ресурсы под совершенно новым углом. Ученые по-разному оценивают их идеологические воззрения, мнения по расовому вопросу, способы самовыражения, преданность тому или иному политическому лидеру, взгляды на эмансипацию и так далее[14],

---

[12] См. [Perrow 1986: 4; Grimsley 2011: 118, 135; Alvesson 2002: 1, 166–167, 172, 183; Hoffer 2007: viii, 9–10, 13; Komer 1972: viii–ix; Schuck 2014: 4, 13].

[13] См. [Escott 2006: 72].

[14] См. [Wiley 1943; Wiley 1962; Barton 1981; Jimerson 1988; Manning 2007; Sheehan-Dean 2007; Noe 2010].

однако обе армии время от времени нуждались в помощи гражданского населения. Обеим армиям требовалась провизия, тепло и крыша над головой. Зачастую солдаты решали, что могут взять все необходимое силой, отказываясь тем самым от довоенных принципов общинности и разумного распоряжения ресурсами. Для некоторых неподчинение было удовольствием само по себе. Они наслаждались свободой от ограничений и «не боялись ни Бога, ни человека», как пишет интендант-янки Алдис Брайнерд. Исследователи мозга полагают, что, очутившись вне привычных социальных ограничений, человек способен совершить то, что в обычной ситуации невозможно даже представить. В толпе этот эффект становится еще сильнее. О подобном часто писали современники Гражданской войны. Северянин Эстер Х. Хоукс, работавший врачом в Южной Каролине, отмечает, что федеральные войска наслаждались, уничтожая имущество южан, потому что находились «вдали от облагораживающего влияния дома» и плохо переносили тяготы войны[15].

Тем не менее в обеих армиях продолжалось горячее обсуждение вреда, нанесенного гражданскому населению и его имуществу. Некоторые предлагали ограничить действия военных. Они находили творящиеся злоупотребления ужасающими и не собирались их терпеть. Так, солдат-северянин, с ужасом наблюдавший за грабежами в Виргинии в 1862 году, отмечал, что «война выпускает на свободу демона разрушения» и «у солдат вырабатывается вкус к разрушению». Некоторые рассматривали это как религиозную проблему или как разрушение моральных устоев, при этом другие выступали против бессмысленной траты ресурсов. Но их голоса часто заглушали или игнорировали. Когда конфедерат Дж. М. Уэддилл утверждал, что воровство на войне — это не то же самое, что в мирной жизни, он выразил точку зрения многих военных из обеих армий[16].

---

[15] См. [Marshall 1999: 83; Simon 1996: 4; Lewis 2013: 163, 166, 174–175]. См. также письмо Э. Х. Хоукса к «Уважаемой госпоже секретарю и другим дамам» от 26 ноября 1862 года (LC).

[16] См. [Stout 2006: 286–292, 321–328, 329–392, 393–394, 401; Dilbeck 2016: 4–7, 128–129, 134–135, 144, 154–155; Livermore 1897: 659; Graham 2013: 191].

В данном исследовании мы также рассмотрим политические разногласия в среде белых южан и постараемся выяснить, как они повлияли на исход войны. Многие жители Юга, разумеется, были горячими сторонниками Конфедерации, убежденными, что рабство необходимо распространить на западные территории — главный пункт выборов 1860 года, — и что если этот процесс попытаются остановить, необходимо прибегнуть к сецессии. Однако многие белые южане не разделяли принципов конфедератского национализма: значительная их часть выступила против войны. На выборах 1860 года приблизительно 40 % белых мужчин в рабовладельческих штатах проголосовали против немедленной сецессии, и эта цифра никак не отражает мнения белых женщин, которые придерживались той же точки зрения, но не могли голосовать. Зимой, когда произошла сецессия, политики-южане, выступавшие за сохранение Федерации, не смогли организовать эту массу людей, однако с началом войны федеральная армия сразу же обратилась к юнионистам и юнионисткам за помощью. На ранних этапах военных действий им, как правило, помогали — точно так же сторонники сецессии поддерживали повстанческую армию. Однако постоянные требования обеих армий наносили ущерб всем гражданским, и с истощением ресурсов многие из них уже не были готовы поддерживать военных. При этом далеко не каждый противник Конфедерации был сторонником Союза: среди белых южан встречались и те, кто просто хотел держаться подальше от конфликта[17].

---

[17] См. [Foner 2010: 143; Williams et al. 2002: 1–2]. Историки расходятся в том, существовал ли в Конфедерации национализм и насколько он был популярен: Рубин [Rubin 2005], Уэзерингтон [Wetherington 2005], Галлагер [Gallagher 1997], Фауст [Faust 1988], Томас [Thomas 1979] и Мэсси [Massey 1966] утверждают, что националистические настроения на Юге были сильными, в то время как Майерс [Myers 2014], Стоури [Storey 2004], Уильямс, Уильямс и Карлсон [Williams et al. 2002], Байнум [Bynum 2001], Фишер [Fisher 1997], Дайер [Dyer T. 1999], Керрент [Current 1991], Даррилл [Durrill 1990], Берингер [Beringer et al. 1986], Эскотт [Escott 1978], Деглер [Degler 1974] и Татум [Tatum 1934] полагают, что они были слабыми либо что в течение всей войны на Юге оставались сторонники Союза. Фрилинг [Freehling 2001] указывает на популярность юнионизма в пограничных штатах.

Историография

Эта книга основана на работах многих замечательных ученых, однако в некоторых важных аспектах, начиная с взаимодействия солдат и гражданского населения, мы отклоняемся от точки зрения, принятой в современной науке. Ряд исследователей подчеркивает ту непоследовательность, с которой обе армии относились к гражданским лицам, а также свойственную их отношениям напряженность[18], но мы, в отличие от них, рассматриваем непосредственные материальные последствия. Некоторые историки анализируют роль гендерного аспекта, учитывая, что большинство солдат были мужчинами, а среди гражданских было много женщин. Они отмечают, что война продемонстрировала податливость довоенной убежденности в неизменной, врожденной природе полов[19]. Однако такие исследования не затрагивают вопрос того, как мужчины и женщины использовали материальные ресурсы. Военные историки отмечают, что офицерам с трудом удавалось удерживать своих солдат под контролем, но не изучают, как это влияло на материальные ресурсы, необходимые гражданским для выживания. Если взглянуть на ситуацию шире, то подобный менталитет обеих армий — непокорных, не способных организовать полноценные поставки ресурсов — свидетельствует о том, что ни Север, ни Юг еще не дозрели до возможности быть полноценным государством того времени[20].

Сейчас ученые начинают изучать материальную сторону Гражданской войны, и наше исследование разворачивается

---

[18] См. [Glatthaar 2008: 176–185; Escott 2006: 165–178; Sutherland 1995; Whites 2009; Ash 1995; Massey 1964: 204–211].

[19] См. [Harrison 2013; Jabour 2007; Gardner 2004; Edwards 2000; Faust 1996; Whites 1995; Rable 1989; Elshtain 1995].

[20] См. [Reardon 2012; Ramold 2010; Escott 2006; Grimsley 1995; Mitchell 1988]. Другой взгляд на мощь и современность Конфедерации см. у [Bonner 2016: 17, 183–184, 202; Bensel 1990: 233–234]. По вопросу образования государства см. [Brooke et al. 2018].

в русле этого тренда. Историки Джоан Э. Кэшин и Майкл ДеГруччо описали возведенные монументы и «охоту за реликвиями», однако оставили бо́льшую часть материального мира эпохи в неприкосновенности[21]. Также эта книга опирается на новейшие исследования в области экологической истории (Лиза Брейди, Марк Фидж, Брайан Дрейк), из которых следует, что на ход войны значительно влияли природные условия. Однако взаимодействие между армиями, гражданским населением и природой необходимо изучить внимательнее[22]. Те немногочисленные историки, которые изучали привлечение материальных ресурсов военными, склонны обращать больше внимания на провизию и недостаточно изучать процесс с точки зрения гражданского населения; лучшим исследованием по этому вопросу остается книга Белла Уайли, написанная много лет назад. Уайли отмечает, что солдат-повстанцев, отбиравших еду у гражданских, либо «порицали», либо считали «невиновными», и на этом останавливается. Фуражиры армии Севера иногда следовали предписаниям, однако Уайли признает, что порой операции могли выйти из-под контроля. Дальше эту мысль он не развивает[23]. Некоторые историки рассматривали влияние войны на ситуацию с древесиной и постройками. Меган Кейт Нельсон, впрочем, больше говорит о действиях северян и рассматривает, скорее, городскую жизнь. Марк Гримсли называет июльские приказы генерала Джона Поупа (1862 год) поворотной точкой в политике и практических действиях солдат[24]. К тому же ни один исследователь не изучал довоенное отношение к материальным ресурсам на Севере и Юге, а также их связь с событиями войны. Настоящая монография является первой работой по этому вопросу.

---

[21] См. [Cashin 2011; DeGruccio 2011: 15–35].

[22] См. [Brady 2012; Drake 2015; Fiege 2012; Meier 2013; Judd 2014; Tucker, Russell 2004a].

[23] См. [Hess 2005: 121, 126, 161–165, 174, 257; Ash 1995: 55, 92; Escott 1978: 109–110; Wiley 1943: 102; Wiley 1962: 233–236].

[24] См. [Nelson 2012; Grimsley 1995].

Какие темы затрагивает и не затрагивает эта книга

В первой главе мы исследуем жизнь на довоенных Юге и Севере, в то время как в «военных» главах речь пойдет о конкретных случаях, связанных с человеческими ресурсами, провизией, древесиной и постройками Юга, поскольку именно эти ресурсы имели во время войны главную ценность. «Военные» главы охватывают промежуток времени с 1861 года по 1863 год, чтобы у нас была возможность сравнить реальное поведение военных до и после принятия знаменитых приказов Джона Поупа (1862 год) и Кодекса Фрэнсиса Либера (1863 год). В двух последних главах рассматриваются события 1864 и 1865 годов, когда кумулятивный эффект военных действий на хозяйство Юга принял пугающие масштабы. На протяжении всей книги мы рассматриваем ситуацию с точки зрения различных дисциплин, таких как изучение материальной культуры, приготовление пищи, лесное хозяйство, архитектура и наука о катастрофах. Основное внимание уделяется регулярной армии. Кроме того, в этом исследовании речь идет только о сухопутных операциях. Поскольку Юг времен Гражданской войны состоял по большей части из ферм, плантаций, деревень и маленьких городков, речь, скорее, пойдет о них, нежели о больших городах. Чернокожие южане будут время от времени появляться в тексте как свидетели и участники тех событий, однако рабы обладали меньшими материальными ресурсами, чем большинство белых, к тому же в обеих армиях существовали особые правила обращения с черными американцами. Более того, многие аспекты жизни афроамериканского населения во время Гражданской войны уже тщательно исследованы. В настоящей работе не затрагиваются вопросы конфискации хлопка или земли в соответствии с такими правительственными уложениями, как Первый и Второй законы о конфискации в Соединенных Штатах (1861 и 1862 годы), а также Закон о продовольственном налоге, принятый Конфедерацией в 1863 году[25].

---

[25] См. [Romero 2015; Cecelski 2012; Siddali 2005; Camp 2004; Hahn 2003: 13–115;

Подобно большинству наших коллег, мы основывали свое исследование на сохранившихся рукописях. Многие документы конфедератов в конце войны пропали или сгорели, однако ряд других бумаг уцелел и дошел до наших дней, что позволяет ученому заполнить многие лакуны. С обеих сторон сохранилось огромное количество письменных свидетельств, включающих в себя письма, дневники, мемуары, газеты, рассказы о жизни в рабстве, документы Комиссии по требованиям южан, протоколы полевых судов, интендантские записки и другие материалы, хранящиеся в Национальном архиве. Помимо того, что включено в этот список, существует множество текстов, проливающих свет на проблемы, о которых идет речь в настоящей книге. Архив официальных записей о Гражданской войне — это невероятно обильный источник, в котором можно обнаружить данные об армиях, гражданских лицах и материальных ресурсах от начала и до конца конфликта.

Уточним значение некоторых терминов. Под словом «плантатор» понимается владелец по меньшей мере двадцати рабов. «Круглые сорок» — это расхожая фраза XIX века, когда сквоттеры заявляли свои права на 40 акров государственной земли, вырубали там весь лес и двигались дальше. Под существительным «фураж» военные обеих армий понимали пищу и древесину как для людей, так и для лошадей, а глагол «фуражировать» означал поиск таких ресурсов. Наконец, в тексте могут появиться имена прославленных военных и гражданских деятелей, однако бо́льшая часть книги посвящена обычным людям. Где это было возможно, мы стремились предоставить биографические данные, включая информацию о собственности и военное звание, однако в некоторых случаях это было невозможно узнать или подтвердить. Иногда в процессе военных действий солдат получал повышение, и его звание менялось.

Frankel 1999; Syrett 2005; Thomas 1979].

Глава 1
Старый Юг

Белые южане довоенного поколения, и мужчины, и женщины, отлично знали свои края: ландшафты Юга, его географию, сложные отношения между членами общества и нюансы местной истории. Кроме того, многие жители обладали развитыми навыками, необходимыми для обеспечения функционирования отдельных хозяйств и целых сообществ. Обладающий такими навыками человек приобретал особый статус и получал персональное удовлетворение от занятия своим делом. Когда в повседневной жизни южан происходили неприятности, они обращались друг к другу за помощью и поддержкой. Случались среди них и конфликты, основанные на классовых и иных различиях, однако большинство жителей Юга, каким бы ни было их социальное происхождение, разделяли этику общинности, согласно которой у каждого человека были обязательства перед другими людьми[1].

Предвоенные годы были для белых южан временем материального благополучия. Они знали, как распоряжаться разнообразными ресурсами — продуктами, древесиной и постройками, — каждый из которых имел собственную ценность и был необходим человеку для выживания. Это касалось всего американского Юга, вне зависимости от локальных различий в рационе, территории и архитектуре. Большинство белых южан — плантаторы, фермеры, юристы, доктора, издатели, священники или

---

[1] См. [Ash 1995: 4–5; Crofts 1992: 75–101; Burton 1985: 75].

ремесленники, жители сельской местности или маленьких городков — ценили свои материальные возможности, используя их для собственных нужд и ради благополучия родственников друзей и соседей. Они с готовностью делились друг с другом тем, что им принадлежало. Как пишет дочь судьи Летиция Дэбни Миллер, казалось, что в этом мире «простого изобилия» ресурсов хватит на всех. Некоторые белые южане тратили эти ресурсы впустую, применяли их не по назначению или вовсе забрасывали, но большей частью местные жители стремились к разумному ведению хозяйства и избегали бессмысленного расточительства[2].

Люди

Начнем, собственно, с людей. Большинство белых южан разделяли систему ценностей, связанных с семейными обязательствами, гендером, религией и честью, при этом все указанные ценности существовали в рамках общинности. Основой общинности была семья, определяющий жизни большинства институтов. Под родственниками понимали вовсе не одних только родителей и детей: родственные отношения распространялись очень широко. Многие южане в мельчайших подробностях знали историю своей семьи вплоть до прадедушек или прабабушек, а то и еще дальше, и жили в окружении своих родственников. Так, у Микаджи Э. Кларка имелись родственники в шестнадцати домах округа Андерсон, Южная Каролина: кузены и кузины, дяди и тети, носившие в общей сложности семь разных фамилий. Люди из разных поколений могли жить под одной крышей на протяжении многих месяцев и даже лет[3].

[2] См. мемуары Летиции Дэбни Миллер, с. 18, документы миссис Кейд Дрю Гиллеспи, Университет Миссисипи, Специальные коллекции (UMIS).

[3] См. [Burton 1985: 47, 57, 123; Wyatt-Brown 1982: 117–291]. См. также дневник и автобиографию Уильяма Г. Холкомба, т. I, с. 1–10, UNC-SHC; дневник Микаджи Адольфуса Кларка, с. 32–64, USC; автобиографию Марты Луизы П. Бранч, с. 1, семейный архив семьи Манфорд, Историческое общество Виргинии (VHS).

С раннего детства у человека формировалась мысль, что родственники должны помогать друг другу. Во взрослой жизни этот принцип воплощался в плотную сеть услуг и обязательств. Зная, что может рассчитывать на щедрость своего двоюродного брата, Джеймс Дедрик, адвокат из штата Теннесси, занял у того деньги для приобретения земли. Сара Томпсон, хозяйка плантации, обращалась к своим родственникам за советами по части домашних дел: например, как правильно выткать коврик и сколько для чего потребуется ткани. Родственники посещали одну и ту же церковь, а после службы отправлялись друг к другу с визитами. Раз в месяц они отправлялись в главный город округа по делам, а заодно для того, чтобы узнать новости и еще немножко поговорить. Родственникам с готовностью давали приют. Хозяйка плантации Энн Арчер принимала у себя сына своей кузины, который путешествовал по Миссисипи, — пусть даже он слишком много пил и «очень нам не понравился»[4].

Еще одним уровнем взаимных обязательств между членами сообщества были отношения с друзьями и соседями. В повседневной жизни белые южане постоянно оказывали друг другу крупные и мелкие услуги. Некая миссис Пледжер из Уолнат-Хилла, Южная Каролина, зашла к своим соседям, семье Маклеод, и попросила написать для нее несколько писем. Юная Кейт Маклеод не была в восторге от перспективы писать «эту тягомотину» для старушки-соседки, однако это был ее долг, и она его выполнила. Когда незадолго до местных выборов

---

[4] См. письмо Джеймса М. Дедрика «Дорогому кузену Джорджу» от 30 апреля 1859 года, архив семьи Маррелл, Университет Виргинии, Библиотека специальных коллекций Альберта и Ширли Смолл (UVA); письмо Сары С. Томпсон Вирджинии А. Шелби от 15 июля [1832 или 1833 года], коллекция Григсби, Историческое общество Филсона (FHS); письмо Энн М. Шанк «Дорогой Мэт» от 27 сентября 1856 года, бумаги Джозефа Белкнапа Смита, Университет Дьюк, Библиотека редких книг и рукописей (DU); письмо Энн Арчер Эдварду Арчеру от 25 марта 1855 года, бумаги семьи Ричарда Т. Арчера, Университет Техаса в Остине, Центр американской истории имени Дольфа Бриско (UTA). См. также [Cooper-Hopley 1863: 75].

в 1859 году несколько подвыпивших молодых людей стали петь песни перед домом коммерсанта Карни в штате Теннесси и один из них уснул на крыльце, мистер Карни пригласил его пройти в дом и проспаться. Отправляясь в столицу округа, человек мог забрать там почту, адресованную его соседям, и развезти ее по домам. Добрососедское поведение отмечалось и запоминалось[5].

Для установления социальных связей имелся крайне эффективный, проверенный временем способ — гостеприимство. Родственники, друзья и соседи регулярно посещали друг друга. Это могли быть как спонтанные, так и спланированные визиты, которые во втором случае длились несколько дней или даже больше. Официальные приемы также были в чести. Как вспоминала жительница Техаса Мэри Мэверик, в каждом уважающем себя доме было специальное помещение для приемов и балов. Особенно часто было принято собираться по праздникам. В обычные дни года многие белые южане считали своим долгом давать приют белым путешественникам. Отец Джона Фрэнклина Смита владел плантацией в округе Бэйтс, штат Миссури, и всегда безвозмездно предоставлял проезжим кров. На это пошел бы не каждый, но таков был идеал[6].

Принцип общинности Старого Юга распространялся и на белых янки, переехавших в южные штаты, и на эмигрантов из Европы, если они принимали наличие института рабства. Джейсон Найлз, уроженец Вермонта, переехал в Миссисипи в сороковые годы. К 1861 году он уже стал процветающим юристом

---

[5] См. письмо Кейт Маклеод Альберту Блу от 25 марта 1856, бумаги семьи Мэтью П. Блу, Алабамский архивно-исторический отдел (ALA); дневник Кейт С. Карни, запись от 3 августа 1859 года UNC-SHC; некролог Томаса Хардина, опубликованный в газете «Кроникл» (Августа, Джорджия) 14 августа 1853 года, с. 3. См. также [Livermore 1889: 205–206].

[6] См. [Taylor J. 2008: 62–63; Green 1921: 55; Murr 2001: 64]. См. также письмо Мэри Р. Кирквуд Эмме Чеснат от 20 июля 1841 года, бумаги семей Кокс и Чеснат, USG; интервью с Джоном Франклином Смитом. «Истории американской жизни», LC, URL: http://rs6.loc.gov.

в округе Аттала, где у него было много друзей и благожелательных соседей. То же самое происходило и с выходцами из Европы. Немцы и ирландцы селились не только в крупных городах, но и в городках наподобие Стаунтона, Виргиния. Несмотря на отдельные случаи шовинизма и предубеждения против католиков (многие из новоприбывших принадлежали к Католической церкви), бо́льшая их часть жила в мире со своими соседями-протестантами англо-саксонского происхождения. Аналогичным образом обстояло дело и с небольшим количеством евреев, поселившихся в городках и деревнях Юга[7].

Классовые отношения между белыми членами этого общества считались вопросом, требовавшим осторожности. Рабовладельцы, которым принадлежала бо́льшая часть собственности, должны были обеспечить себе поддержку или хотя бы признание со стороны других белых. Многие из них старались поддерживать хорошие отношения с остальными из просвещенного интереса, религиозного долга и того, что ощущается как искреннее желание помочь ближнему. Так, жители Манчестера, штат Виргиния, очень ценили Ребекку Харрис, обладавшую талантом сиделки. К ней обращались за помощью люди из разных социальных слоев, и она, как правило, соглашалась им помочь. На юге Южной Каролины плантаторы понимали, что фермерам требуются деньги, когда те предлагали своим более обеспеченным соседям купить у них корзины или шерсть. Дочь одного из таких плантаторов утверждала, что обе стороны без лишних слов понимали, что стоит за подобными сделками. Высокомерие элит сдерживали и родственные связи. Бывшая рабыня Энн Брум, жившая неподалеку от Уиннсборо, Южная Каролина, отмечала, что местные плантаторы «хорошо» относились к белому мужчине из рабочего класса по имени Маршалл, посколь-

---

[7] См. [Zimring 2014: 67–97; Stern 2012: 2–17, 18–37; Weissbach 2005: 12–13]. См. также дневник Джейсона Найлза, записи от 20 июля 1863 года и от 1 февраля 1864 года, бумаги Джейсона Найлза, UNC-SHC; дневник Джозефа Уэдделла, записи от 26 февраля 1856 года и от 24 сентября 1857 года, проект «Долина тени», Университет Виргинии (VSP).

ку он приходился родственником председателю Верховного суда США Джону Маршаллу[8].

Гендер тоже играл важную роль в том, как южане распоряжались отдельными ресурсами. Начиная с детства, они усваивали мысль, что у мужчин и женщин разное предназначение. Мальчики учились охотиться, рыбачить, ездить верхом и стрелять; девочек обучали кулинарии, шитью и ведению домашнего хозяйства. Во взрослой жизни, как это бывает во многих культурах, четкая гендерная дифференциация прослеживалась в подходе к материальным ресурсам. Каждый пол специализировался на своей группе этих ресурсов, хотя и мужчины, и женщины владели базовыми навыками, необходимыми в домашней жизни. Мужчина принимал большинство важных решений, и предполагалось, что женщина будет их выполнять. Взамен за это она получала защиту. Женщины, которые не могли принять такое распределение ролей, покидали регион, как это сделали Сара и Анджелина Гримке из Южной Каролины, которые переехали на Север и занялись общественным активизмом[9].

Благодаря многолетнему общению местные жители знали друг о друге практически все. Большинство белых южан очень заботились о том, что о них думают соседи. И мужчины, и женщины не лезли за словом в карман, если они чего-то не одобряли. Врач Харди Утен назвал молодых людей, собиравшихся в баре города Лондесборо, штат Алабама, чтобы выпить и поболтать, «сплетниками в худшем смысле этого слова». Женщины обсуждали между собой слухи о недостойном поведении кого-либо, и последствия этого могли быть самыми серьезными. Жительница Техаса Элизабет Клэри предположила в разговоре с сестрой, что их соседка из округа Граймз была неверна мужу. Когда этот слух распространился по окрестностям, местная методистская цер-

---

[8] См. автобиографию Марты Луизы П. Бранч, с. 1, семейный архив семьи Манфорд, Историческое общество Виргинии (VHS); интервью с Энн Брум, с. 105, URL: www.loc.gov. См. также [Pringle 1922: 18].

[9] См. [Wolfe 1995: 2–3, 58–64; Glover 2007: 25; Batchelor, Kaplan 2007: 2–7; Cashin 1996: 10; Burton 1985: 128; Lerner 1967: 41, 54–60].

ковь начала собственное расследование. Ни мужчины, ни женщины не хотели подвергаться неодобрению общества. Хозяйка плантации Энн Гейл просила своего сына никому не рассказывать, как она отзывалась в кругу семьи о некоторых неприятных родственниках, потому что «ужасно боялась, что <ее> будут обсуждать»[10].

Когда случалось несчастье — например пожар — ожидалось, что на помощь пострадавшим придут все. В многих сообществах существовали добровольные пожарные бригады, однако стоило начаться пожару, как все, от мала до велика, бросались его тушить. Иногда в качестве сигнала тревоги трубили в рог. Когда в Александрии, штат Виргиния, загорелась столярная мастерская, остановить распространение огня пожарным помогали местные жители. Время от времени пожары случались на огромном болоте Грейт-Дисмал, расположенном на границе штатов Виргиния и Северная Каролина. Пламя распространялось на территорию обоих штатов, уничтожая на своем пути дома, деревья и изгороди. У местных жителей были все основания бояться пожаров. Зачастую причиной возгорания был удар молнии. В сельской местности огонь мог распространяться очень быстро[11].

В жизни большинства белых жителей Юга местные институты играли куда более важную роль, чем федеральное правительство. Самым заметным представителем федеральной власти был, судя по всему, почтмейстер. Но даже его функцию иногда брали на себя местные жители, самостоятельно доставлявшие почту

---

[10] См. дневник Харди В. Утена, 2: 47, запись от 9 июля 1840 года, документы Харди Викерса Утена, ALA; свидетельство Элизабет Энн Клэри по делу доктора Уилсона, 17 октября 1850 года, протокол ежеквартального заседания Методистской епископальной церкви округа Монтгомери, Библиотека штата Техас и Архивная комиссия; письмо Энн М. Гейл «Дорогому сыну» от 28 марта 1852 года, документы семей Гейл и Полк, UNC-SHC.

[11] См. [Pringle 1922: 129–130; Hazen, Hazen 1992: 66–78, 129–131; Outland 2004: 63; Pyne 2010: xvi]. См. также статью «Местные изделия» в газете «Газетт» (Александрия, Виргиния) от 16 июня 1854 года, с. 3 и статью «Новости штата и города» в газете «Ричмонд Уиг» от 23 апреля 1855 года, с. 2.

своим соседям. Представителя Федеральной службы переписи населения, который раз в десять лет объезжал окрестности, согласно закону, назначали из числа местных жителей. Что касается укомплектованной представителями городского управления судебной власти, то этих представителей все отлично знали — поскольку пересекались с ними в тавернах, на мельницах и в частных домах. В случае преступления, будь то недостойное поведение, пьяная выходка, кража, нападение или убийство, свой вердикт выносили именно они[12].

Разумеется, в любом округе, поселке и городке имелись случаи пренебрежения этим духом общинности. В любом сообществе имелись свои примеры соперничества, мелочности и жестокости: белые южане порой вполне могли критиковать, осуждать и порицать своих современников. Время от времени проступали на поверхность классовые различия, от которых невозможно полностью избавиться. В Миссисипи фермеры выкрикивали оскорбления в адрес белых женщин, если те ехали в роскошном экипаже, и белых мужчин, если те были одеты слишком нарядно. Не каждый плантатор утруждал себя тем, чтобы скрывать свое презрение по отношению к рабочему классу. Бывший раб Роберт Уильямс вспоминал, что когда к его хозяину Клинтону Клэю приходили белые бедняки, то их заставляли входить через черный вход. Тех, кто нарушал невидимую границу между черными и белыми, ждало самое суровое наказание. В Северной Каролине белым беднякам запрещалось обмениваться вещами с рабами. Если белого ловили на попытке такого бартера, то местные плантаторы объединялись, чтобы заставить его продать землю и уехать, угрожая в случае неповиновения смертью. Ренегатам наподобие Сары и Анджелины Гримке, Уильяма Г. Брисбейна и Джеймса Г. Бирни, открыто критиковавшим работорговлю, приходилось уезжать на Север — своей волей или по принуждению[13].

---

[12] См. [Klein 1999: 33; Anderson M. 2015: 19; Edwards 2009: 7, 64–99].

[13] См. [Williams et al. 2002: 9; Ingraham 1835: 171; Perdue et al. 1976: 323, 326; Avirett 1901: 118–119; Lerner 1967: 41, 53–56, 60; Baggett 2003: 21, 71–72; Fladeland 1955: 90–92, 113–123].

Продукты питания

Дух общинности, свойственный белым жителям Юга, имел много материальных проявлений — в том числе и в виде еды. Юг был богатым аграрным регионом со множеством процветающих ферм и плантаций, где в лугах паслись коровы и свиньи, во дворах квохтали куры, в реках плескалась рыба, а в лесах обитало множество дичи. Большинство плантаторов питалось лучше, чем средней руки рабовладельцы, а у тех, в свою очередь, был более разнообразный рацион, чем у большинства фермеров, однако подавляющая часть жителей региона так или иначе не испытывала проблем с едой. Типичные южные блюда подразумевали высокое содержание белка, соли и сахара. Еду считали важным ресурсом, который нужно беречь. Врач Уиллис Лиа жил в бревенчатом доме и с гордостью писал своему брату, что живет хорошо, питается хорошо и его семья здорова. Хороший аппетит и обильная пища — это важная составляющая хорошей жизни, отмечала Матильда Финли из Алабамы[14].

Как и во многих других обществах, за приготовление еды большей частью отвечали женщины. На Старом Юге это относилось к женщинам любого социального положения — от жены фермера до владелицы плантации. Элиза Робертсон из Луизианы, жена плантатора, умела делать сыр, заготавливать сухофрукты, варить варенье из арбуза и набивать колбасы, хотя в большинстве богатых домохозяйств тяжелую работу на кухне выполняли рабы. Белые женщины бережно относились к своим кулинарным познаниям. У мужа Марты Динсмор из Кентукки было одиннадцать рабов, но на протяжении почти тридцати лет она вела кулинарные книги, в которые вкладывала засушенные растения, вырезки из

---

[14] См. воспоминания Анны Клейтон Логан, с. 14, 19, VHS; письмо Уиллиса Лиа Уильяму Лиа от 11 января 1847 года, документы семьи Лиа, UNC-SHC; письмо Матильды Финли Кэролайн Гордон от 14 января 1854 года, документы Джеймса Гордона Хэккетта, DU. См. также [Hilliard 2014: 21, 40–52, 67, 235; Smedes 1887: 84]. Кукуруза была основой кухни Америки, а на Юге ее выращивали больше, чем во всех остальных регионах: см. [Kennedy 1964: l–li].

газет и рецепты от родственников. Кроме того, у женщин были церемониальные обязанности. Старшая из присутствующих на трапезе женщин, будь то мать или старшая дочь, садилась во главе стола[15].

Белые мужчины также работали по хозяйству. Фермеры и мелкие рабовладельцы трудились в полях: весной сеяли, летом ухаживали за посевами, осенью собирали урожай. Некоторые плантаторы проводили у себя сельскохозяйственные эксперименты, стараясь вывести и вырастить различные виды бобовых. Большинство мужчин с детства умели охотиться и рыбачить. Фермеры отправлялись на охоту, чтобы разнообразить свой стол. Адвокат Макски Грегг занимался охотой ради удовольствия и провел в компании приятелей на побережье Южной Каролины немало часов. Другой обитатель этого штата, плантатор Томас Чаплин, тоже любил природу и приносил к семейному столу с рыбалки окуней, кейпкодского карася и речного горбыля[16].

Большинство белых южан охотно делились пищей с близкими и друзьями. Мужчины дарили друг другу рыбу, инжир и другие продукты для общего стола, пусть иногда это было связано с материальными затруднениями. С. Р. Эгглстон из Ричмонда отправил своим родственникам в округ Клейборн, Виргиния, бочонок муки, бочонок сельди и связку фруктовых саженцев. Женщины также обменивались съедобными подарками, вручая

---

[15] См. [Counihan 1998: 4–7; Cecil-Fronsman 1992: 143–144; Sharpless 2010: 3–4]. См. также дневник Элизы Робертсон, записи от 30 ноября 1854 года, от 2 декабря 1854 года, от 20 марта 1855 года, документы Элизы Энн Марш Робертсон, UNC-SHC; кулинарная книга Марты М. Динсмор, 1829–1857, усадьба Динсмор, Берлингтон, Кентукки, URL: www.dinsmorefarm.org/biographies (дата обращения: 03.02.2023); дневник Кейт С. Карни, запись от 12 июля 1859 года, UNC-SHC.

[16] См. [Cecil-Fronsman 1992: 1, 103–109; Shields 2015: 8–9, 146; Marks 1991: 28, 46–48; Ingraham 1835: 172; Rosengarten 1986: 130–131]. См. также письмо Х. Х. Харриса кузену от 12 сентября 1848 года, документы семьи Персон, DU; охотничий дневник Макски Грегга, том 2, 1839–1845, записи от 6 апреля 1845 года, 9 апреля 1845, бумаги Макски Грегга, USC.

кофе за яйца. Подруги тоже проявляли щедрость. Кезайя Бривард, хозяйка плантации из Южной Каролины, испекла для свадьбы своей соседки особый бисквитный торт, несмотря на то что жених той пришелся ей не по нраву[17].

Типичными блюдами местной кухни были, например, кукурузная каша и кукурузный хлеб — традиционная еда коренных жителей Америки, память об эпохе колонизации. Иногда на кухне использовались старинные приспособления. У хозяйки плантации Марты Мейни из Миссисипи имелась ступка для перетирания кукурузных зерен. В некоторых районах сохранились европейские традиции. Так, жители Луизианы готовили «говядину по-французски»: для этого мясо резали полосками, подвяливали, тушили над дымным огнем и разбирали на волокна. Некоторые кулинарные хитрости белые жители региона заимствовали у черных — например, рис на юге Каролины готовили по африканскому рецепту, который попал в Америку через Карибское море[18].

Белые южане были большими любителями мяса. Они ели и другую белковую пищу, включая морепродукты и пресноводную рыбу, но мясо любили больше всего. Как отмечает родившаяся в Англии хозяйка плантации Фрэнсис Кембл, с ростом благосостояния обычно росло количество и разнообразие потребляемого мяса. Она упоминает, что ела утятину, гусятину, индюшатину и дичь. В рационах прослеживалось классовое разделение. Самым престижным мясом долго считалась говядина, отчасти потому, что для выпаса крупного рогатого скота требуются большие пастбища, поэтому это мясо чаще встреча-

---

[17] См. письмо Ф. Деверо Кэтрин Полк от 25 декабря 1844 года, письмо Джозайи Гейла Энн Гейл от 17 марта 1852 года, бумаги семей Гейл и Полк, UNC-SHC; письмо С. Р. Эгглстона Р. Т. Арчеру от 25 января 1858 года, документы семьи Ричарда Т. Арчера, UTA. См. также [Moore 1993: 62, 77].

[18] См. [McDaniel 2011: 57, 58, 171–172; Schlesinger 1984: 312; Hess K. 1992: 5–9, 95–96, 102]. См. также письмо Марты Л. Мэйни Марте Энн Мэйни от 1 февраля 1848 года, документы семьи Дуглас-Мэйни, Библиотека и архив штата Теннесси (TSLA).

лось на столе у плантатора. Фермеры предпочитали свинину, основу рациона у рабочего класса: выращивать свиней было проще и дешевле[19].

Хлеб был поистине «насущным», и эксплуатация мельниц на Старом Юге одновременно служила проявлением и закреплением этики коммунализма. Осенью большинство южан отправлялись на местную мельницу смолоть свою кукурузу или пшеницу. Для движения жерновов использовали мускульную силу животных — обычно мулов, безостановочно ходивших по кругу, — или воду из близлежащего ручья или рукава реки. На так называемых комбинированных мельницах перерабатывали кукурузу и древесину. Перед сменой продукта жернова чистили. Мельники были значимыми фигурами в жизни общины. Один из них, Уильям С. Блант из городка Момелл, Арканзас, брал в качестве вознаграждения одну восьмую кукурузы, которую приносили его клиенты, и продавал кукурузную крупу непосредственно населению. Он даже опубликовал в газете объявление, в котором благодарил своих покупателей[20].

По праздникам белые южане собирались на торжественные ужины, чтобы одновременно отпраздновать благоволение к ним судьбы и укрепить социальные связи. Это также характерно для многих сообществ на протяжении человеческой истории. Визит родственников становился поводом для роскошного обеда; когда встречались давние друзья, они могли последовать примеру техасца Брэнча Т. Арчера и выставить на стол мясо виргинской птицы, смитфилдовскую ветчину и виски. Южное застолье отличала обильность, а по праздникам еще и изысканная подача блюд. В доме одного флоридского плантатора к встрече Нового года на стол выставили маленькие пирожные, огромную

---

[19] См. [Horowitz 2006: 1–2, 12, 17; Hilliard 2014: 40, 83–86, 95–98, 125; Kemble 1864: 20; MacClancy 1992: 151].

[20] См. мемуары Летиции Дэбни Миллер, с. 7 (документы миссис Кейд Дрю Гиллеспи, UMIS); статья «Пила и мукомольная мельница» в газете «Арканзас уикли газетт» от 17 января 1851 года, с. 4. См. также [Hickman 1962: 25, 38]. В 1850-е годы в некоторых общинах появились паровые мельницы [Hickman 1962: 26].

чашу для пунша с серебряным ковшом и узорчатые бокалы для гостей[21].

Разумеется, некоторые южане не понаслышке знали, что такое голод. В окрестностях Мерфрисборо, Теннесси, в богатые дома порой стучались нищие и просили немного еды. Когда наступала зима, соседи иногда воровали друг у друга. Однако богачи не горели желанием делиться с бедняками, и наказание за кражу могло оказаться суровым. Когда плантатор Джон Деверо поймал юного Эндрю Джонсона за попыткой украсть немного фруктов, он приказал высечь его кнутом. Семьи, в которых постоянно не было еды, могли подвергнуться обвинению в бродяжничестве, однако предполагалось, что родственники и соседи должны помогать неимущим, и большинство южан так и поступали[22].

Древесина

К лесам южане относились так же, как и к еде — они полагали, что древесины хватит на всех и что леса — это общее имущество. На Юге росли деревья разных пород: хвойные и лиственные, твердые и мягкие. Растительность варьировалась в зависимости от географических зон. На песчаных почвах у побережья росли смешанные леса с преобладанием пород деревьев с твердой древесиной, таких как дуб, а на красных глинах Пидмонта — хвойные. В начале XVII века, когда на Юге появились первые англо-американцы, регион был густо покрыт лесами. В следующие столетия ситуация не очень изменилась. К эпохе Граждан-

---

[21] См. [Toussaint-Samat 1996: 145–146; Strother 1866: 170; Eppes 1968: 28]. См. также Амелия Томсон Уоттс. «Лето 1832 года на хлопковой плантации в Луизиане», с. 9, документы семей Сомервилл и Хауарт, Колледж Рэдклифф; письмо Брэнча Т. Арчера Ричарду Т. Арчеру от 21 октября 1853 года, документы семьи Ричарда Т. Арчера, UTA.

[22] См. дневник Кейт С. Карни, April 21, 1859, UNC-SHC; письмо О. Дж. Меррелла Джону Мерреллу от 25 апреля 1843 года, документы семьи Меррелл, UVA; дневник Аниты Дуайер Уизерс, запись от 13 августа 1860 года, UNC-SHC. См. также [Trefousse 1997: 21; Edwards 2009: 100–101].

ской войны здесь сохранялись просторные тихие рощи, маленькие живописные рощицы, здесь и там поднимались к небу высокие старые деревья. В 1830-е годы еще стоял дуб, посаженный в XVIII веке Джеймсом Оглторпом, основателем колонии Джорджия. Большинство белых южан считали лес бесконечно возобновляемым ресурсом, где каждый может набрать достаточно топлива. Плантатор Джеймс Эвиретт называл леса «неистощимыми»[23].

Большинство южан полагали, что без леса пейзаж не может быть красивым. Существовала сложная культура лесоводства, основанная на знании лесного хозяйства и личных предпочтениях отдельного человека. Мальчики знакомились с древесиной с детства. Роберт Джонс, двенадцатилетний сын виргинского плантатора, поразил своего наставника отличным знанием древесных пород, их характеристик и финансовой ценности. Во взрослой жизни мужчины советовали друг другу, какие деревья лучше сажать и где. Иногда у них даже были любимые породы. Один фермер из Южной Каролины сажал на своих землях кедровые сосны и отказывался срубать сосновую поросль даже на хлопковых полях. Женщины ухаживали за садами и огородами и также обладали обширными знаниями о деревьях, растениях, кустарниках и цветах[24].

Дерево считалось крайне ценным ресурсом, потому что на ферме у него находилось множество применений: из дерева строили дома, амбары, конюшни, бары, склады, делали плуги и маслобойки, вырезали мебель. В каждом доме древесина использовалась как топливо. Многие белые мужчины разделяли точку зрения Джона Ч. Кука, полагая, что для существования фермы требуются акры леса, так что большинство плантаторов и фермеров покупали землю, хотя бы частично поросшую таким

---

[23] См. [Silver 1990: 14–17, 25; Lillard 1947: 153; Kemble 1864: 181, 206; Green 2006: 386; Avirett 1901: 25].

[24] См. [Livermore 1897: 154, 176–177, 360; Venet 2005: 27–31; Robertson 1960: 60–61; Stewart 1996: 180–181]. См. также письмо Л. Ч. Норвуда Джулии П. Хоуи от 12 марта 1839, документы семьи Израиля Пикенса, ALA.

лесом. Каждый год они не только вырубали деревья, но и высаживали новые, для использования их в будущем. Джон Дж. Фроубл высадил на своей виргинской плантации орешник гикори — на случай, если когда-нибудь наступят тяжелые времена и его потомкам будет нечего есть[25].

Значительная часть древесины шла на строительство изгородей — необходимого элемента фермерского хозяйства. Изгороди обозначали границу между владениями и защищали посевы от скота. На довоенном Юге часто сооружали изгородь-зигзаг, которую называли также «изгородь-червячок», или виргинская изгородь. Для этого жерди соединяли по шесть-десять штук с помощью вертикального шеста. Так получалась одна секция. Лучшие изгороди получались из влагоустойчивых, не склонных к гниению сортов древесины — таких, как длиннохвойная сосна, кипарис, кедровая сосна или белый дуб. Рекомендовалось делать изгородь зимой, когда в древесине меньше сока. На четыре мили изгороди требовалось не меньше 26 тысяч жердей, однако сооружать ее, как и смещать при необходимости, было легко. Служила такая изгородь не меньше тридцати лет. Считалось, что поддерживать изгороди в хорошем состоянии — это часть добрососедского поведения[26].

Рубка деревьев была очень тяжелым делом. Лесорубы использовали закрепленные на длинных рукоятках топоры с одной режущей кромкой. Ствол перерубали на высоте человеческого пояса: сначала делали зарубку с той стороны, куда хотели уронить дерево, а потом изо всей силы рубили с противоположной. Фермеры предпочитали небольшие деревья со стволами менее двух футов в диаметре и избегали узловатых, изогнутых стволов.

---

[25] См. [Williams M. 1989: 7; Green 2006: xxii, xxv]. См. также письмо Джона Ч. Кука Джону Т. Койту от 2 февраля 1858 года, документы семьи Джона Т. Койта, Историческое общество Далласа (DHS); список имущества в Уолтонс-Бенд [с 1830-х годов по 1850-е годы], принадлежавшего Ричарду Арчеру, бумаги семьи Ричарда Т. Арчера, UTA; военный дневник Энн С. Фроубл, с. 53.

[26] См. [Williams M. 1989: 71–72; Lillard 1947: 77–79; Silver 1990: 132; Rosengarten 1986: 126–127].

На то, чтобы в одиночку очистить от леса один акр земли, обычно уходило примерно тридцать дней. Работу эту самостоятельно выполняли не только фермеры: рубкой деревьев случалось заниматься священнику Фрэнсису Макфарланду и издателю Джозефу Уэдделу, оба из штата Виргиния. Некоторые плантаторы лично подстригали деревья у себя во дворе — впрочем, за более тяжелую работу они не брались, оставляя ее рабам или белым батракам[27].

Кроме того, лес был источником лекарственных средств. Белые южане полагались на обширные народные познания о деревьях и кустарниках, накопленные обеими расами. Считалось, что корни некоторых деревьев, в том числе подофилла и черного боярышника, обладают целительными свойствами. В «Руководстве плантатора и семейной книге по медицине» (1848) говорилось, что настойка из листьев рябины помогает от тифа. Некоторые разделяли старинное убеждение в том, что само присутствие деревьев уже полезно для здоровья. Плантатор Томас Дэбни из Миссисипи высадил вокруг своего дома широкую полосу деревьев, чтобы защитить семью от болезней. Большинство южан сходилось на том, что особенно полезны сосновые леса[28].

Такое уважение к лекарственным свойствам деревьев сочеталось с прагматическими знаниями о том, как заработать на лесе. Торговля лесоматериалами могла быть крайне прибыльной. Кипарисовая дранка, напиленная в лесах Северной Каролины, отлично продавалась на Севере; на протяжении почти всей довоенной эпохи в этом штате процветало изготовление скипидара и канифоли. На Юге особенно ценились деревья, росшие у реки, поскольку их можно было легко сплавить по воде или продать

---

[27] См. [Hickman 1962: 101; Williams M. 1989: 77, 355; Durrill 1990: 14]. См. также дневник Фрэнсис Макфарланд, запись от 13 апреля 1859 года, документы семьи Макфарланд, VSP; дневник Джозефа Уэдделла, запись от 22 февраля 1857 года, VSP; письмо Уильяма Наджента Элинор Смит от 2 июля 1860 года, бумаги семей Сомервилл и Хауарт, Колледж Рэдклифф.

[28] См. [Fett 2002: 68; Simons 1848: 91]. См. также миссис Джон У. Уэйд. «Воспоминания восьмидесятилетней женщины», с. 13, UTA; письмо П. Барри Уильяму Гастону от 28 декабря 1831 года, документы Уильяма Гастона, UNC-SHC.

пароходным компаниям. Для южанина с предпринимательской жилкой лес был источником богатства. Один юрист приобрел в Кентукки 750 акров белого дуба и подсчитал, что в год сможет зарабатывать на изготовлении реек 10 тысяч долларов[29].

Поскольку леса казались неистощимыми, белые южане иногда относились к древесине легкомысленно. Некоторые плантаторы не срубали на своей земле больные деревья, «обезображивая», по выражению одного алабамца, тем самым сельскую местность. Изготовители скипидара бросали выдолбленные сосновые стволы гнить и рушиться. Представители всех социальных слоев вырубали слишком много леса, и в результате взгляд то и дело натыкался на уродливые пеньки. Неразумная вырубка приводила к эрозиям и истощению почвы. Некоторые белые южане открыто порицали неразумное распоряжение лесом. В округе Ковингтон, Миссисипи, Дункан Маккензи критиковал то, как его соседи обращались с землей и тем, что на ней росло: по его словам, они попусту тратили все «ценное»[30].

И все же многие белые южане высоко ценили деревья. Помимо практической выгоды лес оказывался для человека местом, где можно отдохнуть душой. Зачастую жители Старого Юга занимались ландшафтным дизайном. Сэмюэл У. Леланд, врач из округа Ричланд, Южная Каролина, высадил перед домом аллею из пятнадцати вязов и запретил их срубать. Салли Джейн Хибберд, дочь фермера, любила заросли жимолости и девичий виноград, оплетавший крыльцо в доме ее тети в штате Виргиния. Благодаря старинному обычаю вырезать на стволах деревьев свои имена — так называемые арбоглифы — деревья становятся своеобразным историческим документом. На северо-западе Джорджии

---

[29] См. [Durrill 1990: 9; Outland 2004: 35–61; Gudmestad 2011: 148–150]. См. также статью «Ценные земли на Йорк-Ривер» в газете «Ричмонд Уиг» от 2 июля 1850 года, с. 4; письмо Дж. Д. Имбодена Джону Маккью от 3 декабря 1860 года, архив семьи Маккью, VSP.

[30] См. статью «Усовершенствования на Юге» в альманахе «Дебауз ревью», ноябрьский выпуск 1855 года, с. 724; письмо Дункана Маккензи Дункану Маклорину от 6 июля [1846 года], документы Дункана Маклорина, DU. См. также [Outland 2004: 98–99; Stoll 2002: 8, 121–124, 129].

местные жители сотнями вырезали свои имена на некоторых деревьях, принадлежавших семейству Биттинг[31].

Лес любили не только богатые люди. Кейт Плэйк, родом из скромной семьи, жившей в округе Бат, Кентукки, любила бродить в зарослях деревьев недалеко от своего дома. Лиззи Джексон Манн, дочь священника, прогуливалась с родственниками в рощах округа Глочестер, Виргиния. Южане разного общественного положения, выросшие среди сосен довоенного Миссисипи, тосковали по ландшафтам своего детства. Некоторые по традиции опасались диких зарослей, однако в целом преобладала более романтическая концепция XIX века, согласно которой лес был царством покоя и красоты[32].

Большинство белых южан верили, что дерева хватит на всех. Иногда они вполне могли вытащить жердь из соседского забора; если путешественнику требовалось починить повозку, он срубал дерево на обочине тракта, не спрашивая разрешения ни у кого. Экипажи пароходов постоянно рубили деревья, росшие у реки, бросая взамен деньги в специальные ящички, прибитые к стволам. Правительство пыталось бороться с практикой «круглых сорока», когда скваттеры вырубали деревья на общественных землях. Некоторые землевладельцы наказывали браконьеров за рубку леса на их земле, однако многие белые американцы по умолчанию полагали, что древесины очень много и что на доступ к лесам имеет право каждый[33].

---

[31] См. [Berry 1977: 182]. См. также дневник Сэмюэла Уэллса Леланда, запись от 16 февраля 1856 года, бумаги Сэмюэла Уэллса Леланда, USC; письмо Салли Джейн Хибберд к Джейн Г. Кифер, документы Джейн Г. Кифер, Историческое общество Огайо (ОНС); письмо Евгении Биттинг Кейду Гиллеспи, б/д, 1928, документы миссис Кейд Дрю Гиллеспи, UMIS.

[32] См. [Plake 1868: 11; Hickman 1962: 2; Green 2006: 386; Williams M. 1989: 10, 14–15]. См. также Лиззи Джексон Манн. «Воспоминания о Гражданской войне с 1861 года по 1865 год», с. 7, VHS.

[33] См. [Rosengarten 1986: 126; Green 1921: 18; Schlesinger 1984: 150–151; Carter et al. 2016: 5; Lillard 1947: 157–159]. См. также статью «Правонарушения на общественных территориях» в газете «Арканзас уикли газетт» от 16 августа 1850 года (страницы не пронумерованы) и статью «Окружной суд» в газете «Даллас геральд» от 20 октября 1858 года, с. 2.

Жилье

Самым главным строением был жилой дом, в котором видели святилище и убежище. В замкнутом домашнем пространстве, в своем особом мирке, человек, казалось, был защищен от любой угрозы. Именно здесь протекала личная жизнь: родственники собирались на свадьбы, отмечали рождение детей и горевали по усопшим. Здесь бурлила социальная жизнь, когда в гости приезжали друзья и соседи. Для многих белых южан, включая фермеров, дом их детства, по выражению Альберта Блу, нес в себе «священные» ассоциации. Столь же горячо они любили и те дома, в которых жили, став взрослыми. Сара Г. Браун, жена рабовладельца, писала, что, когда она вернулась из путешествия, ее дом в Уилкесборо, Северная Каролина, показался ей еще прекраснее[34].

С точки зрения красоты и пользы для здоровья было важно выбрать для дома подходящее место. Большинство белых южан полагало, что жить на холме полезнее, чем в низине, поэтому богатые семьи предпочитали селиться именно там. Фермеры-йомены, как правило, жили на более дешевых песчаных землях, не дававших богатого урожая. Деревья защищали здание от ветра. Не стоило располагать дом слишком близко к воде, потому что там, как выяснил один житель Южной Каролины, слишком много комаров. Он возвел строение, получившее позднее название «Каприз мистера Б», и всего через три месяца покинул его, потому что расположение этого строения оказалось очень неудачным. Большинство южан имели четкие представления о том, как должен выглядеть двор: там полагалось выращивать деревья, кустарники и цветы[35].

---

[34] См. [Garrett 1990: 15; Bollnow 2011: 124–128; Felton 1919: 40; Cecil-Fronsman 1992: 152]. См. также письмо Альберта Блу сестре от 24 июля 1855, документы семьи Мэтью П. Блу, ALA; письмо Сары Г. Браун Кэролайн Браун от 5 августа 1848 года, документы Джеймса Гордона Хэккетта, DU.

[35] См. [Schlesinger 1984: 60, 382, 430; Martineau 1838: 51–52]. См. также письмо Д. Дж. Ренчера Уильяму Мерритту от 5 сентября 1851 года, документы Абрахама Ренчера, UNC-SHC; Уэйд. «Воспоминания восьмидесятилетней женщины», с. 8.

Как правило, дома строили из местных пород дерева, используя традиционные архитектурные решения: двухэтажное здание с двумя комнатами на каждом этаже или два бревенчатых домика, соединенных коридором. Обеспеченные люди нанимали профессиональных архитекторов для того, чтобы те спроектировали им большой дом в федеральном или итальянском стиле, хотя некоторые предпочитали собственные вариации. Коммерсант Э. М. Перин пристроил к своему кирпичному особняку в Кахабе, Алабама, вестибюль с башенкой. Некоторые белые южане сами проектировали свои дома, вкладывая в это немало времени, сил и энергии. Мэри и Уильям Старн решили, что их дом в округе Лаймстоун, Техас, должен быть шестикомнатным, с четырьмя каминами и верандой[36].

Рабовладельцы часто привлекали к строительству своих невольников. Кроме того, можно было нанять белых работников или свободных черных. Дом Мида Карра, обычное каркасное здание 18 на 20 футов в глубинке штата Миссури, построили белые. Иногда рабовладельцы сами выполняли часть работы — например, клали каминные трубы. Йомены, фермеры, ремесленники и учителя строили себе бревенчатые домики на одну-две комнаты и всегда были готовы помочь на стройке родственнику или соседу. Для строительства такого домика требовалось порядка восьмидесяти бревен. Сам процесс, в зависимости от количества его участников, занимал от одного до трех дней. Предполагалось, что на помощь придут другие белые мужчины, и каким бы богатым ни был сосед, его отказ помочь в такой ситуации считался проявлением высокомерия[37].

---

[36] См. [Walker, Detro 1990: 53–54; Burke 2010: 71–72; Bishir 2006: 1, 11–49, 20; Fry 1908: 37]. См. также письмо Мэри Э. Старнс Саре Дж. Томпсон от 20 сентября 1860 года, письма Уильяма Г. Килпатрика, DHS.

[37] См. письмо Мэри Э. Старнс Саре Дж. Томпсон от 20 сентября 1860 года, письма Уильяма Г. Килпатрика, DHS; письмо Мида Карра Бернарду Карру от 3 декабря 1831 года, документы семьи Карр, UVA; опросники ветеранов Гражданской войны штата Теннесси, интервью с Леандером К. Бейкером, URL: http://tn-roots.com/tncrockett/military/quest/quest-index.html (в настоящее время ресурс недоступен). См. также [Taulbert 1995: 20; Green 1952: 24; Williams M. 1989: 72–73; Crofts 1992: 57; Smedes 1887: 67].

Самые старые здания на Юге датировались XVIII веком. Некоторые из них были спроектированы в георгианском стиле — например «Беркли», трехэтажный кирпичный особняк, построенный на берегу Джеймс-Ривер в 1726 году. Другие плантаторские дома вели свою историю с начала XIX века: когда-то это были простые бревенчатые домики, к которым впоследствии пристраивали крыльцо и второй этаж, а потом обшивали получившееся строение досками. Некоторые южане очень гордились своими старинными обиталищами. Джон Уайет родился в округе Маршалл, Алабама; к 1861 году его родному дому уже исполнилось сорок лет, и он надеялся, что здание простоит еще не меньше века. Дома могли служить одной и той же семье на протяжении многих поколений: еще один способ сберечь материальные ресурсы. Дункан Блу, фермер и производитель скипидара из округа Камберленд, Северная Каролина, жил в доме, который когда-то принадлежал его деду[38].

Самыми заметными, пусть и немногочисленными строениями были дома плантаторов. Кирпичные или деревянные, они возвышались на холмах, в отдалении от дороги, и к их главному входу обязательно вела длинная обсаженная деревьями аллея. Такой дом не просто служил для своих владельцев тихой гаванью: он был символом богатства и принадлежности к элите. Ли Биллингсли вспоминал, как его отец построил в округе Бледсоу, Теннесси, кирпичный дом из двенадцати комнат. Часто такие дома строили в неогреческом стиле и украшали белыми колоннами: строгие, симметричные и величественные колоннады не только отвечали представлениям о прекрасном, но и помогали удержать в доме прохладу. Построенные, как заявил один из владельцев, из «наилучших материалов», плантаторские дома состояли из множества комнат и стоили несколько тысяч дол-

---

[38] См. Национальная программа по охране исторических памятников, Национальная парковая служба, Беркли, URL: cr.nps.gov/nhl/detail.cfm (дата обращения: 03.02.2023); письмо Дункана Блу «Дорогому кузену» от 13 октября 1858 года, документы семьи Мэтью П. Блу, ALA. См. также [Burke 1941: 43; Ierley 1999: 238; Wyeth 1914: 8a].

ларов — куда больше, чем мог себе позволить средний белый житель Юга[39].

Внутри любого дома, каким бы ни был социальный статус его хозяина, находилось множество самых разных объектов как практического, так и чисто декоративного назначения. Некоторые вещи изготавливали вручную, остальные — приобретали в магазине. Многие предметы имели хозяйственное назначение и могли пригодиться в повседневной жизни: например, рыболовные снасти и медицинский сундучок, выставленные в доме надсмотрщика из Южной Каролины. Однако у людей любого класса имелись вещи, предназначенные исключительно для собственного удовольствия. У Харриет Ванн, жены йомена из округа Честерфилд, Южная Каролина, имелась скрипка. Среди любимых вещей могли быть и более практичные, причем не обязательно дорогие. Мэри-Энн Кобб, жена конгрессмена, с нежностью описывала «теплый на вид» хлопковый коврик, ситцевые занавески и книжные полки в своем доме в Афинах, Джорджия. В богатых домах можно было увидеть кровати из красного дерева и другие свидетельства потребительской культуры, сложившейся к концу XVIII века[40].

Дом был еще и хранилищем воспоминаний: в нем хранилось множество любимых сувениров, воплощавших в себе историю семьи. Многие белые южане с пиететом относились к своим Библиям: мужчины, как правило, завещали их вместе с другими «семейными книгами» женам и дочерям. Женщины часто были

---

[39] См. [Vlach 1993: 6, 8; Fry 1908: 53–54; Roth 2001: 162–163; Bishir 2006: 44–46]. См. также опросники ветеранов Гражданской войны штата Теннесси, интервью с Ли Т. Биллингсли, URL: www.tngenweb.org/bledsoe/bdocs/htm (дата обращения: 03.02.2023); статья «На продажу» в газете «Мобайл реджистер» от 11 апреля 1860 года.

[40] См. [Martineau 1838: 56; Anderson J. 2012: 13–15; Martin 2008: 43–44, 196–197]. См. также Харриетт Ванн, дело 17229, итоговая сводка, ящик 239, документы по урегулированным делам, Комиссия по требованиям южан (SCC), RG 217, Администрация Национальных архивов и записей — II, Колледж-Парк, Мэриленд (NARA-II); письмо Мэри-Энн Кобб Хауэллу Коббу от 8 января 1850 года, документы семьи Хауэлла Кобба, Университет Джорджии, Библиотека редких книг и рукописей Харггетта (UGA); аукцион собственности Израиля Пикенса, 1827 год, документы семьи Израиля Пикенса, ALA.

хранительницами материальной истории семьи. Они собирали дагерротипы своих родственников, вставляли их в красивые рамки, берегли письма, оставшиеся от предыдущих поколений, — невосстановимые свидетельства их личной истории. Со временем сентиментальная ценность таких предметов, пусть даже самых простых, росла. Через несколько десятилетий даже обычная прялка становилась частью семейного наследия. Некоторые женщины чувствовали глубокую связь со своими вещами. После смерти родителей Эллен Уоллис из Кентукки навестила их дом; она пишет, что неодушевленные объекты «громко звали ее», когда она проходила мимо[41].

Белые южане любого социального положения любили свои дома и то, что находилось внутри этих домов. Жительница Джорджии А. Э. Харрис, муж которой владел несколькими рабами, находила свой бревенчатый дом довольно «симпатичным». Многим нравилось обсуждать дома своих соседей. В Миссисипи Летиция Дэбни Миллер любовалась богато отделанным домом своего дяди, однако пришла к выводу, что жить там не очень комфортно — собственное, более скромное обиталище нравилось ей куда больше. Потерять свой дом, каким бы маленьким, дешевым и старым он ни был, было очень тяжело. Врач Харди Утен с болью описывает поездку к дому своего детства в округе Берк, Джорджия. Он обнаружил, что здание заброшено, а двор зарос кукурузой, и это словно бы навеки отделило его от воспоминаний детства[42].

---

[41] См. [Akhtar 2005: 17–21, 49–50, 67–68; Felton 1919: 16; Pringle 1922: 44–45]. См. также завещание Джордана Флорноя от 21 июня 1833 года, Книга завещаний № 9 округа Паухэтан, Виргиния, Библиотека штата Виргиния; завещание Литтлбери Кларка от 6 января 1840, Книга завещаний № 8 округа Принс-Эдвард, Виргиния, Библиотека штата Виргиния; письмо Марианны Гейлард Джону С. Палмеру от 29 мая 1846 года, архив семьи Палмер, USC; дневник Эллен К. М. Уоллис, запись от 6 марта 1855 года, дневники семьи Уоллис-Старлинг, Историческое общество Кентукки, Франкфурт (KHS).

[42] См. [Woodward 2007: 174–175]. См. также письмо А. Э. Харрис Саре П. Гамильтон от 29 апреля 1838 года, архив Бенджамина Ч. Янси, UNC-SHC; мемуары Летиции Дэбни Миллер, с. 1–2, архив миссис Кейд Дрю Гиллеспи, Университет Миссисипи, Специальные коллекции (UMIS); дневник Харди В. Утена, с. 3, архив Харди Викерса Утена, ALA.

Впрочем, как отмечает Джон Грейдон, не каждый белый южанин относился к своему жилищу с подобной нежностью. Некоторые его соседи в округе Алачуа, Флорида, строили свои дома как придется и нисколько ими не гордились. Были случаи, когда владельцы не заботились о состоянии своего дома. Фермер Хью Маклорин знал, что «Старый дом», в котором жили они с женой, пришел «в состояние разрухи», поэтому завещал сыновьям деньги на ремонт, если они захотят его восстановить. В большей части общин имелось несколько заброшенных домов. В округе Хардеман, Теннесси, в 1860 году по неизвестным причинам были оставлены несколько домов. Однако их владельцы, скорее всего, ушли из них не по своей воле, поскольку любой дом был ценным материальным активом[43].

Политика и война

Политика всегда была жизненно важной частью жизни сообщества: она служила одновременно проявлением добрососедских отношений и ревностного соперничества. Кандидаты из двух основных партий, Демократической и Республиканской, проводили энергичные кампании, организовывая парады, торжественные ужины и песенные вечера. По всей территории Юга соседи собирались на барбекю, чтобы послушать речи кандидатов на должности в окружном управлении, а те обменивались пикировками, по большей части дружескими. Местные выборы могли иметь крайне личный характер. Уильям Кинни из Стонтона, Виргиния, знал об избиравшихся в 1857 году кандидатах на должность представителя его округа в сенате штата очень многое: их сильные стороны, недостатки, имена их друзей и врагов. По-

---

[43] См. письмо Джона Л. Грейдона Лу Мэддену от 7 февраля 1858 года, архивы Мабры Мэддена, USC; завещание Хью Маклорина, январская сессия 1846 года, округ Ричмонд, Северная Каролина, «Записи о завещаниях и имуществе», 1842–1848, том 3, с. 32–34; Архивы штата Северная Каролина; данные Федеральной переписи населения 1860 года, свободный график, Теннесси, округ Хардеман, с. 27, 28, 33.

литика принадлежала белым мужчинам, поскольку у белых женщин в Соединенных Штатах не было права голоса, и большинство полагало, что женщинам не подобает слишком сильно интересоваться политикой. Некоторые мужчины тоже были аполитичны, хотя, разумеется, они могли голосовать[44].

В середине 1850-х годов, когда распалась партия вигов и сформировалась Республиканская партия, вопросы, связанные с рабовладением, вышли на передний план национальной повестки. Многие белые южане пришли к выводу, что все белые северяне очень от них отличаются, причем не только по вопросам, связанным с рабством или отношениями между расами, но и в целом. Роберт Г. Армстронг, отправившийся пароходом из Мемфиса в Новый Орлеан, познакомился на борту с несколькими семьями янки и списал свои чувства на проявление южного менталитета. По его словам, северяне были закрытыми и необщительными, не проявляли, в отличие от южан, «ни малейшего душевного тепла»; с ними «все было холодным, жестким, практичным». Но вопреки жалобам Армстронга, два эти региона на самом деле имели много общего. Большинство белых северян тоже жили в маленьких городках и селах и вели активную социальную жизнь, которая, как и на Юге, подразумевала и взаимовыручку, и конфликты. В отношении к материальным ресурсам северяне ничем не отличались от южан: все та же комбинация хозяйственности с расточительностью. Питались они несколько иначе — например, чаще, чем это было принято в Дикси, ели похлебку из моллюсков — но так же потребляли много мяса и так же считали, что нельзя разбрасываться едой. Им тоже нравились деревья в сельской местности, и они тоже использовали лес в качестве источника полезных ресурсов, временами оставляя после себя опустошенную, обезображенную землю. Они любили свои дома, будь то бревенчатые домики, фахтверки или просторные особняки,

---

[44] См. [Harris 1985: 94–95, 108–111; Crofts 1992: 50–51, 75, 101–102]. См. также дневник Чарльза Генри Шрайнера, запись от 5 декабря 1843 года, UTK; письмо Уильяма Кинни Александеру Г. Г. Стюарту от 24 октября 1857 года, архив Александра Г. Г. Стюарта, VSP.

и бережно хранили некоторые особенные вещи, купленные или сделанные вручную[45].

Президентские выборы 1860 года обнажили резкие политические различия не только между Севером и Югом, но и внутри белого населения южных штатов. Четыре кандидата в президенты предлагали разные варианты ответа на интересующий всех вопрос: можно ли допустить распространение рабства на землях к западу от Миссисипи? На Юге предвыборная гонка свелась в основном к состязанию между демократом-южанином Джоном Брекинриджем, который утверждал, что если кто-то попытается остановить распространение рабства, то южным штатам следует рассмотреть возможность сецессии, и конституционным юнионистом Джоном Беллом из Теннесси, полагавшим, что все политические вопросы следует решать силами имеющегося правительства. (Республиканец Авраам Линкольн, возражавший против распространения рабства, и демократ-северянин Стивен Дуглас, который верил, что решение должно быть принято на территориальном уровне, не получили на Юге большой поддержки.) Большинство южан понимало важность этих выборов. Сторонники сецессии угрожали отделением, если победа достанется Линкольну. Брекинридж выиграл на Глубоком Юге (Южная Каролина, Миссисипи, Флорида, Алабама, Джорджия, Луизиана и Техас), Белл завоевал Верхний Юг (Виргинию, Кентукки и Теннесси), а также получил значительную поддержку в таких проголосовавших за Брекинриджа штатах, как Алабама, где Беллу досталась треть голосов, и Северная Каролина, где разрыв составил менее 4 тысяч голосов; в Миссури он проиграл Дугласу с отставанием менее чем в 500 голосов. Белл, игнорируемый и забытый многими историками, получил в рабовладельческих штатах (т. е. в пограничных штатах и на территории будущей Конфедерации) порядка 40 % голосов. Когда Южная Каролина в декабре 1860 года вышла

---

[45] См. [Harris 1985: 130–131; Hansen 1994: 13–14, 52–136; Altschuler, Blumin 2000: 9–10, 79; Williams S. 2006: 105–107; Strasser 1999: 12; Stilgoe 2005: 91–92, 94; Stoll 2002: 8, 19–20, 36; Glassie 2000: 138–146; Jaffee 2010: 213, 270–271, 318–319]. См. также личный дневник Роберта Хьюстона Армстронга, с. 3, запись за декабрь (1850-е годы), UTK.

из состава Федерации, белое население рабовладельческих штатов глубоко разделилось по вопросу сецессии[46].

Бурные политические дискуссии продолжились весной, когда сторонники сецессии перешли к наступлению. Местные активисты стали создавать специальные комитеты, чтобы проверить своих соседей на предмет политических взглядов; они следили за каждым, в ком подозревали противника сецессии. В каждом южном штате имелась часть белого населения, сохранявшего верность Федерации, его представители также организовывали публичные выступления и подписывали петиции. Историкам по-прежнему неизвестно, как именно гражданские лица выбирали, к кому примкнуть. Многие представители рабочего класса сомневались в пользе сецессии или выступали против нее из неприязни к плантаторским элитам. У других имелись родственники на Севере. Иногда против сецессии высказывались даже рабовладельцы, поскольку у них тоже были родственники-янки. Другие полагали, что сецессия — это незаконная и неразумная мера, жупел демагогов, предательство достижений Революции. Однако были и те, кто по-прежнему любил Федерацию, сохранял верность распавшейся партии вигов или протестовал против какой бы то ни было войны. Возможно, на выбор влияло отношение к риску, ведь сецессия была крайне рискованным проектом. Однако вне зависимости от того, что именно ими двигало, соседи начали испытывать друг к другу неприязнь. Многолетней дружбе пришел конец. Старинные идеалы общинности, бережно сохранявшиеся на протяжении поколений, стали распадаться. К апрелю 1861 года семь штатов образовали новое государство — Конфедерацию[47].

Многие американцы понимали, что сецессия может привести к войне. Когда белые жители Юга оценивали эту возможность,

---

[46] См. [Fuller 2012: 103, 131; Storey 2004: 28; Foner 2010: 143].

[47] См. [Aughey 1905: 46–47; Tatum 1934: 4; Baggett 2003: 42–65; McCaslin 1994: 32; Williams et al. 2002: 13, 1, 194; Ash 1995: 109–110; Degler 1974: 129, 132–133, 145–148, 154–155, 160–163; Andrews 1908: 191; Storey 2004: 28–32]. См. также военный дневник Доры Ричардс Миллер, запись от 1 декабря 1861 года, Музей Олд-Кортхауз, Виксбург (OCM). В современных обществах вопрос сецессии тоже вызывает горячие дебаты: см. [Doyle 2010].

большинство из них плохо понимало, насколько разрушительной способна оказаться война. Поколение, участвовавшее в Революции, уже ушло, и в общественной памяти закрепилась славная победа над англичанами, а не вред, нанесенный гражданскому населению и его ресурсам. Мексиканская война длилась всего два года, и боевые действия велись по большей части не на территории Юга. В 1812 году война действительно пришла в регион, и некоторые жители помнили, в чем это выражалось. Заставшая ту войну бабушка Уильяма Чемберлена сказала своим родственникам, что, пока на стенах еще держится дранка, гражданским нужно прятаться в домах. Звучали и другие голоса, предупреждавшие о надвигающейся угрозе. Отец Дэвида Строзера был в ту войну солдатом. По его словам, потребовалось бы несколько лет, чтобы сделать из добровольцев настоящую армию. Однако, как писал позднее солдат повстанческой армии Уильям Л. Шеппард, большинство юношей знали о войне только из книг, а большинство белых южан были до невероятного наивны в том, что касалось влияния боевых действий на жизнь гражданского населения и на необходимые для выживания ресурсы[48].

С официальным объявлением войны после обстрела форта Самтер политическая обстановка на Юге продолжила накаляться. Конфедераты допрашивали соседей, которых подозревали в симпатиях к Федерации, вскрывали их письма, угрожали и заставляли покинуть дома. Вскоре они перешли к прямому насилию и стали сжигать дома и лавки, принадлежавшие юнионистам. Под подозрение подпадал любой, кто высказывался против Конфедерации или недостаточно активно выражал ей поддержку. Политический кризис проник даже в семьи: родственники восставали друг против друга. Некоторые — но далеко не все — юнионисты предпочли молчать. Были и те, кто не интересовался политикой или боялся ссориться с соседями: такие старались держаться вне конфликта[49].

---

[48] См. [Nash 2005: xiv, xxi; Chamberlaine 1912: 92; Strother 1866: 409; Graham 2013: 299].

[49] См. дневник Джейсона Найлза, запись от 2 января 1862 года, архив Джейсона Найлза, UNC-SHC. См. также [Crofts 1989: 345; Trowbridge 1969: 250; Murrell 2005: 13–17, 31, 39; Saxon 1905: 15–16].

В обстановке нарастающего хаоса сотни белых жителей Юга решили покинуть регион. Многие сторонники юнионистов уехали после апреля 1861 года, послушав дружеские предупреждения соседей о том, что им может грозить беда. Другие бежали, потому что их имущество оказалось конфисковано новым правительством или потому что они отказались приносить клятву верности Конфедерации. Военное министерство Конфедерации стало проверять паспорта не раньше августа 1861 года, да и то только в некоторых районах, поэтому даже через несколько месяцев после битвы за форт Самтер люди по-прежнему могли уехать из южных штатов. Там, где юнионистские настроения были сильнее, ситуация складывалась прямо противоположным образом: на востоке Теннесси, например, бежать приходилось сторонникам Конфедерации[50].

Тем, кто остался, предстояло переосмыслить свое отношение к людям и вещам. Война потребовала свое: начался тот смертоносный процесс, который забирает практически все человеческие и материальные ресурсы общества. Северяне и южане, которые у себя дома исповедовали ценности коммунализма и разумного распоряжения имуществом, по-новому взглянули на то, какие ресурсы им потребуются, чтобы выжить. Это произошло очень быстро, в первые же недели конфликта. Население разбилось на две новые категории — гражданские и военные — с новой идентичностью, новыми ролями и расходящимися представлениями о ресурсах. Нонкомбатанты с твердыми политическими убеждениями изо всех сил старались поддержать свою армию. Остальные больше заботились о собственном выживании. Весной 1861 года в регионе началась напряженная борьба за ресурсы — и первым был, собственно, человеческий ресурс.

---

[50] См. статью «Новости с Юга» в газете «Филадельфия инкуайрер» от 30 июля 1861 года, с. 4; «Новости из Чарльстона, Южная Каролина», в газете «Филадельфия инкуайрер» от 1 октября 1861 года, с. 2; «Новости из Конфедерации мятежников», в газете «Сан-Франциско бюллетин» от 20 ноября 1861 года, с. 1. См. также [Escott 2006: 87; OR 1, 4: 393].

Глава 2
Население

С началом боевых действий в 1861 году гражданское население и военные оказались друг напротив друга подобно армиям в бою. Многие солдаты — и янки, и конфедераты — хотели привлечь к своим действиям внимание гражданского населения, которое они в определенном смысле считали своей целевой группой. И в самом деле, мирные жители внимательно наблюдали за армиями, а военные, в свою очередь, наблюдали за жившими своей обычной жизнью гражданскими. Обе армии рассчитывали на понимание со стороны гражданского населения, хотя военные осознавали, что тот, кто поначалу был наблюдателем или даже сторонником, может со временем превратиться в противника. Нонкомбатанты могли как помогать военным, так и вредить им, используя для этого знания и навыки, полученные до 1861 года. Во время войны они поддерживали боевой дух, занимались контрабандой и шпионажем, доставляли письма и информацию, работали на армию. Иногда они даже становились заложниками: в такой ситуации человек сам превращается в некое подобие ресурса. И в процессе борьбы двух армий друг с другом за малейшее преимущество мирное население тоже вовлекалось в их конфликт, как это всегда случается во время войны[1].

У каждой армии, разумеется, были собственные ресурсы и собственные специалисты, однако ни один ресурс не бесконечен, и солдаты не всегда могли рассчитывать на помощь своих товарищей — особенно если те были ненадежными, неумелыми

---

[1] См. [Graham 2013: 522; Proctor 2010: 5, 11; Schrijvers 1998: 109, 124–126, 200–201].

или не имели возможности помочь прямо сейчас. В течение всей кампании военные зачастую принимали решение обратиться за помощью к гражданским. Так между армиями и мирным населением формировались сложные отношения, в которых нашлось место всему: сочувствию, добровольному сотрудничеству, заключению сделок, препирательству, угрозам и открытой ненависти. Некоторые гражданские были горячими приверженцами той или иной стороны. Другие не отличались особой вовлеченностью в политику, и хотя в определенных ситуациях им приходилось выбирать, они не испытывали интереса к конфликту и стремились избежать связанных с ним проблем. Юнионисты, то есть те, кто стремился всеми силами поддерживать федеральные силы, оказались в меньшинстве: возможно, 30–40 % от белого населения Конфедерации и пограничных штатов. Однако обе армии прекрасно знали об их существовании[2].

Теоретически законы, регулировавшие отношения между мирными жителями и военными, существовали. Обе армии признавали Военный кодекс 1806 года и применяли его по отношению к гражданскому населению Конфедерации и Соединенных Штатов, включая пограничные штаты. В этом документе по большей части рассматривались вопросы взаимоотношений солдат друг с другом, однако там четко говорилось о том, что гражданские лица занимают по отношению к военным подчиненное положение. Обе армии полагали, что действие Военного ко-

---

[2] Эта оценка основана на том факте, что 40 % белых мужчин в рабовладельческих штатах, включая пограничные штаты и будущую Конфедерацию, в 1860 году проголосовали против немедленной сецессии. Количество тех, кто в 1861 году смирился с сецессией и остался дома, точно неизвестно, но это были не все жители Юга. Белые женщины, которые в 1860 году не могли голосовать, после 1861 года получили возможность высказать свои юнионистские позиции, что, возможно, компенсировало переход некоторых мужчин на сторону мятежников. Лишь немногие ученые рискнули предложить некоторые цифры, и они оценивают количество юнионистов значительно более строго, чем я: Майерс [Myers 2014: 11–12] полагает, что безоговорочно поддерживали Федерацию 6 % белых жителей Северной Каролины, а по оценке Стоури [Storey 2004: 6] такие взгляды разделяли 10–15 % белого населения Алабамы.

декса распространяется на все территории, на которых идет война, и в начале конфликта эту точку зрения поддерживали оба военных министерства. Военные арестовывали гражданских вне зависимости от того, действовала ли местная судебная система. В соответствии со статьей 56, «кому бы то ни было» запрещалось оказывать помощь неприятелю деньгами, провиантом или боеприпасами, статья 57 запрещала «кому бы то ни было» вести переписку с неприятелем или предоставлять ему сведения, а в статье 60 утверждалось, что гражданские лица, работающие на армию, должны соблюдать военную дисциплину. Соединенные Штаты включили Военный кодекс в свое законодательство в 1861 году; в том же году Кодекс был напечатан в Конфедерации, а в январе 1863 года, когда на Юге официально появился собственный свод законов, Кодекс вошел в него в редакции 1806 года[3].

И тем не менее обе армии с готовностью использовали гражданское население в своих целях, игнорируя положения закона. Определенные действия со стороны дружественных гражданских лиц позволялись, поощрялись и вознаграждались, в то время как аналогичные действия, предпринятые в интересах вражеской армии, влекли за собой наказание. Мятежники считали проконфедератски настроенных белых своими союзниками, а юнионистов врагами. Для солдат федеральной армии ситуация выглядела с точностью до наоборот. Однако и те и другие отдавали себе отчет в том, что мирные жители обладают обширными знаниями и множеством полезных умений. Именно в силу этого они старались использовать их в своих интересах. В июле 1862 года ситуация усложнилась: командующий северной армией Джон Поуп опубликовал несколько приказов общего характера, целью которых было регулировать отношения между военными и гражданскими. В апреле 1863 года Фрэнсис Либер сформировал собственный Кодекс, в котором речь шла в целом о том, как армия должна

---

[3] См. [Bray 2016: 121–124, 129, 131–142]. См. также Пересмотренный устав армии Соединенных Штатов от 1861 года и приложение к нему (с. 494), Военный устав, адаптированный для использования в Конфедеративных Штатах (с. 171–189) и Устав армии Конфедеративных Штатов (с. 407–420).

вести себя с мирными жителями. Но, как показала практика, на реальном поведении солдат официальные распоряжения практически не сказывались.

Общественное мнение

В обеих армиях знали, что к вопросу сецессии и войны жители Юга относились по-разному, и внимательно отслеживали проявления поддержки со стороны гражданских. И хотя этот общественный диалог никоим образом не регулировался властью, он представлял собой важный психологический ресурс. Янки, прибывавшие в Дикси в 1861-м — начале 1862-го, с радостью отмечали каждое проявление проюнионистских чувств. Когда рядовой Оскар Лэдли и его сослуживцы в июне 1861 года вошли в Графтон, Виргиния, сотни местных жителей приветствовали их, размахивая флагами США. Лэдли понимал, что подобное выступление требовало храбрости: с его точки зрения, сторонники сецессии воспользовались бы первой же возможностью, чтобы отомстить юнионистам. Подобные отвага и энтузиазм со стороны гражданских поддерживали северян, куда бы те ни направлялись[4].

Многие мятежники отдавали себе отчет в том, что среди белого населения южных штатов были и сторонники Федерации, и те, кто принял сецессию без малейшего энтузиазма. Поэтому их также приободряло изъявление проконфедератской позиции. Проводы в армию включали в себя торжественную церемонию с флагами, выступлениями и громкими поздравлениями. Капрал Джеймс Э. Холл с восторгом вспоминал, как его воинское подразделение марширровало через Беверли, Виргиния, и местные жители бросали к ногам солдат цветы. Весной 1861 года, пока военные находились в лагере, мирные жители продемонстриро-

---

[4] См. [Degler 1974: 147–148; Becker, Thomas 1988: 7]. См. также статью «Последние военные новости», опубликованную в газете «Нью-Хэмпшир сентинел» 3 апреля 1862 года, с. 2, и письмо Чарльза Денби жене от 4 апреля 1862 года, семейный архив Денби, LC.

вали свою лояльность тщательно продуманными театральными представлениями на политические темы. В военный лагерь в Джорджии группа гражданских принесла портрет Эдварда Эверетта, кандидата в вице-президенты на выборах 1860 года, выступавшего в тандеме с юнионистом Джоном Беллом. Офицер армии мятежников пронзил портрет штыком, после чего две женщины подожгли изображение факелом[5].

Вместе с тем представители обеих армий были болезненно чувствительны к проявлениям враждебности со стороны нонкомбатантов. Солдаты-янки отмечали, кто был к ним дружелюбен, а кто нет. Рядовой Остин Стернс был ошеломлен, когда в Калпепере, Виргиния, услышал, как белая южанка у окна молит Бога покарать армию северян. У него, как он признался, мороз пробежал по коже. Подполковник Чарльз Денби, оказавшись в Хантсвилле, Алабама, недовольно писал, что «никто нам не рад». Ему было тяжело видеть «скрытую ненависть» местных жителей, и он мечтал, чтобы война поскорее закончилась. Другие офицеры тоже ощущали эмоциональное давление. Полковник Джозеф Ревир заявил, что «даже конкомбатанты ведут заговоры, чтобы навредить нам всеми доступными силами». Чтобы одержать над ними верх, с его точки зрения, Северу требовалась более крупная и более дисциплинированная армия[6].

Южные войска тоже хотели видеть поддержку со стороны гражданских и тоже остро чувствовали отношение к себе. Полковник Патрик Клиберн сообщал, что осенью 1861 года, пока его отряд шел через Кентукки, они не встретили ни единого «друга», хотя официально этот штат считался нейтральным. Местные жители запирали свои дома, женщины и дети убегали прочь, и только одна белая старушка подняла перед собой Библию

---

[5] См. [Davis 1999: 42–45; Dayton 1961: 6, 11]. См. также статью «Из округа Мейкон», опубликованную в газете «Джорджия уикли телеграф» 24 мая 1861 года, с. 8.

[6] См. [Kent 1976: 85–86]. См. также письмо Чарльза Денби жене от 24 июня 1862 года, семейный архив Денби, LC, и статью «Интересное письмо от полковника Ревира из Нью-Джерси», опубликованную в газете «Филадельфия инкуайрер» 8 августа 1862 года, с. 3.

Илл. 1. Подполковник Чарльз Денби. Библиотека Конгресса США

и заявила Клибурну, что готова умереть. Естественно, ему было неприятно. Подобное случалось и в Конфедерации. В некоторых регионах Теннесси и Виргинии — тех штатов, где в 1860 году большинство поддержало Джона Белла, — сторонники Федерации осыпали войска мятежников насмешками. Иногда мирные жители просто не махали солдатам в ответ. Один солдат-повстанец на много лет запомнил, как с крыльца дома на него в ледяном молчании смотрела местная семья[7].

Безразличие со стороны мирных жителей могло быть таким же неприятным, как и явная враждебность. Большинство солдат в обеих армиях полагали, что война интересовала абсолютно всех, но некоторые люди оказались к ней равнодушны. Рядовой армии мятежников Эдвард Мур, горячий сторонник Конфедерации, был ошеломлен до глубины души, когда услышал слова мирного жите-

---

[7] См. [OR 1, 4: 545–548; Gordon 1903: 27; Moore 1910: 27].

ля, сказавшего, что мысли о войне ни на минуту не помешали ему спать. Похожие чувства испытывал генерал-янки Джейкоб Кокс, столь же горячий сторонник Федерации, которому время от времени приходилось встречать людей, не интересующихся ничем за пределами их ближайшего окружения. Солдаты тоже считали нейтральную позицию чем-то невероятным. Дж. М. Годоун, инженер в армии США, полагал, что некоторые белые южане хранили дома как флаг Конфедерации, так и флаг Союза, и вытаскивали тот, который лучше соответствовал ситуации. Такое поведение заставляло предположить, что некоторые гражданские никогда не примут сторону той или иной воюющей стороны[8].

Когда начались военные действия, солдаты и мирные жители продолжили горячо обсуждать политику. Иногда солдаты задерживались ради спора с местным населением, хотя офицеры старались такого не допускать. В 1861 и 1862 годах в Чарльзтауне и Аквайя-Крик, Виргиния, и Мемфисе, Теннесси, сторонники и сторонницы Конфедерации собирались в общественных местах, чтобы вступить в политическую дискуссию о причинах войны с солдатами-янки. В других городах — например в Ноксвилле, Теннесси, — проживало больше сторонников Федерации, и когда туда прибывали войска мятежников, их солдаты жаловались на плохое отношение со стороны местных. Однако у военных не всегда получалось определить настроения мирных жителей: некоторые предпочитали хранить молчание. Солдат федеральной армии Джеймс Грэхем поговорил с некоторыми мелкими виргинскими рабовладельцами, которые показались ему «симпатичными», однако он так и не смог понять, что они думали о войне на самом деле[9].

---

[8] См. [Moore 1910: 22, 42; Cox 1900: 7–8, 85]. См. также письмо Дж. М. Годоуна «Дорогой Фанни» от 3 марта 1862 года, дневники Дж. М. Годоун, т. 2, архив Исторического общества округа Аллен — Форт-Уэйн.

[9] См. статью «Рассказ женщины о вступлении федеральных войск в Чарльзтаун», опубликованную в газете «Филадельфия инкуайрер» 13 августа 1861 года, письмо Генри Ч. Марша отцу от 23 мая 1862 года, архив писем и дневников Генри Ч. Марша в Библиотеке штата Индиана (ISL), Милан У. Серл «Жизнь и приключения на Юге с 1860 года по 1862 год», Институт изучения Арканзаса, Центр истории и культуры Арканзаса (ASI); OR 1, 7: 719–720. См. также [McFadden 1991: 26].

Контрабанда

В такой неясной политической ситуации белые нонкомбатанты выражали свою преданность — или отсутствие таковой — конкретными действиями: они тайком снабжали военных необходимыми вещами. В соответствии со статьей 56 Военного кодекса было запрещено передавать неприятелю деньги, провиант и боеприпасы, однако в подобной контрабанде принимали участие тысячи гражданских. Это был важный, хоть и остававшийся в тени, сегмент экономики военного времени, и он не ограничивался деньгами, провиантом и боеприпасами. После битвы за форт Самтер незаконный товарооборот между Севером и Югом принял невиданные масштабы. На Севере производили множество товаров, необходимых армии мятежников. А со временем и мирное население Юга стало испытывать растущую нехватку предметов повседневного спроса. Начало войны ознаменовалось стремительным ростом нелегальной торговли. В мае 1861 года мирные жители уже организовали контрабанду военных товаров из Балтимора в Вирджинию. Вскоре ценными стали даже самые обыденные предметы — например спички. Многие северяне не возражали против торговли с Югом, а сторонники Конфедерации были готовы платить[10].

Контрабандисты могли действовать из самых разных побуждений: финансовых, семейных и политических. Многие понимали, что война дает возможность быстрого обогащения. Осенью 1861 года в газете «Ричмонд экзаминер» предположили, что объем контрабанды между Виргинией и северными штатами уже достиг нескольких миллионов долларов в золоте. Те, кого не особенно интересовала прибыль, занимались контрабандой, чтобы помочь своим близким. Они не писали на конвертах свои фамилии: так, например, северянин «Дик» отправил письмо не-

---

[10] См. письмо Клинтона Хэтчера Мэри Анне Сиберт от 18 мая 1861 года, семейный архив Эвансов-Сибертов (VSP); письмо <Джозефа Ивза> матери от 17 октября 1862 года, архив Джозефа Кристмаса-Айвза (LC); статью «Контрабанда», опубликованную в газете «Чикаго трибьюн» 21 августа 1861 года, с. 3.

коему «Неду». Южане, поддерживавшие Конфедерацию, исходили из политических убеждений. Примером может послужить покинувший армию мятежников по причине инвалидности солдат, который занялся контрабандой и стал перевозить товары между Виргинией, Пенсильванией и Мэрилендом. И наоборот, если южане хотели поддержать Федерацию, они контрабандой вывозили через Кентукки на Север хлопок, сахар и рис. Но поскольку боевые действия по большей части велись на территории Дикси, а южная экономика всегда уступала северной, контрабандные товары в основном двигались с Севера на Юг[11].

Как это случалось во время других войн, контрабандисты полагались на проверенные временем уловки. Некоторые использовали вымышленные имена. Многие демонстрировали выдающиеся предпринимательские способности. Так, одна банда перемещала товары на сотни миль: сначала по суше через Кентукки, потом на лодках вверх по реке Теннесси до железнодорожных станций, откуда их переправляли по другим направлениям. Товары прятали в сундуках с двойным дном или даже — что требовало большей изобретательности — в тушах мертвых лошадей. У одного особенно изворотливого контрабандиста, Уильяма Т. Уилсона из округа Сент-Мэри, Мэриленд, в шляпе обнаружили мочевой пузырь животного, в который он залил жидкий хинин[12].

Белые южанки тоже занимались контрабандой товаров с Севера на Юг и по территории Конфедерации. Они не так давно заинтересовались политикой и горели желанием помочь мятежникам, используя в качестве прикрытия традиционные гендерные

---

[11] См. [Van Tuyll 2001: 136–138]. См. также статью «Еженедельный обзор состояния торговли», опубликованную в газете «Ричмонд экзамайнер» 21 декабря 1861 года, с. 2; письмо Дика Неду от 29 октября 1862 года, архив Джозефа Кристмаса-Айвза (LC); Лиззи Джексон Манн. «Воспоминания о Гражданской войне с 1861 года по 1865 год», с. 12 (VHS); [OR 1, 4: 51].

[12] См. [Hajdinjak 2002: 22–31; Barber 1894: 104–105]. См. также статью «Контрабанда», опубликованную в газете «Чикаго трибьюн» 21 августа 1861 года, с. 3; [OR 2, 2: 1023]; статью «Из Каира и южнее», опубликованную в газете «Чикаго трибьюн» 18 июля 1862 года, с. 1; [OR 2, 2: 183–184, 192].

стереотипы. Миссис Вудс (полное имя неизвестно) руководила бандой контрабандистов в Хопкинсвилле, Кентукки. В 1861 и 1862 годах у нее имелись постоянные партнеры в Нэшвилле и Ричмонде. Контрабандистки использовали в своих целях даже превратные представления о слабости женщин и их неумении стрелять. Под дулом пистолета Нэнни Уэбстер заставила лодочника переправить ее через реку Потомак из Мэриленда в Виргинию. С собой она везла хинин, нитки и иглы. Благодаря кринолинам женщины могли спрятать под юбками даже такие товары, как ботинки или газеты[13].

Контрабандисты ввозили на Юг множество товаров, включая и те, что были запрещены Военным кодексом. Так, они доставляли заказчикам соль, ружья, предметы роскоши (такие как кружево) и множество лекарств, в том числе и морфин. Среди них были люди самого разного социального происхождения — например, врач из Теннесси и священник из Балтимора. Появилось убеждение, что контрабандой управляют евреи; именно поэтому бригадный генерал армии США Улисс Грант в декабре 1862 года генеральным приказом № 11 выгнал всех сотрудников-евреев из своих подразделений в Кентукки, Теннесси и Миссисипи. Опасаясь протестов, президент Линкольн быстро отменил этот приказ. На самом деле, большинство контрабандистов, как и большинство белого населения Севера и Юга в целом, не были евреями[14].

Контрабандисты предпочитали определенные маршруты, о которых становилось известно, когда кого-то из них ловили.

---

[13] См. [Rable 1989: 1–2, 15–17, 30; Moore 1910: 142]. См. также статью «Контрабанда вдоль Нижнего Огайо», опубликованную в газете «Чикаго трибьюн» 8 февраля 1862 года, с. 1; и статью «Героиня», опубликованную в газете «Мейкон дейли телеграф» 7 января 1862 года, с. 2.

[14] См. [OR 1, 17, 2: 15, 187]; статью «Наша корреспонденция из Каира», опубликованную в газете «Нью-Йорк таймс» 12 января 1862 года, с. 1; статью «Из Каира и южнее», опубликованную в газете «Чикаго трибьюн» 18 июля 1862 года, с. 1; и статью «Местные темы», опубликованную в газете «‹Балтимор› Сан» 9 сентября 1861 года, с. 1. См. также [Sarna 2012: 5–7, 21–22, 29–30].

Из пограничного штата Мэриленд они проникали в Конфедерацию через реку Потомак, изобилующую удобными бухтами, островками и притоками. На юге Мэриленда было много сторонников Конфедерации, готовых пересечь Потомак с запрещенными товарами. Многие путешествовали через Кентукки, рабовладельческий штат, который в 1861 году остался в составе Федерации, хоть и занял при этом нейтральную позицию. «Штат мятлика» был идеальным перекрестком: по его территории протекала река Огайо, здесь же был расположен крупный внутренний порт Цинциннати. Кроме того, Кентукки граничил с Виргинией и Теннесси, двумя конфедератскими штатами, а среди местного населения имелись серьезные разногласия по политическим вопросам. В 1861 году Кентукки и Теннесси заключили неофициальное временное соглашение о том, чтобы офицеры-янки не досматривали багаж в поездах, курсировавших между штатами. Однако даже в 1862 году, когда Кентукки присоединился к Федерации, контрабандисты продолжили действовать по всей территории штата[15].

Их ловили и иногда наказывали. Мирные жители — такие, как Джон Фаулер, погонщик скота из оккупированной северянами Виргинии, — с готовностью сдавали таких людей властям. Фаулер разоблачил англичанина (или человека, который называл себя англичанином), перевозившего запрещенные товары между Северной Виргинией и Южным Мэрилендом. Когда контрабандистов ловили на территории Федерации, их, как правило, судил не местный суд, а военная комиссия или военный трибунал. Наказание могло быть суровым. Так, Майер Ласки, владелец таверны из Нэшвилла, за контрабанду лекарств был приговорен к году каторжных работ. Другим же случалось отделываться легкими приговорами. Сели Льюис, осужденному в Теннесси за

---

[15] См. [Fishel 1996: 73–74; Harrison, Klotter 1997: 207–208]. См. также [OR 2, 2: 192]; статью «Новости с Юга», опубликованную в газете «Филадельфия инкуайрер» 30 июля 1861 года, с. 4; и статью «Контрабандная торговля на Западе», опубликованную в газете «Филадельфия инкуайрер» 11 апреля 1863 года.

контрабанду и шпионаж в пользу Конфедерации, Авраам Линкольн заменил смертный приговор шестью месяцами тюрьмы[16].

Борьбе северян с контрабандой мешала коррупция и некомпетентность их армии. Во всех войнах, которые она вела, солдаты нарушали правила, чтобы заработать немного денег, и механизмы контроля были бессильны это предотвратить. В 1862 году контрабандисты, действующие между Мемфисом и Эрнандо, Миссисипи, переоделись в мундиры федеральных войск и выдали себя за сотрудников Интендантского ведомства. Это сошло им с рук: они успешно доставили груз хинина и морфина. Для поиска контрабандистов на территориях, оккупированных США, армия Севера привлекала детективов, и временами те действовали успешно, однако им не удалось полностью искоренить незаконную деятельность. Генерал-майор Уильям Т. Шерман жаловался на то, что, несмотря на присутствие на территории войск Федерации, контрабандистам удается доставлять товары по Миссисипи до Мемфиса и внутренних регионов Конфедерации[17].

В силу очевидных причин Военное министерство Конфедерации даже не пыталось остановить движение контрабанды. В августе 1861 года в лагере неподалеку от Манассаса, Виргиния, полковник Дорси Пендер поговорил с несколькими белыми женщинами, которые незаконно перевозили в Мэриленд сундуки с солдатской униформой. Судя по всему, полковник был

---

[16] См. [Ash 1995: 87]. См. также [OR 2, 2: 192]; папка «КК 195 — Майер Ласки», записи Управления начальника военно-юридической службы, архив военно-полевых судов, RG 153, Национальные архивы и управление записями (NARA); данные федеральной переписи населения 1860 года, свободный график, Теннесси, округ Дэвидсон, с. 71–72; [OR 2, 1: 662]. В Национальных архивах я прочла документы военно-полевых судов по фамилиям от A до K, хотя они хранились не в строго алфавитном порядке, и в некоторых случаях в одной папке содержалось несколько дел.

[17] См. [Hickey 1990: 170, 225–227, 252; Risch 1989: 345; Towne 2015: 66]. См. также статью «Происшествия на границе Теннесси и Миссисипи», опубликованную в газете «‹Сан-Франциско› Дейли ивнинг бюллетин» 17 октября 1862 года, и [OR 1, 17, 2: 187].

восхищен их решимостью и не отдал приказа об аресте. В сущности, военные Конфедерации сами участвовали в деятельности по перемещению контрабанды. Одни офицеры подряжались доставить оружие из Мексики через Рио-Гранде — типичный способ обойти установленную федералами морскую блокаду, — а другие, такие как генерал Сэмюэл Дж. Френч, разыскивали группы контрабандистов и призывали своих интендантов присоединиться к ним на благо армии Юга[18].

Те, кто провозил товары через линию блокады, отличались еще большей отвагой — или, возможно, большей алчностью. Это было очень выгодное дело. Северянам удалось заблокировать значительную часть трафика товаров на морских границах Конфедерации, и контрабандисты, которым удавалось усыпить их бдительность, могли рассчитывать на огромную прибыль. В южных газетах сообщалось, что за избежавший блокады груз запрашивали вплоть до его десятикратной стоимости. Владельцы судов продавали за рубежом хлопок и привозили домой оружие, боеприпасы и порох. Установить личность этих людей непросто, но мы можем очертить биографии тех, кто оказался пойман. Стивен Бартон, брат военной медсестры Клары Бартон из армии США, возил контрабанду из жадности. В 1850-е годы он уехал из Массачусетса, где его обвинили в ограблении банка; суд оправдал Бартона, но восстановить свою репутацию ему так и не удалось. Он переехал в Северную Каролину и стал преуспевающим мельником, однако ему хотелось больше денег, и потому он начал провозить товары через линию блокады. Его поймали, судили военным судом и в конце концов отпустили. Незадолго до конца войны он умер[19].

---

[18] См. [Hassler 1965: 51; Diaz 2015: 32–33; French 1901: 155]. См. также [OR 1, 26, 2: 153–154].

[19] См. статью «Прорывая блокаду», опубликованную в газете «Огаста кроникл» 4 апреля 1862 года, с. 2; и статью «Различные новости с Юга», опубликованную в газете «Нью-Йорк таймс» 11 июля 1862 года. См. также [Pryor 1987: 36–37, 65–67, 130–131].

Письма

Мирным жителям удавалось обходить и еще одну статью Военного кодекса. Речь идет о статье 57, запрещавшей вести с неприятелем переписку и передавать ему информацию. Нарушители запрета подлежали военному суду и могли быть приговорены к смертной казни. По причине войны объем личной переписки между военными и гражданскими значительно вырос: люди писали друг другу как из практических соображений — чтобы сообщить какие-либо сведения, — так и по личным причинам. Помимо прочего, письмо служило доказательством, что автор все еще жив. Как бы то ни было, предполагалось, что обмен почтовыми отправлениями между Соединенными Штатами и Конфедерацией прекратился в июне 1861 года. Однако на протяжении еще нескольких месяцев некоторые почтмейстеры продолжали доставлять почту из одного региона в другой. В нейтральном штате Кентукки жители могли посылать письма обеим противоборствующим сторонам. Были на Юге и другие места, где чиновники или офицеры договорились не препятствовать обмену письмами, если те не носили политического характера[20].

Белые жители Юга быстро разобрались, как отсылать письма по неофициальным каналам. Некоторые обращались к помощи посыльных, которые возили почту между Севером и Югом, но большинство действовали своими силами. Письма из Конфедерации тайком перевозили по самым оживленным дорогам из Северной Виргинии в Южный Мэриленд, а также внутри самой Конфедерации. Салли Макдауэлл из Теннесси пишет, что существовало «много способов» пересылать письма, несмотря на присутствие рядом армии янки. Как и до войны, жители Юга обращались за помощью к друзьям, родственникам и соседям, которые проскальзывали через вражеские ряды, чтобы лично доставить письма адресатам — по несколько посланий за раз.

---

[20] См. [Cashin 2006: 114; Murrell 2005: 108]. См. также письмо Беви Кейн Джеймсу М. Дэвису от 24 октября 1861 года, письма Беви Кейн, Университет Западного Кентукки.

Один сторонник Федерации с гневом назвал эту систему «почтовой службой мятежников»[21].

Обе армии пытались положить конец потоку нелегальной корреспонденции, когда это вредило их интересам. Военное министерство США перехватывало отправленные по неофициальным каналам личные письма и просматривало их на предмет политического содержания. Несколько гражданских лиц, пойманных с «письмами мятежников», были преданы военному суду, и некоторых из них ждало суровое наказание: например, Томаса Диббо из Теннесси до конца войны отправили на каторгу на остров Джонсона. Офицеры-конфедераты, в свою очередь, подвергали аресту мирных жителей, если те посылали на Север письма, в которых содержалась ценная для противника информация. В таких случаях наказание тоже могло быть суровым. Джона Г. Лархорна приговорили к тюремному заключению за то, что он попытался доставить семейное послание — одно-единственное письмо, написанное его сестрой для своего мужа, — из Виргинии в Мэриленд. Кажется, смертных приговоров по таким делам не было, однако обе армии были недовольны таким огромным объемом переписки. Джозеф Айвз, полковник из штаба Джефферсона Дэвиса, в 1862 году отметил, что никому не хватит «выносливости», чтобы просмотреть десятки личных писем на предмет наличия в них военных сведений[22].

---

[21] См. [Whites 2009: 103–106; Fishel 1996: 56]. См. также письмо Салли Макдауэлл Тому Моффетту от 23 июня 1862 года, архивы Салли Макдауэлл-Моффетт, Историческое общество Восточного Теннесси (ETHS); письмо Сэмюэла Т. Бренкенбриджа «дорогой жене» с постскриптумом С. Ч. Минза от 6 июня 1862 года, блок «Различные записи — перехваченные письма, 1861–1865», экспонат 189, коллекция конфедератских документов Военного министерства, RG 109, NARA.

[22] См. письмо М. «дражайшей матушке» (миссис Прингл) от 13 августа <1861 или 1862 года>, блок «Различные записи — перехваченные письма, 1861–1865», экспонат 189, коллекция конфедератских документов Военного министерства, RG 109, NARA; письмо Томаса Диббо, папка NN 195, Управление начальника военно-юридической службы, архив военно-полевых судов, RG 153, NARA; [OR 2, 2: 1361–1362; OR 2, 2: 1431]; письмо Джозефа Айвза матери от 6 октября 1862 года, архив Джозефа Кристмаса-Айвза (LC).

При этом солдаты обеих армий стремились использовать содержание писем в своих интересах и не дать противнику сделать то же самое. Когда зимой 1860–1861 годов поддерживавшие Конфедерацию мирные жители некоторых регионов приняли на себя обязанности по доставке корреспонденции, правительство Юга оплатило им эту работу, однако летом 1861 года офицеры-конфедераты стали арестовывать тех, кто пытался послать на Север письма, в которых, предположительно, содержалась ценная для неприятеля информация. В обеих армиях военные вскрывали корреспонденцию, если та случайно попадалась им в руки, пытаясь обнаружить данные о размере вражеской армии, ее перемещениях и состоянии здоровья солдат. В июле 1862 года бригадный генерал армии Севера Филип Шеридан обнаружил в Рипли, Миссисипи, пачку из 32 частных писем, в которых содержались ценные сведения о перемещениях армии Брэкстона Брэгга[23].

Шпионаж

При этом белые жители Юга не ограничивались тайной перевозкой писем: они собирали для военных информацию, хотя такие действия тоже противоречили пятьдесят седьмой статье Военного кодекса. Обе армии рассчитывали получать от дружественного мирного населения разведданные и вместе с тем старались помешать в этом противнику. В силу самой своей природы история военного шпионажа недостаточно задокументирована, однако информация, полученная от людей, всегда считалась самым ценным типом сведений. Шпионажем во время Гражданской войны занимались многие мирные жители, однако мы никогда не узнаем их имена. В военных документах такие источники часто именуются просто «граждане» — возможно, это делалось именно для того, чтобы скрыть личность шпиона. Как и до

---

[23] См. [Matthews 1864: 284; Sheridan 1994: 93]. См. также [OR 2, 2: 1361–1362; OR 1, 13: 524–525].

1861 года, южане продолжали обмениваться слухами, сплетнями и предположениями. В Баулинг-Грин, Кентукки, сторонница Федерации Джози Андервуд видела «группы людей, открыто обсуждавших» последние новости, пока дамы в экипажах наносили друг другу визиты. Такие группы формировались по политическим убеждениям. Сейчас граждане внимательно наблюдали друг за другом. Когда Тирза Финч навестила соседей в Виргинии, они расспрашивали ее о ее служившем в федеральной армии брате, однако она почти не осмелилась ничего рассказать — вдруг «сецессионщики» передадут эту информацию другим конфедератам[24].

Многие мирные жители демонстрировали свою лояльность, снабжая ту или другую армию информацией о географии Юга — в особенности о его дорогах. Конфедерация занимала обширные территории, и бо́льшая их часть была незнакома солдатам. Обеим армиям пришлось иметь дело с лабиринтом дощатых дорог, заброшенных трактов и проложенных еще коренными жителями Америки извилистых тропинок. И это не говоря о стремительных реках без мостов, через которые не так-то просто обнаружить брод. Оказавшись вдали от дома, солдаты-мятежники далеко не всегда ориентировались на местности, поэтому помощь местных жителей была неоценима. Такая помощь могла появиться внезапно. Летом 1861 года местный житель по фамилии Скин предложил генералу армии южан Стивену Ли нарисовать карту сельской местности в окрестностях Хантерсвилла, Виргиния. Генерал с радостью принял предложение. То же самое делали, разумеется, и сторонники Федерации. К большому недовольству офицеров-конфедератов, знавшие «каждую тропинку» белые южане помогли федеральным войскам пройти через Виргинию[25].

---

[24] См. [Fishel 1996: 2; Shackley, Finney 2005: 1]. См. также [OR 1, 17, 2: 14–15]; дневник Джоанны Л. Андервуд Назро, запись от 8 мая 1861 года, Университет Западного Кентукки; дневник Тирзы Финч, запись от 27 апреля 1862 года, дневник Тирзы Финч и расшифровки писем, Университет Мичигана, Библиотека Уильяма Л. Клементса (UM).

[25] См. [OR 1, 2: 992; OR 1, 10, 1: 35–36]. См. также [Storey 2004: 151–152].

Сторонники Конфедерации старались помочь своей армии, собирая информацию о перемещениях неприятеля. Они с готовностью делились тем, что знали об армии США: иногда за деньги, иногда из патриотических чувств. Порой у них получалось доставить ценную информацию в самую гущу схватки. Во время первой битвы при Булл-Ран к офицерам-мятежникам, чтобы сообщить им о позициях северян, прискакала на коне молодая женщина, и, по словам свидетеля, она даже не думала об опасности. Маленькой подсказки от мирных жителей могло оказаться достаточно, чтобы спасти военным жизнь. Возле Коринфа, Миссисипи, местные жители предупредили офицеров-конфедератов о том, что впереди их ждет засада, и тем удалось ее миновать[26].

Подобным же образом сторонники Федерации делали все возможное, чтобы помочь армии Севера, — и тоже делились сведениями о войсках противника. Янки получали информацию и от рабов, но многие из них, судя по всему, больше доверяли белым. Мотивы информаторов были такими же: кто-то испытывал патриотические чувства, кто-то стремился набить карманы. В любом случае они стремились всеми силами поддержать Федерацию. Оставшийся безымянным белый житель Виргинии предупредил северян о том, что в саду на расстоянии полумили от них находилась вражеская кавалерия. В октябре 1861 года Уильям Блаунт Картер из Теннесси написал непосредственно генералу федеральных войск и сообщил ему конкретные данные о противнике — в том числе о количестве солдат-конфедератов в Ноксвилле. Он добавил, что рискует жизнью, отсылая это письмо[27].

В обеих армиях понимали, что местные жители могут осмысленно вводить военных в заблуждение. Некий фермер мистер Родан, живший неподалеку от Бердс-Пойнта, Миссисипи, заверил капитана-янки, что поблизости нет войск мятежников. Сразу

---

[26] См. [Gallagher 1989: 69–70; Gordon 1903: 41–42; Wills 1906: 90–91].

[27] См. [OR 1, 17, 2: 14–15; OR 1, 4: 320]. См. также [Feis 2002: 16, 31, 128; Blackford 1993: 18].

после этого капитан и его люди попали в засаду конфедератов. Феликс Золликоффер, бригадный генерал армии Юга, писал о сторонниках Федерации, намеренно предоставлявших неверную информацию с тем, чтобы «замедлить наше продвижение». Логично, что некоторые офицеры вообще перестали доверять гражданским. Генерал-северянин Джейкоб Кокс пришел к выводу, что мирные жители могут быть полезным источником информации, но с некоторыми оговорками: сторонники США из наилучших побуждений заваливали солдат информацией, а противникам было трудно молчать[28].

Ни одна из сторон не располагала организованной разведывательной службой, поэтому противникам приходилось импровизировать. Офицеры сами создавали собственные шпионские сети. В июне 1861 года полковник-янки Харви Браун, служивший в форте Пикенс, Флорида, запросил у вышестоящего офицера «деньги на секретную службу», которые он планировал потратить по собственному усмотрению. Генерал армии Юга Роберт Э. Ли выдал подчиненному офицеру несколько сотен долларов для созданной тем собственной «секретной службы». Некоторые имена шпионов известны — например, Роза Гринхау, Белль Бойд или Джеймс Дж. Эндрюс, — однако зачастую такие люди предпочитали держаться в тени. Вероятно, их было немного, поскольку сегодня профессиональные шпионы утверждают, что мало кто способен добиться в этом деле успеха[29].

Тем не менее призрак профессионального шпиона пугал современников больше, чем мысль об обычном мирном жителе, спонтанно предоставляющем информацию военным. Странные люди, задававшие слишком много вопросов, могли вызвать подозрение. В мае 1861 года двое граждан убеждали бригадного генерала Конфедерации Джозефа Э. Джонстона в том, что Р. У. Латэм, банкир из Вашингтона, Колумбия, приехал на Юг, чтобы шпионить

---

[28] См. [OR 1, 8: 47–48; OR 1, 4: 242]. См. также [Schrijvers 1998: 192–193; Cox 1900: 251].

[29] См. [Fishel 1996: 8, 58–68, 175–177; Gallagher 1989: 140; Bonds 2007; Shackley, Finney 2005: 12]. См. [OR 1, 1: 433].

на северян. Джонстон передал это сообщение Роберту Э. Ли, присовокупив, что Латэма — которого даже не допросили — следует повесить. Похожая история случилась в окрестностях форта Монро, Виргиния: местные жители заподозрили, что работавший там маркитант был шпионом северян, но не могли это доказать. Иногда подозреваемых отпускали, и это было ошибкой. Так, федеральные власти в 1861 году арестовали Мередита Гилмора из Мэриленда по подозрению в шпионаже на конфедератов. Когда его отпустили, он присоединился к армии Юга[30].

Те, кто на самом деле были шпионами, отличались идеологической убежденностью, храбростью и коварством. В самом начале войны некая обеспеченная белая семья переселилась в Виргинию, чтобы заняться шпионажем. Супруга, имя которой неизвестно, демонстрировала верность Конфедерации, однако на самом деле собирала информацию для северян. Об этом узнал ее белый слуга, когда семейство внезапно исчезло вместе с федеральной армией. Как выяснили мятежники, шпионажем могли заниматься люди любого социального положения. В Новом Орлеане власти конфедератов на протяжении нескольких месяцев следили за двумя плотниками, пока в январе 1862 года их не арестовали за шпионаж. Военные-янки тоже смотрели на своих соседей с подозрением. Зимой 1861/1862 года они заставили некую миссис Томпкинс, жену офицера-конфедерата, выехать из ее виргинского поместья, поскольку опасались, что она сообщает неприятелю о перемещении войск США[31].

Женщины-шпионки с готовностью опровергали традиционные гендерные стереотипы — и в то же время использовали их в своих целях. В 1862 году начальник военной полиции США

---

[30] См. письмо Джозефа Э. Джонстона Роберту Э. Ли от 28 мая 1861 года, «Различные послания», LC; статью «Новые бесчинства в Хэмптоне», опубликованную в газете «Мейкон дейли телеграф» 8 июня 1861 года, с. 3; и статью «Арест мятежников-контрабандистов на Верхнем Потомаке», опубликованную в журнале «Нью-Йорк геральд» 26 февраля 1863 года, с. 1.

[31] См. мемуары Э. Дж. Брауна, с. 16–17, архив Дж. Ф. Г. Клейборна, UNC-SHC; и статью «Министерство внутренних дел», опубликованную в газете «Дейли тру Дельта» 12 января 1862 года, с. 3. См. также [Сох 1900: 86–87].

в Уилинге, Западная Виргиния, арестовал шпионку, переодетую в форму кавалериста-янки. Эта женщина, представившаяся как Мэриан Маккензи, вела жизнь, полную мелодраматических поворотов, и, судя по всему, являлась мастером шпионажа. По ее собственным словам, она была сиротой и приехала в Америку из Шотландии, причем до войны, помимо прочего, трудилась актрисой и проституткой, а потом присоединилась к армии из «любви к приключениям». Переодевшись мужчиной, она ухитрилась послужить в обеих армиях и, как сообщается, показала себя хорошим солдатом. Когда ее арестовали за шпионаж в пользу Конфедерации, она утверждала, что не сделала ничего плохого — разве что переоделась в мужскую одежду. У нее было множество имен, в том числе мисс Фитцаллен (для занятия проституцией), Гарри Фитцаллен (для службы в армии) и Мэриан Маккензи (вероятно, настоящее). Арестовавший ее офицер указал в описании, что она была невысокого роста, физически сильной, грамотно изъяснялась и «отлично знала о темных сторонах этого мира». Подобный человек пригодился бы любой армии[32].

Есть сведения и о других гражданских, пойманных на нарушении пятьдесят седьмой статьи — то есть предоставлявших информацию неприятелю. В архивах военно-полевых судов армии Севера сохранились записи о нескольких мирных жителях, арестованных за шпионаж, хотя некоторых из них отпустили, очевидно, за нехваткой доказательств. Однако это лишь небольшой процент тех, кто предоставлял сведения войскам мятежников. То же самое справедливо и в отношении сторонников Федерации, помогавших армии Севера. Записи конфедератских военно-полевых судов не сохранились, однако документы о военнопленных свидетельствуют, что начиная с первой битвы при Булл-Ран армия Юга задерживала гражданских, которые снабжали неприятеля информацией. В 1862 году в Атланте арестовали нескольких предполагаемых юнионистов; позднее их отпустили, и некоторые из них покинули город. Есть

---

[32] См. [Blanton, Cook 2005: 58]. См. также [OR 2, 5: 121–122].

данные об очень небольшом количестве смертных приговоров, вынесенных за шпионаж. Однако ни южной армии, ни северной так и не удалось помешать мирным жителям поставлять сведения неприятелю[33].

Гражданский персонал

В обеих армиях работали тысячи гражданских специалистов, что в целом было для XIX века характерно. Как говорилось в статье 60 Военного кодекса, все гражданские лица, трудоустроенные в армии, должны были соблюдать армейские правила. Вероятно, поскольку военные действия разворачивались на Юге, на стороне Конфедерации было задействовано больше гражданских, однако они работали в обеих армиях, и это могло дать толчок развитию местной экономики. Что касается рабов, то Конфедерация заставляла их работать на государство, при этом количество белых мирных жителей, сотрудничавших с Военным министерством Юга, по оценке одного исследователя, составляло не меньше 70 тысяч. Иногда правительство Конфедерации требовало, чтобы такие сотрудники принесли присягу, однако это не стало повсеместной практикой[34].

В 1861 и 1862 годах в Конфедерации существовало множество рабочих вакансий. Портные шили военную форму, дубильщики выделывали кожу. Женщины тоже могли работать — например, распоряжаться материальными ресурсами в госпитале, быть продавщицами или медсестрами. В южной армии понимали, что гражданское население может приносить немалую пользу. Министр флота Стивен Мэллори рекомендовал командующему верфи в Норфолке нанять столько гражданских механиков,

---

[33] См. дело П. М. Беркхардта, папка NN 200, Управление начальника военно-юридической службы, архив военно-полевых судов, RG 153, NARA; [OR 2, 2: 1363]. См. также [Dyer 1999: 102–120; Fishel 1996: 148–149].

[34] См. [Proctor 2010: 6; McKenzie 2006: 137–138; Mohr 2001: 121–128; Escott 2006: 46; OR 2, 2: 1424–1425].

сколько тому требовалось, чтобы «ускорить работу» по строительству броненосцев[35].

Мирные жители заключали с армией Конфедерации договоры о поставке практически всех необходимых для ведения войны материалов. Такие контракты могли быть довольно выгодными. Разумеется, некоторыми поставщиками двигали экономические соображения, в то время как другие действовали из идейных убеждений, при этом не редкостью была и комбинация упомянутых факторов. Для заключения военных контрактов существовала строгая процедура, предназначенная для того, чтобы обеспечить низкие цены, сэкономить деньги и предотвратить мошенничество, однако во время войны ее, как и многие другие процедуры, удавалось обойти. Заключавшие контракты с армией Юга иногда проговаривались о том, что в правительстве Конфедерации царили фаворитизм и погоня за наживой[36].

Армия мятежников могла оказаться непредсказуемым работодателем, мало заинтересованным в том, что требовалось обычному человеку. Кузнецу Джеймсу Ф. Брауну так и не вернули конфискованные солдатами инструменты; в компенсации ему тоже отказали. В случае необходимости белых мужчин заставляли работать на армию, не спрашивая, хотят они этого или нет. Во время Кампании на полуострове капитан Уильям У. Блэкфорд построил на реке Джеймс-Ривер понтонный мост — для этого он силой завербовал более 500 рабочих, как черных, так и белых, которые на протяжении пяти дней работали круглые сутки до тех пор, пока мост не оказался готов. Они получали зарплату

---

[35] См. [Ford, Ford 1905: 12; Rable 1989: 121–128, 131–132]. См. также письмо Юджинии Биттинг Кейду Гиллеспи, отправленное в 1928 году, архив миссис Кейд Дрю Гиллеспи, UMIS; [OR 1, 7: 753].

[36] См. [Hickey 1990: 228]. См. также письмо Юджинии Биттинг Кейду Гиллеспи, отправленное в 1928 году, архив миссис Кейд Дрю Гиллеспи, UMIS; Устав армии Конфедеративных Штатов, с. 96; письмо от компании «Данлоп, Монкьюр и Ко» Дж. У. Рэндольфу от 7 ноября 1862 года из коллекции документов, относящихся к расследованию дела о мошенничестве, предпринятом торговцами мукой в 1862–1863 годах, экспонат 190, коллекция конфедератских документов Военного министерства, RG 109, NARA. См. также [Quiroz 2008: 426–427].

и бесплатную еду, однако элемент принуждения здесь очевиден. Некая миссис Колврик, белая жительница Луизианы, занималась стиркой в форте Ливингстон в течение года и не получала за это платы. Когда в апреле 1862 года войска мятежников покинули форт, у нее не осталось даже еды[37].

Впрочем, такие гражданские работники тоже отличались своенравием и не всегда подчинялись дисциплине. Как и всегда во время войны, они соглашались на эту работу по разным причинам. Некоторым, конечно, хотелось поддержать Конфедерацию, но у других работников не было очевидных политических взглядов. Ко второй категории, например, относился мистер Роузуотер, сотрудник телеграфа, трудившийся на Конфедерацию до 1862 года, после чего он переехал в Вашингтон и был принят на работу в Военное министерство США. Некоторые молодые люди шли работать на государственные фабрики для того, чтобы их не забрали в армию. Несмотря на требования Военного кодекса, армии не всегда удавалось держать гражданских служащих под котролем: так, в первую же военную зиму луизианские плотники устроили забастовку, требуя повышения зарплаты. В 1863 году на Юге появилось собственное военное законодательство, однако в нем почти ничего не говорилось о защите гражданского персонала. При этом новый закон требовал, чтобы прачки и другие рабочие получали ежедневные пайки — слишком поздно для миссис Колврик из Луизианы. Тем не менее в этом законе недвусмысленно повторялся тезис из Военного кодекса: все работники должны были подчиняться «военному управлению»[38].

В армии Севера, где также работали белые южане, возникали проблемы аналогичного характера. Точное количество гражданского персонала неизвестно, поскольку каждый главный интен-

---

[37] См. иск № 961 от Джеймса Ф. Брауна, ч. V, т. 43, Реестр исков при Управлении интендантской службы, коллекция конфедератских документов Военного министерства, RG 109, NARA; [OR 1, 18: 396–397]. См. также [Blackford 1993: 64–68].

[38] См. [O'Brien, Parsons 1995]. См. также интервью с мистером Роузвотером, 1898, с. 1, архив Иды Тарбелл, Аллегени-Колледж; [OR 1, 5: 621; OR (флот Конфедерации) 2, 1; 756]; Устав армии Конфедеративных Штатов, с. 12, 239.

дант осуществлял найм самостоятельно, и далеко не все офицеры вели записи. Джеймс Раслинг, один из интендантов, заявлял, что нанял «многие тысячи» южан. На территориях, занятых северянами, военные, как правило, требовали, чтобы перед началом работы гражданские специалисты принесли присягу Соединенным Штатам, и многие с готовностью на это соглашались. Корпус гражданских сотрудников был во всех смыслах очень пестрым. Вскоре после того как генерал Бенджамин Батлер прибыл в Новый Орлеан, он решил привести город в порядок и нанял для этого на работу примерно две тысячи местных жителей: американцев и иммигрантов, мужчин и женщин. Мало кто из гражданских работников, сотрудничавших с армией Севера, объяснял свои мотивы, однако среди них были горячие сторонники Федерации — например, некая оставшаяся безымянной вдова, которая готовила и стирала для отряда янки, расположившегося неподалеку от Мемфиса. Были и те, кого не занимала идеология. Жительница Теннесси переоделась мужчиной и устроилась в армию возчиком; когда обман был раскрыт, ее уволили. Политикой она, похоже, не интересовалась[39].

Возможно, отношения между таким персоналом и армией Севера складывались непросто, но и армии Юга в этом отношении было ничуть не легче. Живший неподалеку от Чаттануги Джон Спунер выяснил это на собственном горьком опыте. Уроженец Восточного Теннесси, в 1862 году он перебрался на новое место и согласился поставлять уголь и дрова в лагерь северян, расположенный неподалеку от его дома. Для выполнения этой задачи его снабдили всем необходимым: предоставили специальную печь, паек, одежду и инструменты для его рабочих. После чего армия внезапно разорвала контракт. Стороны разошлись в оценке того, что стало причиной такого решения. Спунер ссылался на «откровенный фаворитизм» капитана, который пе-

---

[39] См. [Huston 1966: 170; Rusling 1899: 189; Ash 1995: 79; Capers 1965: 81–82; Livermore 1899: 357; Sheridan 1992: 137–138]. См. также статью «Новости из Нового Орлеана», опубликованную в газете «Харперс уикли» 7 марта 1863 года, с. 157.

редал этот контракт кому-то другому. Интендант в ответ утверждал, что его не устраивало качество работы Спунера. В отместку тот отказался возвращать инструменты. После 1865 года Спунер попытался получить по невыполненному контракту деньги, но в этом ему было отказано[40].

Другие мирные жители принимали участие в нелегальной экономической деятельности, которая всегда переживает расцвет во время войны. Между интендантами, банками и обывателями циркулировали поддельные деньги, и часто участники процесса прекрасно понимали, что расплачиваются фальшивыми купюрами. Люди без ярко выраженных политических убеждений могли заниматься нелегальной торговлей: так, один житель Теннесси тайком продавал виски солдатам Конфедерации. Экономическое выживание имело очень большое значение. Это видно на примере того, как соседи вступились за некоего мистера Хаджгинса, торговца из округа Миссисипи, Арканзас. Он продавал товары всем, кто был готов платить, и когда военные-южане конфисковали его имущество, соседи выступили в его защиту. По их словам, он был единственным торговцем в округе, держал политический нейтралитет, и община очень в нем нуждалась[41].

Перемещения

Хотя после 1861 года обе армии стремились ограничить перемещения гражданских лиц, белое население Юга оставалось весьма мобильным. В августе 1861 года Военное министерство

---

[40] См. данные федеральной переписи населения 1860 года, свободный график, Теннесси, округ Салливан; сводка контрактов на поставку угля, дерева, бревен и древесины в Чаттануге и окрестностях, заключенных в 1863–1864 годах, ящик 301, запись 225, общий файл переписки, 1794–1915, записи из архива Управления интендантской службы, RG 92, NARA.

[41] См. [Merridale 2006: 237; Venet 2009: 125–128]. См. также «Истории Гражданской войны», интервью с Рибой Кэмпбелл, 1976 год, округ Мори, Теннесси, архивы; заявление граждан округа Миссисипи, Арканзас, от 27 сентября 1862 года, ASI.

в Ричмонде начало запрашивать пропуска или паспорта у тех, кто хотел покинуть город; термины «пропуск» и «паспорт» были в этом случае синонимами. Сотрудники Военного министерства выдавали такие удостоверения тысячами, и за несколько лет эта практика распространилась и на другие города Юга. В процессе получения документов большинство путешественников должны были принести клятву верности Конфедерации, и им это не нравилось: с одной стороны, они жаловались на потерю времени, а с другой — новые паспорта напоминали те пропуска, которые выдавались рабам до войны[42].

Конфедератская паспортная система не отличалась большой эффективностью. Часто пропуска оформляли как придется: некоторые офицеры просто вырывали страницу из бухгалтерской книги. Некоторым гражданским удавалось раздобыть чистые бланки, которыми они делились с друзьями. Другие получали пропуска нечестным путем, хотя детали этого нам неизвестны. Паспорт могли выдать любые «военные власти», любой губернатор Юга, а иногда даже создавались так называемые паспортные комитеты — один из них возник, например, в 1861 году в Нэшвилле, информация о его членах отсутствует. Иногда служащие выдавали пропуска, руководствуясь личными мотивами. Один офицер выдал паспорт молодой белой женщине по имени Кора Митчел, потому что пожалел ее. Паспорт нужно было предъявлять в городах и на железных дорогах, однако многие жили в деревне и путешествовали верхом, пешком или в экипаже, избегая тем самым контроля[43].

Армия северян использовала паспортную систему для того, чтобы контролировать на оккупированных территориях гражданское население, результат этого также был неоднозначным.

---

[42] См. [Murrell 2005: 93; Sternhell 2012: 129–133; Neely 1999: 2–6].

[43] См. пропуск на имя Р. Кеннера, Бетел, 10 ноября 1861 года, архив Сэмюэла Даунинга, «Различные послания»; [OR 1, 11, 3: 659; OR 1, 4: 397]; статью «Местная разведка», опубликованную в газете «Филадельфия инкуайрер» 2 сентября 1861 года, с. 8. См. также [Berlin 1994: 62–63; Mitchel 1916: 18–20; Neely 1999: 2–4]. О неэффективных паспортных системах в современных государствах см. [Torpey 2000: 3, 22–52, 93–94].

С начала войны янки потребовали, чтобы все жители оккупированных территорий, собиравшиеся пересечь границы Федерации, обращались в военную полицию за пропусками. Многие так и поступали. Некоторые офицеры — хотя далеко не все — заставляли заявителей принести клятву верности Соединенным Штатам. Такая же непоследовательность царила и в Конфедерации. Если житель Юга хотел выехать на Север, он мог получить пропуск; иногда его заставляли принести присягу, иногда нет. Дружелюбно настроенный офицер мог разрешить гражданскому проехать на Север без пропуска: так случилось, например, с У. Г. Крантцем, мельником из Виргинии, который отправился в Федерацию, чтобы навестить мать[44].

С самого начала войны федеральная паспортная система отличалась коррумпированностью, некомпетентностью и общей расхлябанностью. Жители Теннесси давали военным клеркам взятки (100 американских долларов за пропуск), а также подделывали пропуска и исправляли их текст, чтобы получить возможность путешествовать в пределах Конфедерации, заезжать на оккупированные янки территории Юга и отправляться на Север. Иногда для этого было достаточно устного разрешения. Так, в 1861 году Энн Фроубл и ее сестра Лиззи отправились к друзьям в Александрию, Виргиния, и не смогли получить разрешения на проезд обратно. Они попросили начальника военной полиции и двух других офицеров оформить им пропуска, но получили отказ. Несколько часов они просидели в Александрии в двуколке, пока солдат-янки не крикнул им: «Езжайте!» Это сошло за разрешение[45].

Кроме того, многие белые американцы продолжали путешествовать из Федерации в Конфедерацию. После битвы за форт Самтер отношения между двумя регионами не были разорваны полностью, как это раньше предполагали историки. Перед поездкой на Юг северянину нужно было обратиться за пропуском

---

[44] См. [Ash 1995: 84; Murrell 2005: 93]. См. также Милан У. Серл. «Жизнь и приключения на Юге с 1860 года по 1862 год», ASI; [OR 1, 25: 1115; OR 2, 2: 1413–1414].

[45] См. [OR 1, 17, 2: 158; OR 1, 5: 514–515]. См. также [Frobel 1992: 34–36].

в Государственный секретариат США. Многие путешественники сообщали, что цель их визита будет не политической — посещение родственников. Однако паспорт выдавали далеко не всем. Те янки, которым не удавалось получить официальный пропуск, могли приобрести его у чиновников на черном рынке. Эта процедура применялась не всегда. Клара Джадд съездила из Теннесси в Миннесоту и обратно с тем, чтобы навестить родственников и попытаться найти работу. Она путешествовала то с пропуском, то без него, и как минимум один раз получила пропуск от друга. Невзирая на блокаду, европейцы тоже могли попасть на Юг и присоединиться к армии мятежников или получить работу в правительстве. Это значит, что обеим армиям приходилось иметь дело с тысячами путешественников, одни из которых как бы странствовали без цели, а другие имели четкий маршрут. В этом вечно меняющемся море новых лиц были и друзья, и враги, но главное — оно не подчинялось ни одной армии[46].

Заложники

Обе армии видели в мирных жителях еще один вид ресурсов — потенциальных заложников. Зародившаяся в древние времена практика их захвата сохранилась почти до наших дней: ее запретили только в 1949 году с принятием Женевской конвенции. В прошлом военные брали заложников для того, чтобы заставить неприятеля выполнить договоренности, чтобы отомстить врагу или чтобы осуществить конкретные боевые замыслы. Иногда гражданские из альтруистических побуждений вызывались стать заложниками сами, но во время Гражданской войны в Америке заложников обычно брали силой. Их захват происходил по всей территории Юга, не только в пограничных регионах: это была рутинная практика, распространившаяся на многих мирных

---

[46] См. [Murrell 2005: 93–98; Lonn 1940: 89, 178–180, 251]. См. также письмо Дика Неду от 29 октября 1862 года, архив Джозефа Кристмаса-Айвза (LC); статью «Разное», опубликованную в газете «Филадельфия инкуайрер» 17 марта 1863 года; [OR 2, 5: 620–624].

жителей. В Военном кодексе, ра́вно как в «Военном словаре» Генри Ли Скотта и в военных законах обеих армий, об обращении с заложниками не говорилось ни слова. Выпущенный в 1863 году армией Севера Кодекс Либера содержал по их поводу определенные инструкции. Однако на протяжении первых двух лет войны обе армии пользовались абсолютной свободой действий[47].

Начало было положено в 1861 году, в первые же месяцы войны. Общее количество заложников неизвестно, однако оно достигало многих сотен, если не тысяч. Обе армии прибегали к практике их захвата для того, чтобы изменить поведение неприятеля. Власти Конфедерации прославились своим стремлением вычислить всех скрытых сторонников Федерации. Например, осенью 1861 года был арестован Харрисон Селф, фермер из Теннесси, который якобы поджег мост для того, чтобы помочь федеральной армии. Подполковник Рубен Арнольд предложил разрешить двум сыновьям Селфа записаться в армию Юга и оставить их отца в заложниках: это бы гарантировало их «хорошее поведение». При этом сам подполковник допускал, что Селф был невиновен. Офицеры-мятежники захватывали заложников в пограничных штатах — одним из них стал врач, некий мистер Смит из Кентукки, — и, если была такая возможность, в штатах Севера. Когда его войска располагались неподалеку от Винчестера, Виргиния, генерал Роберт Э. Ли предложил своему подчиненному взять в заложники чиновников-северян, чтобы обменять их на «наших собственных граждан», захваченных федералами[48].

Федеральная армия тоже начала брать заложников с самого начала войны и тоже рассматривала это как свое неотъемлемое право. Заложниками становились и мужчины, и женщины. В июне 1861 года в Виргинии северяне обнаружили в доме ми-

---

[47] См. [Proctor 2010: 24, 127–128; Carnahan 2010: 140–141, n. 72; Small 1997: 80–84]. Фишер в [Fisher 1997: 149] называет захват заложников «аморальным», однако ученые, вероятно, не обращали внимания на этическую сторону такой практики.

[48] См. [OR 2, 1: 866–867]; «Смерть доктора Смита», архив семейства Байрон, Университет Мэриленда — Колледж-Парк, Библиотека Хорнбейк (UMCP); [OR 1, 19, 2: 55].

стера Уэста конфедератскую военную форму и захватили двух его взрослых дочерей, чтобы удерживать их в форте и тем самым обеспечить «хорошее поведение» отца — под этим, вероятно, подразумевалось, что он не присоединится к армии Юга. В захваченных городах заложниками становились члены местной элиты. В Нэшвилле генерал-янки посадил в тюрьму двух «богатых мятежников» в ответ на то, что южная армия в Чаттануге захватила двух сторонников Федерации. Некоторые офицеры, подобно генерал-майору Бенджамину Батлеру, хотели бы формализировать эту практику. В 1862 году после обмена заложниками в Опелузасе, Луизиана, он надеялся заключить соглашение, которое бы облегчило «давление» на нонкомбатантов, однако ничего подобного так и не произошло[49].

И на Севере, и на Юге журналисты критиковали практику захвата заложников, когда этим занимался неприятель, однако обе армии считали это обычной частью войны. Иногда в качестве заложников специально выбирали известных людей, однако выбор мог оказаться и случайным — хватали тех, кого армия встречала на марше. Пленников могли держать в военных лагерях, в фортах или в потайных укрытиях в сельской местности. Офицеры относились к этому весьма терпимо. Иногда они спасали заложников до официального обмена или отпускали на свободу тех, кого захватили сами. Свидетельства массовых казней заложников отсутствуют, однако для некоторых из них плен заканчивался очень плохо. Когда в Нэшвилле двое мирных жителей, сторонников Юга, попытались сбежать из плена, один был пойман, а другой убит[50].

---

[49] См. статью «Новые бесчинства в Хэмптоне», опубликованную в газете «Мейкон дейли телеграф» 8 июня 1861 года, с. 3; статью «Новости из Нэшвилла», опубликованную в газете «Нью-Йорк таймс» 19 февраля 1863 года; [OR 1, 15: 554–555].

[50] См. статью «Новые бесчинства в Хэмптоне», опубликованную в газете «Мейкон дейли телеграф» 8 июня 1861 года, с. 3; статью «Заложники и дезертиры-мятежники», опубликованную в газете «Чикаго трибьюн» 15 июля 1861 года, с. 1; [OR 2, 4: 855; OR 2, 3: 156]; «Смерть доктора Смита», архив семейства Байрон, UMCP; [OR 1, 15: 554–555]; статью «Новости из Нэшвилла», опубликованную в газете «Нью-Йорк таймс» 19 февраля 1863 года.

Как мы уже убедились, рассматривая другие аспекты военного поведения, с заложниками могли обращаться по-разному. Иногда военные захватывали заложников, протестуя против плохого обращения неприятеля с местными жителями, хотя подобная практика оказалась бесполезной. В декабре 1862 года Роберт Э. Ли посоветовал удерживать в заложниках майора-северянина из Западной Виргинии: он предполагал, что в таком случае янки перестанут требовать от жителей оккупированных территорий приносить присягу США. (Нет необходимости пояснять, что северяне на это не пошли.) В некоторых случаях армии практиковали равный обмен — одного заложника меняли на другого — но порой приходилось отдавать целую группу мирных жителей для того, чтобы вызволить из плена одного-единственного человека. Почти все заложники были белыми, хотя иногда военные могли захватить и рабов. В Миссури майор-северянин захватил в заложники раба мистера Адамса, сторонника Конфедерации, чтобы заставить его вернуть другого раба его законной хозяйке, стороннице северян миссис Джой. Имена рабов не приводятся, и мы не знаем, что случилось с ними дальше[51]. Обращение с заложниками также очень различалось. Конфедерат Роберт Э. Ли утверждал, что с заложниками необходимо вести себя «уважительно», а генерал-янки Адольф фон Штейнвер обещал кормить их за собственным столом и обращаться с ними как с «друзьями». Позднее он пригрозил расстрелять заложников, если местные партизаны убьют кого-то из его людей, что было не так уж и по-дружески. Некоторые офицеры отпускали заложников гулять по городу, если те не пытались его покинуть, а некоторые держали их в кандалах. Вне зависимости от того, как с ними обходились, большинство заложников не поддавались так называемому «стокгольмскому синдрому» и не чувствовали к врагам ни малейшей симпатии. Напротив, у некоторых формировалось глубокое отвращение к их захватчикам и искреннее восхищение теми, кто их спас. Когда через несколько десятков лет в Кентукки скончался сельский доктор, в его

---

[51] См. [OR 1, 21: 1079; OR 2, 4: 855; OR 2, 3: 808; OR 1, 22, 1: 166].

некрологе содержалась благодарность капитану-северянину, освободившему его из плена[52].

В 1862 году Джордж Ч. Роу из Фредриксбурга, Виргиния, попал в заложники. В своем дневнике он описывает всепоглощающее чувство бессилия и жгучую неприязнь к обеим армиям. Когда началась война, ему было примерно тридцать лет; к этому времени он стал успешным адвокатом и занимал умеренную политическую позицию. В 1860 году он проголосовал за демократа Стивена Дугласа. После сецессии он выступил на стороне Конфедерации, однако не присоединился к армии. В 1862 году вместе с восемнадцатью другими южанами янки взяли его в заложники — это был акт мести за то, что конфедераты захватили в Виргинии сторонников Федерации. Августовским вечером у него на пороге появился вооруженный офицер, который сопроводил его и других заложников в тюрьму Олд-Кэпитал в Вашингтоне, Колумбия. Роу предстояло провести там месяц. Он с отвращением описывал грязную камеру и отвратительную пищу. Некоторые заключенные ему нравились, другие внушали страх, при этом его неимоверно злил сам факт такого унижения — быть удерживаемым против воли. В своем бедственном положении он вместе с другими заложниками обвинял обе армии: северянам доставалось за «деспотичность», а южанам — за то, что они захватили сторонников Федерации. Заложники написали обращение военному министру Эдвину Стэнтону, но ничего этим не добились. После этого Роу встретился с чиновниками Военного министерства и отказался приносить присягу. Он ссорился с охранниками, и один из них пригрозил его убить. Друзья слали ему передачи, и однажды его навестила жена. Наконец, в сентябре 1862 года произошел обмен заложниками и Роу оказался на свободе. Получив паспорт, он с облегчением вернулся домой[53].

---

[52] См. [OR 1, 19: 55]; статью «Подготовка к убийству жителей Юга», опубликованную в газете «Мейкон дейли телеграф» 4 августа 1862 года, с. 4; [OR 2, 4: 351, 869–870]; «Смерть доктора Смита», архив семейства Байрон, UMCP.

[53] См. [Griffith, Rowe 1964: 395–429].

Весной 1863 года в армии Севера появился новый Кодекс, в котором говорилось в том числе и об обращении с заложниками. Автор Кодекса, Фрэнсис Либер, был умным, амбициозным, непостоянным и непростым человеком; на сохранившейся фотографии он кажется мрачноватым, на его лице ярко выделяются пронзительные глаза. Он родился в Берлине, подростком отправился воевать против Наполеона, а потом принял участие в войне за независимость Греции. Позднее он эмигрировал в Америку и в 1830-е годы стал преподавателем в Университете Южной Каролины, где ему предстояло проработать двадцать один год. За это время он издал несколько выдающихся работ по политологии, завоевав себе репутацию либерала, однако в отношении рабовладельческого вопроса был кем угодно, но не прогрессистом. Он приобрел себе нескольких домашних рабов и утверждал, что обращается с ними лучше, чем большинство хозяев, отвергая идею отмены рабства на федеральном уровне. При этом он полагал, что когда-нибудь в отдаленном будущем может начаться постепенная эмансипация. Он прекрасно ладил с местными рабовладельцами, включая Джона К. Кэлхуна. Однако когда на Юге стали распространяться сецессионные настроения, Либеру стало неуютно, и в 1857 году он перебрался в Университет Колумбия в Нью-Йорке. Вероятно, он продал своих рабов — хотя точной информации об этом у нас нет — и в 1861 году стал юнионистом и поддержал эмансипацию. В его семье взгляды разделились: сыновья Либера сражались во враждующих армиях[54].

После 1861 года Либер поддерживал Республиканскую партию и отстаивал идею активного ведения войны. Он обратился к нескольким офицерам, предложив составить для военных кодекс поведения, и в 1862 году генерал армии США Генри Халлек назначил его членом созданного для этой цели комитета. Либер написал бо́льшую часть документа, получившего его имя и опубликованного 24 апреля 1863 года под названием «общий приказ

---

[54] См. [Freidel 1947: 2–62, 115–170, 225, 235–242, 292–306, 317–320; Witt 2012: 177–178].

Илл. 2. Фрэнсис Либер, теоретик войны. Библиотека Конгресса США

номер 100». Кодекс представлял собой длинный список не связанных между собой статей (общим числом 157), бо́льшая часть которых была посвящена отношениям между военными и гражданскими. Кодекс Либера оказался таким же противоречивым, как вся его жизнь. С одной стороны, он писал, что армия должна как можно меньше вмешиваться в жизнь мирных жителей и щадить их настолько, насколько это позволяют «потребности войны». Современная армия, настаивал Либер, в отличие от армий Древнего мира должна защищать нонкомбатантов. С другой стороны, он полагал, что мирные жители вражеской страны не способны не являться неприятелями и потому вполне могут быть подвергнуты тяготам войны. На протяжении всего текста Либер подчеркивает важность того, что у него называется «военной необходимостью»: солдаты должны предпринимать любые действия, направленные на отстаивание интересов Федерации, включая смерть «вооруженного неприятеля» и «других лиц». Либер запрещает жестокое поведение, но разрешает «военную хитрость», если она не опускается до «вероломства», — однако различие этих двух понятий не объясняется. В сущности, Кодекс Либера был настолько противоречив, что с его помощью можно было оправдать любое предпринятое военными действие. Принципы Старого Света соединяются здесь с идеями Нового; следы наполеоновской эры, которую Либер застал в юности, смешиваются с юнионизмом образца 1861 года[55].

Либер также заявляет, что в современных войнах почти не захватывают заложников — очень странная мысль, если учесть, как часто северные СМИ рассказывали о заложниках, захваченных обеими армиями. Согласно Либеру, заложник — это человек, захваченный «вследствие военных действий» или как «залог», чтобы обеспечить выполнение соглашения между двумя армиями. Далее он пишет, что с заложником нужно обращаться как военнопленным, т. е. его (Либер использует местоимение мужского рода) нельзя наказывать, подвергать жестокому обращению или лишать еды. При этом заложник, как и военнопленный, может оказаться объектом мести. Однако был Кодекс Либера противоречивым или нет, он все равно практически не повлиял на то, как военные обращались с заложниками. Хотя им и раздали экземпляры Кодекса, солдаты и офицеры почти не упоминают его в своих письмах и мемуарах. Некоторые из них, возможно, никогда о нем не слышали. В последующем Кодекс Либера стали считать образцом для регулирования поведения военных во время конфликта, однако весной 1863 года у армии уже составились собственные представления о том, как обращаться с заложниками. Конфедераты, само собой, высмеивали лицемерие кодекса, игнорируя при этом содержащиеся в нем предложения относительно заложников[56].

---

[55] См. [Freidel 1947: 317–334; Witt 2012: 233–234; Grimsley 1995: 149–151]. См. также статьи 15, 16, 21–25 в [Witt 2012: 377–378].

[56] См. статьи 54, 55, 56, 59 в [Witt 2012: 383]. См. также [Freidel 1947: 337–338; Witt 2012: 245–246, 283, 342–365].

После публикации либеровского Кодекса северяне по-прежнему захватывали заложников и вели себя с ними точно так же, как и до апреля 1863 года, — то есть делали то, что считали нужным. Захваченных мирных жителей удерживали в военных лагерях и местных тюрьмах, иногда за сотни миль от дома. Каждая сторона обвиняла другую в жестокости. В декабре 1863 года генерал Джордж Томас предположил, что конфедераты держали заложника-юниониста в «омерзительной тюрьме», — и в то же самое время Зебулон Вэнс, губернатор Северной Каролины, утверждал, что солдаты-янки заковывали заложниц в наручники. В Кодексе говорилось, что заложники должны быть мужчинами, однако за действия мужчин могли отвечать и женщины. В Луизиане полковник-янки приказал взять в заложницы местную жительницу, миссис Уилкоксен, после того как ее муж застрелил рядового, пытавшегося забрать у них продукты. Полковник намеревался удерживать жену, пока муж не сдастся северянам[57].

Что бы ни писал Либер, солдаты по-прежнему практиковали и другие аспекты захвата заложников — например, равный обмен. Так, в Миссури пятерых мирных конфедератов обменяли на пятерых мирных юнионистов. Но этот принцип соблюдался не всегда: в Луизиане генерал армии США Натаниэль Бэнкс приказал наугад отобрать сотню белых мужчин, которым предстояло оставаться в заложниках, пока не отыщут человека, убившего капитана-янки. Заложники по-прежнему страдали из-за действий своих родственников. В декабре 1863 года майор Джеймс Т. Холмс сделал таким заложником мистера Д. У. Кимбро из Теннесси, потому что сын Кимбро, офицер армии мятежников, взял в плен двух солдат США; после этого их освободили. Мирные жители по-прежнему становились заложниками по причине событий, которые они не могли контролировать. Генерал армии Юга Джон Имбоден перевез из Западной Вирджинии в Ричмонд тридцать пять заложников, мирных жителей и солдат армии Севера. По его

---

[57] См. [Neely 1991: 153]. См. также статью «Пленные янки», опубликованную в газете «Ричмонд дейли диспетч» 5 мая 1863 года, с. 1; [OR 1, 31, 3: 366; OR 2, 6: 777; OR 1, 26: 40–41].

словам, они должны были находиться в заключении до тех пор, пока северяне не отпустят на свободу неких «сторонников Юга», захваченных где-то на Севере.

О чем бы мы ни говорили — о контрабанде, переписке, шпионской деятельности, работе на армию, путешествиях или захвате заложников — официальные распоряжения практически не влияли на то, как обе армии взаимодействовали с мирным населением. То же самое относилось и к материальным ресурсам, начиная с провизии[58].

---

[58] См. [OR 1, 22: 267; OR 1, 15: 312; OR 1, 31: 506–507]; см. также статью «Захвачены в заложники», опубликованную в газете «Мейкон уикли телеграф» 5 июня 1863 года.

Глава 3
Провизия

Солдатам обеих армий требовалась еда, и эту материальную потребность приходилось удовлетворять каждый день. Голод во время войны был самым тяжелым испытанием, признавался ветеран армии Севера Дж. Д. Бладгуд. Во многих конфликтах провизию считали наиболее важным типом ресурса, необходимым для сохранения боевого духа солдат; как отметил Наполеон, «армия марширует, пока полон желудок». В древности войска регулярно отбирали еду у местного населения, однако в современном мире предполагается, что военные получают пайки и потому способны преодолеть любое расстояние, не притесняя мирных жителей. Обе армии, участвовавшие в Гражданской войне, должны были питаться, используя исключительно собственные ресурсы, о чем полагалось заботиться офицерам-снабженцам и интендантам. Однако ни северянам, ни южанам не хватало организованности. Подобно участникам других вооруженных конфликтов, конфедераты и федералы начали обращаться за необходимыми ресурсами к мирному населению, при этом они зачастую нарушали устав. Некоторые жители региона с радостью делились с ними едой, особенно в самом начале войны, однако остальные (и их было большинство) неохотно расставались с провизией, которая была необходима им самим. Вскоре население Америки разделилось на две категории — мирные жители и солдаты, — между которыми шла все более ожесточенная борьба за еду[1].

---

[1] См. [Bloodgood 1893: 76–77; Ritchie 1981: 141; McNeill 1982: 7, 2, 159, 183, 328, 354; Eby 1998: 25, 39, 43, 62; Lair 2011: 74–80].

У американских военных имелись руководства по реквизиции продовольствия, в которых всячески подчеркивалось, что мирные жители обязаны удовлетворять требования военных. Принятый в 1806 году Военный кодекс должен был структурировать поведение солдат в военное время, при этом потребности армии, само собой, оставались на первом месте. Статья 52 запрещала солдатам покидать свой пост ради «грабежа и мародерства»; любого военного, совершившего такой проступок, военно-полевой суд мог приговорить к смерти. В Кодексе нет определений «мародерства» и «грабежа», однако в Оксфордском словаре английского языка под «мародерством» понимается захват трофеев, а под «грабежом» — похищение чего-либо у некоего человека или из некой локации. В соответствии со статьей 54, солдатам и офицерам во время марша полагалось вести себя «достойным» образом; они не должны были «уничтожать или портить» без приказа командующего принадлежащие мирным жителям деревья, кроличьи садки, пруды, сады, поля или луга; если солдат причинял вред деревьям, садам или лугам без такого приказа, его могли подвергнуть военному трибуналу. В Постановлениях армии Конфедерации, выпущенных в 1863 году, статьи 52 и 54 были воспроизведены дословно. И, как мы уже знаем, статья 56 запрещала мирным жителям снабжать неприятеля едой. Обновленные постановления армии США от 1861 года предусматривали, что при необходимости генералы могут потребовать от жителей неприятельского государства контрибуцию деньгами или «натурой»[2].

В «Военном словаре» Генри Ли Скотта, опубликованном в 1861 году, подробно объяснялось, как солдаты могут получать от мирного населения еду. Скотт родился в 1814 году и бо́льшую часть своей жизни прослужил в армии. Войну он встретил в звании подполковника, но вскоре ушел в отставку. В «Словаре» он утверждал, что при реквизиции провианта необходимо соблюдать

---

[2] См. [Simpson, Weiner 1989: 11:1104, 832]. См. также Военный кодекс, глава 20, статьи 52, 54 (URL: www.freepages.military.rootsweb.com — в настоящий момент ресурс недоступен); Постановления армии Конфедеративных Штатов, с. 413–414; Обновленные постановления армии Соединенных Штатов от 1861 года с Приложением, с. 73.

определенные процедуры. Так, офицеры должны выезжать в сельскую местность в сопровождении нескольких солдат и охранника и в обмен на продовольствие выдавать мирным жителям официальные документы, которые в ближайшем будущем — во время конфликта или по его завершении — можно будет обменять на деньги или товары. Скотт понимал, что зачастую война «вредит» сельскому хозяйству, однако солдаты должны поступать по справедливости со всеми гражданскими, вне зависимости от того, как те настроены: «дружески», «нейтрально» или «враждебно». При реквизиции продовольствия не допускалось мародерство. При этом Скотт делает акцент на том, что нонкомбатанты обязаны уступать солдатам свои припасы. В его «Словаре» под «продовольствием» подразумевается еда для животных, а не для людей, однако в ходе войны солдаты обеих армий употребляли это слово как для обозначения продуктов, так и для обозначения фуража. В обеих армиях имелись состоящие из трех офицеров контролирующие органы, чьей задачей было рассматривать жалобы гражданских лиц относительно вреда, причиненного их собственности. Такие органы создавались и в оккупированных США регионах. Предполагалось, что они будут служить мирным жителям чем-то вроде апелляционного суда, однако записей об их работе почти не осталось, и мы мало что о них знаем[3].

Контекст

В 1861 году ежедневный рацион в обеих армиях, как правило, включал в себя фунт мяса (предпочтительно, свежей говядины), фунт хлеба, немного овощей, кофе и сахар — для большинства солдат этого было достаточно, чтобы выжить. Со временем паек у южан становился все меньше: его сокращали в 1862, 1863 и 1864 годах. Продовольствие для пехоты поступало с интендантских складов, расположенных в таких местах, как Луисвилл,

---

[3] См. [Johnson 1998: 175, 278, n. 14; OR 1, 1: 236; OR 2, 2: 48; Scott 1861: 21–22, 305–308, 478, 586–588; OR 1, 2: 682; OR 1, 7: 785–786; Klingberg 1955: 21–22].

Кентукки у армии Севера и Коламбус, Джорджия у армии Юга; его доставляли в поле по железной дороге или обозами. Каждый день солдаты обеих армий расходовали множество калорий, и зачастую они обнаруживали, что им требуется больше пищи, чем армия могла им предоставить. Некоторые хотели овощей и фруктов для того, чтобы не заболеть цингой, другие находили армейский паек однообразным или попросту несъедобным. В федеральной армии мясо иногда оказывалось червивым, а солдаты Конфедерации жаловались на покрытую слизью говядину странного синеватого цвета[4].

Среди генералов обеих армий, отвечавших за снабжение, наиболее способным, похоже, был Монтгомери Мейгс, назначенный в 1861 году главным интендантом армии Севера. Впрочем, его роль по большей части сводилась к общему руководству, а основные решения, связанные с поставками продовольствия, принимали командиры на местах. Мятежникам никогда не удавалось накормить всех своих людей, хотя еды на Юге было достаточно. Историки полагают, что виной тому было неэффективное управление, нехватка фондов и слабая транспортная система. Сами солдаты винили в этом своих интендантов: считалось, что представителями именно этой военной специальности оказываются все отбросы армии — лентяи, забияки и пьяницы. Рядовой Джон Робсон предполагал, что многие интенданты были жуликами, приберегавшими лучшие припасы для себя, а занимавшийся до войны коммерцией майор Майкл Харман еще в 1861 году предсказал, что не владеющие системным подходом неопытные интенданты поставят победу Юга под угрозу. Многим офицерам определенно не хватало тщательности и аккуратности, необходимых для этой работы[5].

---

4   См. [Fisher, Fisher 2011: 52–53, 73; Huston 1966: 174, 239; Stillwell 1920: 122–125; Meier 2013: 112; McKim 1910: 63; Donald 1975: 120; Goodloe 1907: 207]. См. также Обновленные постановления армии Соединенных Штатов от 1861 года с Приложением, с. 244.

5   См. [Weigley 1959: 162, 165, 219–222, 260; Wiley 1943: 96–97; Goff 1969: 53, 243–245; Hughes N. 1995: 23, 48; Robson 1898: 11]. См. также письмо Майкла Г. Хармана Г. Р. Джексону от 10 октября 1861 года, Военный архив Майкла Г. Хармана, описание коллекции, Военный университет Виргинии (VMI).

Вероятно, на протяжении всей войны у армии северян было больше еды, однако эффективность янки в том, что касается доставки продовольствия, сильно преувеличена. У федералов случались голодные кризисы, когда целые полки на долгое время оставались без еды. Солдаты обвиняли в этом ленивых интендантов, жадных поставщиков и некомпетентных инспекторов. Военное министерство США пыталось искоренить мошенничество и бессмысленную трату ресурсов, однако задача оказалась ему не по силам. Кроме того, новые интенданты практически не проходили никакого обучения: предполагалось, что они всему научатся на месте. В 1861 году капитан Чарльз Лейб, назначенный интендантом в Бакхэннон, Западная Вирджиния, описал, какого труда ему стоило добыть экземпляры Военного устава. Далее он попытался убедить офицеров выписывать мирным жителям свидетельства о реквизиции, но некоторые попросту отказались это делать — вероятно, им не хотелось тратить время. Результатом бюрократической беспомощности стало то, что в армии янки тоже начался настоящий голод[6].

Обе армии сталкивались с множеством сложностей на последнем и самом важном этапе доставки продовольствия — когда провизия должна была поступать непосредственно солдатам в поле. По всей территории Юга продовольственные обозы могли попасть в неприятельскую засаду или задержаться в пути по причине неблагоприятных погодных условий и плохих дорог. Что касается железнодорожного сообщения, то вагоны ломались, а поезда запаздывали или становились мишенью для вражеских атак. Во время очередной наступательной операции каждая армия стремилась уничтожить созданные противником временные продовольственные склады. Из-за постоянных проблем с поставками солдатам обеих армий приходилось подолгу ждать получения пайков — мучительная ситуация, особенно для людей, занимающихся тяжелым физическим трудом. Рядовой армии США Герман Берхаус утверждал, что, по мнению

---

[6] См. [Billings 1993: 110, 115; Wiley 1962: 225–226; Towne 2015: 67–68; Taylor L. 2004: 17; Leib 1862: 17–19, 28–29].

его товарищей, они «имели право» получать от армии приличную еду[7].

И южанам, и северянам пришлось адаптироваться к перебоям в поставках продовольствия. Некоторые, подобно капралу-мятежнику Джеймсу Э. Холлу, обращались за едой к своим родственникам; другие обменивали вещи на продукты у дозорных вражеской армии; кто-то обыскивал ранцы погибших солдат; иногда еду покупали у маркитантов. Северная армия получала немного продовольствия от Санитарной комиссии США, но у мятежников не было и этого. Голодные конфедераты воровали провизию у собственных интендантов. Голодные янки поступали точно так же. Работавшие в Интендантском ведомстве солдаты, подобно рядовому Генри Эплину из армии США, использовали свое положение, чтобы прикарманить немного еды. Генри писал своим родственникам, что оформлял поддельные ордеры на сахар, чай и патоку, а полученные продукты откладывал для себя[8].

Новые продукты

Но чаще всего солдаты обеих армий обращались за едой к мирным жителям. Для реквизиции продовольствия отправлялись официальные экспедиции, однако с самого начала их сопровождало множество организационных проблем. В Военном кодексе, ра́вно как и в «Военном словаре» Скотта, предполагалось, что

---

[7] См. [OR 1, 11, 1: 1028; Taylor L. 2004: 31, 111–112; Huston 1966: 174, 230; Watkins 1999: 14; Bonner 2006: 103]. См. также письмо Дж. Г. Гамильтон Мэри Пирр от 10 января 1862 года, дневник Мэри Л. Пирр (UTK); дневник Коррела Смита, запись от 18 февраля 1862 года, Историческое сообщество Западного резервного района (WRHS); письмо Германа Бурхауса «Дорогой сестре» от 9 октября 1862 года, семейный архив Бурхаусов (UMCP).

[8] См. [Dayton 1961: 12–13; Gordon 1903: 110; Graham 2013: 467; Bloodgood 1893: 26; Fisher, Fisher 2011: 60–61; Goodloe 1907: 207–208; Kent 1976: 141]. См. также письмо Генри Г. Эплина Эльвире Эплин, написанное в мае 1862 года, семейный архив Эплинов (UM).

участники таких экспедиций будут выдавать расписки всем мирным жителям, вне зависимости от имевшихся у тех политических взглядов, и в начале войны это действительно практиковалось, причем в обеих армиях. Однако военные, естественно, отдавали предпочтение тем гражданским, которые были на их стороне. В декабре 1861 года бригадный генерал США Сэмюэл Р. Кертис, выпускник Вест-Пойнта, служивший в Ролла, Миссури, приказал кавалерийскому офицеру, собиравшему продовольствие у местных жителей, выдавать расписки только «добрым юнионистам», что, по сути дела, было нарушением закона. С некоторым снисхождением можно сказать, что генерал всего лишь более чем на шесть месяцев предвосхитил приказы Поупа. Впрочем, многие солдаты и офицеры не особенно интересовались политическими взглядами гражданских, у которых они забирали еду[9].

Неспособность военных обращаться с документами стала источником многих других проблем. Предполагалось, что солдаты должны использовать печатные бланки, в которых требовалось указать объем реквизированных продуктов, дату и фамилию того, у кого эти продукты реквизированы, однако зачастую такие документы оформляли в свободной форме. Некоторые интенданты выдавали бланки, написанные от руки карандашом, или передавали право подписи солдату, распоряжавшемуся обозом. Некоторые офицеры отказывались хранить у себя второй экземпляр расписки, как того требовал устав: вероятно, это было слишком хлопотно. Ни южане, ни северяне не отличались большим желанием следовать установленным бюрократическим процедурам. Они использовали слова «справка», «талон» и «расписка» как синонимы и понимали под ними любой документ, выданный гражданскому лицу за конфискованные и не оплаченные армией ресурсы, хотя предполагалось, что интенданты и складские агенты будут использовать талоны, а солдаты в поле — расписки. («Справка», очевидно, была универсальным обозначением любого военного документа.) Мягко

---

[9] См. Лиззи Джексон Манн. «Воспоминания о Гражданской войне с 1861 года по 1865 год», с. 5 (VHS). См. также [OR 1, 8: 473].

говоря, военные были не очень хорошими бюрократами, скорее, очень плохими[10].

Однако проблемы обеих армий не ограничивались только выдачей документов: они касались и поведения самих военных. Начнем с северян. Подполковник Чарльз Денби заявил, что будет наказывать за самовольную конфискацию еды у гражданских, и в некоторых случаях эта практика действительно оказывалась наказуемой. Однако на деле военная дисциплина проявила себя как невзыскательная и спорадическая, не особенно помогая предотвратить злоупотребления. Более того, в архивах военно-полевых судов практически нет материалов о случаях незаконной реквизиции продовольствия: в случайной выборке из сотен папок, полученных в Национальном архиве, обнаружилось лишь одно такое дело, о котором речь пойдет далее. Отправляясь на поиски еды, солдаты часто покидали свои лагеря; они ускользали от собственных дозорных и высмеивали офицеров, которых обводили вокруг пальца. В Вирджинии несколько лейтенантов попытались не дать солдатам вломиться в мясницкую местного фермера, однако те все равно отобрали у него мясо. Находились и солдаты-рецидивисты. Когда отряд, в котором служил рядовой Кливленд Хаузер, встал лагерем в Алабаме, солдатам два дня не давали мяса. В результате Хаузер отправился на соседнюю ферму и забрал там свинью. Оказавшись на гауптвахте, он сообщил, что и раньше совершал подобные действия и что ему все равно, накажут его или нет[11].

Тех, кто самовольно отправлялся на поиски провианта, в армии США называли «шатунами»: предполагалось, что такое случает-

---

[10] См. [OR 1, 3: 542; Klingberg 1955: 20; Billings 1993: 231–232; Goff 1969: 246; OR 1, 17, 2: 53–54; Leib 1862: 20]. См. также Обновленные постановления армии Соединенных Штатов от 1861 года с Приложением, с. 19, 30, 241, 254, 259, 273, 286.

[11] См. письмо Чарльза Денби жене от 28 февраля 1862 года, семейный архив Денби (LC), дневник Фанни Пейдж Хьюм, запись от 17 июля 1862 года (LC); и письмо Кливленда Хаузера «Дорогой сестре» от 8 июля 1862 года, архив Хаузеров, Библиотека Лилли (Университет Индианы). См. также [Ramold 2010: 302–343, 344–384; Graham 2013: 384].

ся нечасто и что речь идет о совсем небольших объемах еды. Однако на протяжении войны многие солдаты отбирали у местных жителей огромное количество продуктов. Еще до своего вступления на территорию Конфедерации янки исходили из того, что еду можно отбирать силой. В июне 1861 года в Хагерстоне, Мэриленд, лейтенант Уиллис Э. Помрой отметил, что солдаты Федерации забирали все «съедобное, что подворачивалось им под руку». Солдаты Конфедерации поступали точно так же. Иногда они тайком покидали лагерь по ночам, иногда отправлялись на поиски провианта при дневном свете. Они сворачивали шеи курицам, доили коров, собирали кукурузу и срывали инжир. Они заходили в жилые дома и садились прямо за стол. Многие солдаты интересовались плантациями, потому что у плантаторов было больше еды, чем у других белых, и, как правило, это предположение оказывалось верным. На одной из плантаций в округе Даллас, Алабама, северяне захватили и уничтожили бо́льшую часть мясных запасов (1,5 тыс. фунтов). С таким поведением часто сталкивались рабы — например, Элиза Эванс, — но солдаты предпочитали отбирать еду у белых, потому что у белых ее было больше[12].

С первых месяцев войны военные из армии США особенно выделяли сторонников сецессии. Им нравилось забирать у них еду. Летом 1861 года солдаты 1-го Коннектикутского полка забили корову, принадлежавшую сецессионисту, на пастбище недалеко от Александрии, Виргиния, хотя в городе имелся продовольственный склад. Солдаты воровали яблоки из «сецешного», как выразился рядовой Джеймс Пьюзард, сада и доили «сецешную» (выражение больничного эконома Генри Иллса) корову. При этом они старались по возможности не трогать верных юнионистов. Сержант Мэдисон

---

[12] См. [King 1899: 191; Meier 2013: 124–126; Marshall 1999: 65; Engs, Brooks 2007: 50]. См. также письмо У. А. Помроя «Дорогой сестре» от 22 июня 1861 года архив У. А. Помроя (UMCP); статью «Беды Пограничья», опубликованную в газете «Мейкон уикли телеграф» 18 января 1862 года, с. 2; дневник Джеймса Пьюзарда, запись от 4 августа 1862 года (FHS); дневник Фанни Пейдж Хьюм, запись от 17 июля 1862 года (LC); проект «Рожденные в рабстве», Оклахома, интервью с Элизой Эванс, с. 95 (URL: www.loc.gov — дата обращения: 05.02.2023).

Баулер отметил, что красно-бело-синий флаг, развевавшийся перед домом, мог защитить провизию хозяев[13].

Более того, некоторые офицеры-северяне активно поощряли нарушение Военного кодекса. Когда капитан армии США в округе Лоуренс, Алабама, обнаружил, что некий плантатор утаил свои запасы продовольствия, он разрешил рядовому Льюису Оглеви и другим солдатам «взять все, что нам понравится». Те с готовностью подчинились и забрали у плантатора кукурузу, мясо и другие продукты. Да и сами офицеры порой нарушали Кодекс. При этом контролировать поведение кавалеристов было особенно непросто. В апреле 1862 года пять всадников во главе с капитаном отправились в «неавторизованный» рейд в окрестностях станции Кэтлетт, Виргиния, где у них случилась перестрелка с кавалерией мятежников. Их командир, генерал Ирвин Макдауэлл, доложил об этом инциденте в Военное министерство США, однако неизвестно, имело ли это какие-то последствия. Некоторые офицеры полагали, что мирные жители окажутся великодушными. Так, генерал Сэмюэл Р. Кертис, нарушивший в 1861 году в Миссури предписания США, в феврале 1862 года выразил надежду, что белые жители Арканзаса милосердно «простят» его армии уничтожение съестных припасов, поскольку солдаты были по-настоящему голодны. Далее он не к месту добавил, что его людям следует соблюдать приказы[14].

Некоторым солдатам-янки было стыдно отбирать еду у гражданских. Рядовой Томас Эванс стал свидетелем того, как его товарищи, словно «оголодавшие волки», налетели на провизию, хранившуюся в холодной кладовой над ручьем: жадно пили молоко и растаскивали мясо и сливочное масло. Он увидел плачущих девушек, которым принадлежали эти продукты, и ему

---

[13] См. статью «Из Коннектикутских полков», опубликованную в газете «Норвич морнинг бюллетин» 24 июня 1861 года, с. 2; дневник Джеймса Пьюзарда, запись от 1 ноября 1861 года (FHS); письмо С. Г. Иллса «Моим дорогим друзьям» от 11 июля 1862 года, архив Сэмюэла Генри Иллса (LC). См. также [Huston 1966: 185; Foroughi 2008: 106].

[14] См. письмо Льюиса Оглеви «Дорогим отцу и матери» от 24 июля 1862 года, архив семьи Оглеви (OHC). См. также [OR 1, 12, 3: 80; OR 1, 8: 560].

стало настолько стыдно, что он дал им немного денег из собственного кармана. Но куда больше было тех, кто полагал, что голод извиняет любое поведение. Осенью 1861 года, когда рядового Энсела Бемента перестали снабжать регулярным пайком, он пришел в ярость и совершил «свою первую кражу»: набрал на полях ферм Кентукки картофеля. Он не видел в этом ничего плохого и рассказал о своем поступке родителям. С точки зрения солдат, утолить голод было важнее всего. Рядовой Мозес Паркер писал, как они с друзьями в Виргинии «украли», зарезали и съели быка, потому что не получали достаточно еды. «Нам нужна была говядина, так что мы ее забрали», — объяснил он[15].

Иногда распределение еды происходило иначе: в начале войны солдат подкармливали мирные жители. В 1861 году в Кентукки сторонники федералов бесплатно давали еду представителям армии США. В 1862 году они приглашали офицеров-янки к себе домой. Совместный прием пищи всегда считался символом дружелюбия, и до войны это был ключевой элемент южного коммунализма. Офицеры высоко ценили этот жест, поскольку понимали, что за ним стоит. В Северной Каролине мятежников снабжали едой сторонники Конфедерации; в Виргинии они приглашали их к себе на обед, и солдаты тоже были очень благодарны за это. Аполитичные мирные жители давали еду обеим армиям — очевидно, в попытке хоть как-то умилостивить обе стороны конфликта[16].

Мирные жители, отличавшиеся бо́льшим прагматизмом и предпринимательской жилкой — или больше нуждавшиеся в деньгах, — предоставляли продукты за деньги. Начиная с 1861 года они подписывали контракты о поставке провианта для войск мятежников. Кроме того, они совершали оптовые

---

[15] См. [Mitchell 1988: 164; Marshall 1999: 80]. См. также военные дневники и воспоминания Томаса Эванса, письма от 31 мая 1862 года, 4 июня 1862 года, прочая переписка (LC); письмо Энсела Бемента «Дорогим отцу и матери» от 24 сентября 1861 года, письмо Энсела Бемента (FHS).

[16] См. письмо Энсела Бемента «Дорогим отцу и матери» от 24 сентября 1861 года, письмо Энсела Бемента (FHS); письмо Чарльза Денби жене от 13 апреля 1862 года, семейный архив Денби (LC). См. также [Hassler 1965: 22, 27; Berlin et al. 1998: 251; Stillwell 1920: 125–128].

сделки с агентами южной армии на общественных рынках. Это были официальные сделки, однако многие гражданские вступали с солдатами обеих армий в тайные отношения. Порой речь шла о сущих грошах: так, после захвата форта Генри в Теннесси группа солдат-янки купила у местного жителя несколько куриц за пятнадцать центов. Но такие сделки заключались сотнями, как со сторонниками Конфедерации, так и с юнионистами[17].

Теперь рассмотрим ситуацию в войсках Конфедерации. Иногда, как того требовали соответствующие уложения, южане соблюдали процедуру. Интенданты имели право забирать при необходимости у мирных жителей провиант, но при этом они должны были выдавать документы и платить за этот провиант по текущим рыночным ценам, вне зависимости от инфляции. В 1861 году офицеры, служившие вместе с бригадным генералом Феликсом Золликоффером, «по инструкции» выдали расписку за реквизицию бочек, изъятых на соляном производстве в Кентукки. Иногда процедуру соблюдали даже при реквизиции небольших объемов еды. В 1861 году некий офицер из стрелковой роты Куитмана выдал расписки за бекон, стоивший 30 долларов, жителю Арканзаса Ч. М. Каргиллу. Некоторые интенданты публиковали в газетах объявления, сообщавшие, что мирные жители имеют право обращаться с жалобами, а если им не удалось получить оплату на месте, они могли отправиться в Главное интендантское управление в Ричмонде. Там действительно можно было получить денежную компенсацию за реквизированные армией продукты, однако для этого требовались дубликаты всех бланков и жалобы удовлетворялись только через многие месяцы[18].

---

[17] См. [OR, 4, 1: 878–879; Hain 2005: 29]. См. также статью «Это голод?», опубликованную в газете «Мейкон уикли телеграф» 19 июля 1861 года, с. 4; письмо Еноха Колби-младшего отцу, написанное в феврале 1862 года; воспоминания Франселии Колби, Научный центр Исторического музея Чикаго (CHMRC).

[18] См. [Goff 1969: 41–42; OR 1, 4: 202]. См. также форму, выданную на имя Изабеллы Харрисон 26 апреля 1862 года («Аннотации и расписки», № 12, 2-й квартал 1862 года, собрание Чарльза Д. Хилла, Мемориально-литературное общество Конфедерации под управлением Виргинского исторического общества (CMLS-VHS)); расписки о реквизиции продовольствия,

Однако конфедераты, как и янки, могли самостоятельно отбирать у местного населения еду. Они вели себя так, словно Юг был бесконечной кладовой, где в любой момент можно было раздобыть съестного. Летом 1861 года мятежники заняли Графтон, Виргиния, и конфисковали там все продукты — съели «все, что было в городе», как сказал один солдат-янки. В марте 1862 года отряд южан разорил небогатую ферму некоего мистера Бича, расположенную неподалеку от Гамбурга, Теннесси: они забрали всех лошадей, всю свинину, всю пшеницу, не оставив ни документов, ни компенсации, а после этого подожгли хранилище для кукурузы, чтобы спрятать следы своего отступления от войск неприятеля. В Клинтоне, Теннесси, офицер, известный как «старина Гамильтон», забрал у миссис Макаду всю ее кукурузу и домашнюю птицу, не выдав ей какой бы то ни было расписки и не выплатив компенсацию. Ее сын, мирный житель, пообещал, что постарается получить нужные документы. При случае солдаты забирали еду и у рабов, но, подобно своим противникам из армии Севера, они предпочитали грабить более обеспеченных белых[19].

С самого начала войны офицерам Юга едва удавалось контролировать своих людей. Летом 1861 года полковник Дэниэл Харви Хилл настрого запретил своим подчиненным отбирать провиант у дружественного местного населения, жившего в окрестностях Бетел-Черч, Виргиния, однако солдаты проигнорировали приказ и по-прежнему охотились на поросят на соседних фермах. Осенью того же года полковник Патрик Клеберн хотел показать жителям Кентукки, что мятежники — это их «друзья», однако он слишком

выданные стрелковой ротой Куитмана, расписка от 12 июля 1861 года, собрание Гражданской войны Хайскелла (ASI); заметки из рубрики «Разное», опубликованные в газете «Ричмонд экзамайнер» 26 сентября 1861 года, с. 1; заявление № 1203 от А. М. Гласселла, раздел V, том 43, Реестр жалоб, Управление генерала-интенданта, собрание бумаг Конфедерации, Военное министерство, RG 109 (NARA).

[19] См. [Becker, Thomas 1988: 7; Geer 1863: 22–23]. См. также письмо М. А. Макаду «Дорогому сыну» от 15 декабря 1861 года и письмо Уильяма Г. Макаду «Дорогой матери» от 18 декабря 1861 года, архив Уильяма Макаду (LC); проект «Рожденные в рабстве», Оклахома, интервью с Кейти Роу, с. 279 (URL: www.loc.gov — дата обращения: 05.02.2023).

поздно выяснил, что его возчики и солдаты отбирали у местных жителей еду, и пришел в ярость, поняв, что другие офицеры знали о грабежах, но даже не попытались прекратить их. Впрочем, и во время официальных экспедиций что-то могло пойти не так. Сержант Джон Уоршам и несколько рядовых отправились за провиантом в окрестности Рудс-Хилл, Виргиния, и уже наполнили кукурузой две больших телеги, когда поблизости появилась кавалерия янки. Южане бежали в лагерь, не успев ни встретиться с владельцами кукурузы, ни выдать им какие бы то ни было документы[20].

В поисках еды мятежники часто обращали внимание на белых юнионистов, несмотря на заявление Генри Скотта о том, что все мирные жители вне зависимости от их политических взглядов достойны справедливого обращения. Выяснив, что тот или иной человек является сторонником федералов, конфедераты стремились его наказать. Именно это произошло в Кентукки, где интендант забрал скот у местного семейства по фамилии Фрэйм, поскольку их родственник был офицером в армии Севера. Подобные случаи случались и на территории Конфедерации: например, в Северной Каролине солдаты разграбили амбары, принадлежавшие местным юнионистам. В своем желании отомстить они не щадили даже женщин. В округе Брэдли, Теннесси, солдаты отобрали у вдовы Джейн Петтитт, матери одиннадцати детей, корм для лошадей, овес и кукурузу, ничего не дав ей взамен. Напоследок они сожгли семейную Библию хозяйки и пригрозили повесить ее саму[21].

Новые блюда, в особенности — мясо

Многие солдаты-янки, никогда не бывавшие раньше на Юге, оказались глубоко впечатлены богатством тамошнего растительного и животного мира. Они познакомились с местной кухней,

---

[20] См. [Leon 1913: 3; OR 1, 4: 546; Worsham 1912: 72–73].
[21] См. [Storey 2004: 90; OR 1, 4: 546; OR 1, 9: 402]. См. также Джейн Петтитт, дело 20446, Теннесси, ящик 256, документы по урегулированным делам, SCC, RG 217, NARA-II.

открыв для себя в том числе и такие непривычные южные блюда, как кукурузная каша и кукурузный хлеб. Конфедераты знали и любили эти блюда с детства. В тех редких случаях, когда солдаты Юга оказывались на Севере, они знакомились с тамошними гастрономическими традициями: например, с изумлением выясняя, что в Пенсильвании молоко подают в мисках. У каждой армии был свой язык. Северяне называли жареные пирожки «флипперами», а южане вместо «сладкий картофель» говорили «ямс»[22].

В обеих армиях существовала четкая градация еды по качеству. Солдаты предпочитали консервированной еде свежую, а галетам и сухарям — хлеб. Но прежде всего они хотели мяса, будь то говядина, свинина, курятина, индюшатина, ягнятина, баранина или крольчатина. Имея такую возможность, они отправлялись на рыбалку, однако мясо ценилось выше всего. Еще со времен Средневековья мясо считалось наиболее престижным продуктом, и в обеих армиях верили, что оно придает солдатам силу. Когда речь шла о получении животного белка, военные брали дело в свои руки. Двое солдат-янки из 13-го Массачусетского пехотного полка покинули лагерь неподалеку от Гуз-Крик, Виргиния, и отправились на поиски мяса, хотя это было запрещено уставом. Они застрелили барана и незаметно пронесли его в лагерь. Многие солдаты также знали, как обращаться с мясом. Рядовой Альфред Беллард и его приятели застрелили курицу и нескольких гусей, обмазали их глиной — популярный в XIX веке метод консервирования мяса — запекли и съели[23].

Из всех разновидностей мяса самой желанной была говядина. Как пишет в своих мемуарах Уильям Т. Шерман, свежая говядина лучше всего подходит для питания солдат на войне, и военные обеих армий охотно с этим бы согласились. Говядина — это пи-

---

[22] См. [Smith 1906: 10–11; Kent 1976: 159, 47; MacClancy 1992: 17–18; Moore 1910: 188; Stillwell 1920: 163]. См. также письмо Джорджа ван Хорна брату от 13 ноября 1863 года, архив семьи Грей (VHS).

[23] См. [Moore 1910: 110; Willett 1994: 26; Warwick 2006: 172; Mennell 1985: 62, 304; MacClancy 1992: 146; Kent 1976: 61–62; Donald 1975: 122]. См. также дневник Сайласа С. Хантли, запись от 1 апреля 1862 года (CHMRC).

тательное и вкусное мясо, отметил лейтенант-янки Лиандер Стилвелл; лейтенант-конфедерат Альберт Гудло признавался, что его товарищи «тосковали» по говядине, а сам он следовал принципу «больше говядины хорошего качества». (Высококачественная говядина с высоким содержанием жира является замечательным источником белка.) Обе армии имели в своем распоряжении стада коров, однако качество конечного продукта могло быть разным и скот не всегда успевал за перемещениями войск, поэтому солдаты отправлялись как в официальные экспедиции, так и в самовольные рейды. Генерал-мятежник Ричард Юэлл, выпускник Вест-Пойнта, в начале 1862 года в одиночку уехал за едой и вернулся «с видом триумфатора», ведя за собой живого быка[24].

Любовь к говядине регулярно проявлялась в жизни солдат. При сборе разведданных или выборе места для штаб-квартиры военные обеих армий обращали внимание на наличие крупного рогатого скота. Если солдатам случалось найти говядину, брошенную неприятелем, они пожирали ее с криками «Эврика!». Обнаружив покинутый в спешке лагерь южан, солдаты-янки доедали их еду, точно так же, натыкаясь на брошенный федеральный лагерь, поступали сами мятежники. На марше солдаты также активно выискивали крупный рогатый скот. Когда мятежники шли через мятликовые луга Кентукки, они немедленно забирали коров и расплачивались за них деньгами Конфедерации[25].

Несмотря на все сложности, связанные с добычей продовольствия, обе армии часто тратили еду понапрасну. Довоенные принципы разумного ведения хозяйства оказались забыты: солдаты постоянно уничтожали продукты, лишь бы они не достались противнику. В 1862 году во время Кампании на полуострове оказавшиеся неподалеку от Уильямсбурга, Виргиния, янки

---

[24] См. [Sherman 2005: 786; Stillwell 1920: 263, 267; Goodloe 1907: 210; Fletcher 2004: 64; OR 1, 2: 303–305; OR 1, 10, 2: 17–18; Taylor 1879: 38]. См. также блог USDA, запись от 28 января 2013 года (URL: blogs.usda.gov/2013/01/28 — в настоящее время ресурс недоступен).

[25] См. [OR 1, 2: 107; OR 1, 3: 614; Donald 1975: 131; McCarthy 1882: 63–64; Coffin 1866: 123, 126].

выбрасывали свою провизию в колодцы. Уничтожение еды может быть проявлением грубой силы, осмысленным жестом, рассчитанным на гражданское население — в особенности на обитателей плантаций. В Северной Каролине жители одной плантации в ужасе наблюдали, как солдаты Севера забили и освежевали стадо коров, съели то мясо, которое им понравилось, а остальное оставили гнить. Конфедераты тоже нарушали запрет на бездумную трату еды. Отступая весной 1862 года из Манассаса, Виргинии, они высыпали муку и другие продукты на землю, чтобы ничего не досталось врагу[26].

Здесь необходимо сделать паузу. Почему солдаты-конфедераты отбирали еду у белых южан, в том числе и у сторонников Конфедерации, не соблюдая положенных процедур? И почему они уничтожали такой ценный ресурс? В конце концов, они понимали, какого труда стоило вырастить урожай на ферме или плантации. Возможно, они считали, что война быстро закончится и у них всегда будет достаточно продовольствия. Некоторые однозначно верили, что ради блага Конфедерации мирные жители тоже должны пожертвовать всем. В ноябре 1861 года бригадный генерал Бен Маккаллок потребовал, чтобы каждый белый «патриот» в Арканзасе сжег свое зерно и свою мельницу, чтобы они не достались неприятелю. Другие офицеры ставили превыше всего собственные интересы, даже если им не угрожала голодная смерть. В декабре 1861 года майору Джону Б. Гордону и его отряду захотелось сварить эгг-ног, поэтому они «обшарили» дома мирных жителей Виргинии в поисках яиц, которые становились «все большей редкостью». Но когда этот рождественский напиток был готов, слуга запнулся и разбил чашу, прежде чем они успели сделать хотя бы глоток[27].

---

[26] См. [Donald 1975: 97–98]. См. проект «Рожденные в рабстве», Северная Каролина, интервью с Паркером Пулом, с. 190 (URL: www.loc.gov — дата обращения: 05.02.2023); письмо Айзека Бевьера «Дорогим родителям» от 12 марта 1862 года, переписка Айзека Бевьера, Научная библиотека Музея Линкольна, Форт-Уэйн, Индиана (LMRL).

[27] См. [OR 1, 3: 738; Gordon 1903: 48–49; Eckert 1989: 17–21].

Некоторые мятежники отлично знали, что гражданским тоже было нечего есть, и иногда именно это осознание становилось причиной дезертирства. Однако они не собирались заботиться о нуждах мирного населения в целом. Так, упомянутый выше Джон Б. Гордон заявил, что разбившаяся чаша эгг-нога испортила ему «рождественский настрой». Другие офицеры-конфедераты стыдились поведения своих товарищей и искренне сочувствовали мирным жителям. Ричард Тейлор, плантатор и сын президента Закари Тейлора, признавал, что кавалерия южан налетела на поля как саранча и причинила вред «их собственному народу». Были и те, кто старался объяснить поведение солдат, не пытаясь его оправдать. Рядовой-артиллерист Карлтон Маккарти утверждал, что его товарищи воровали еду у мирных жителей только по причине «крайней необходимости», поскольку армия не предоставляла им достаточно провианта. Большинство южан не осознавало долгосрочного влияния подобных действий на отношение к ним мирных жителей и не понимало, что лишает тех средств к выживанию[28].

Мирные жители и их продукты

Мирным жителям потребовалось некоторое время для того, чтобы понять, что армия представляла собой серьезную угрозу для их продуктовых запасов. В 1861 году пресса и правительство призывали граждан Юга выращивать урожай и тем самым помогать армии. Многие так и поступили. С началом календарного 1862 года сторонники Конфедерации — такие, как семья Хьюмов из Виргинии, — по-прежнему щедро делились едой с отрядами мятежников, в то время как юнионисты — например, Пархэмы из Теннесси, — были рады накормить обедом проходивших мимо федеральных солдат. Однако мирные жители, какую бы сторону они ни поддерживали, уже начинали постепенно осознавать угрозу их собственным запасам провизии. Лишившись

---

[28] См. [Lonn 1928: 12–13; Gordon 1903: 48; Parrish 1992: 24–26, 33–39; Taylor 1879: 60; McCarthy 1882: 61–62].

иллюзий, они сосредотачивались на собственном выживании, что в их глазах было важнее, чем помогать военным. В семье миссис Уильям Рэндолф, жительницы Виргинии, имевшей обширные связи, было много солдат-южан. Она обратилась к родственнику с вопросом, как защититься от военных, которые, посещая ее дом, всякий раз подчистую опустошали ее кладовые. Тот посоветовал каждый вечер гасить свет и запирать все двери[29].

Тем не менее большинство мирных жителей с особой неприязнью относились к северянам: во-первых, на Юге было больше сторонников Конфедерации, а во-вторых, армия Севера была больше и нуждалась в бо́льших объемах провизии. Как правило, гражданские не разбирались в военной бюрократии, в том числе не знали, какие данные необходимо указать на каком документе, куда предъявить выданные им бумаги, и вообще использовали слово «расписка» для обозначения любого документа, полученного от любой армии. Те, кто догадался представить эти документы в интендантскую службу США, не всегда получали положенные деньги, хотя того и требовал устав. Поэтому у многих развилась глубокая подозрительность по отношению к солдатам-янки. Когда один такой солдат приблизился, чтобы купить молока, к дому Кейт Карни неподалеку от Мерфрисборо, Теннесси, она «разозлилась на него». Когда несколько виргинцев умоляли солдат не забирать их еду, офицеры ответили им, что это «военная необходимость», однако этот аргумент не возымел успеха. Миссис Кэрролл, рабовладелица из Северной Каролины, попросила солдата не забирать ее запасы мяса, потому что ее детям нужно что-то есть, и он ответил: «Но мы ведь воюем»[30].

---

[29] См. [Gates 1965: 15; Escott 1976: 112; McKim 1910: 28–29]. См. также дневник Фанни Пейдж Хьюм, запись от 17 июля 1862 года (LC); Элизабет Пархэм, дело 8056, Теннесси, ящик 261, документы по урегулированным делам, SCC, RG 217, NARA-II.

[30] См. [Leib 1862: 33–35, 38, 50–51; Armstrong 1931: 309–310]. См. также письмо О. Г. Андерсона генералу Мейгсу от 19 октября 1864 года, ящик 33, запись 225, общий файл переписки, записи из архива Управления интендантской службы, RG 92, NARA; дневник Кейт С. Карни, запись от 18 июня 1862 года (UNC-SHC); статью «Беды Пограничья», опубликованную в газете «Мейкон уикли телеграф» 18 января 1862 года, с. 2.

Пытаясь отстоять свою провизию, мирные жители стали сопротивляться армии США. Один виргинец пригрозил затравить собаками солдат, укравших молоко из его коровника. Солдаты застрелили собак, что как будто подпадало под определение мародерства, однако один из них утверждал, что молоко было «военной необходимостью». Иногда мирные жители вступали с военными в физическое противоборство. Когда солдат-янки попытался перестрелять куриц, принадлежавших Вианне Арнетт, дочери колесных дел мастера, она оттолкнула ствол голыми руками. (Что случилось дальше, мы не знаем.) Другие гражданские применяли против солдат то, что можно назвать «кухонным оружием». Однажды двое капралов покинули лагерь и отправились на прогулку поблизости от Оул-Крик, Теннесси, где встретили нескольких белых женщин и попросили у них кислого молока. Но стоило им его выпить, как они упали и принялись в корчах кататься по земле, крича, что их отравили. Вскоре оба капрала пришли в себя и медленно поплелись обратно в лагерь[31].

Большинство мирных сторонников Конфедерации были изумлены до глубины души, когда выяснилось, что их собственные войска могут отбирать у них еду. Этот неприятный урок им пришлось усваивать снова и снова. В 1862 году жители Нэшвилла сравнили действия конфисковавшей их продукты армии Юга с «царством ужаса». Миссис О'Салливан из Коммерса, Миссури, так рассердилась на отобравшего у нее еду (хоть он и заплатил за нее) офицера-мятежника, что бежала вслед за ним, называя его «грабителем», «проходимцем» и другими подобными словами. Тот в ответ лишь смеялся. В Джорджии жена офицера-конфедерата, известная только как миссис Джеймс, высказалась о поведении военных более сочувственно. В армии мятежников отчаянно не хватало продовольствия, и солдаты «привыкли грабить». Война притупила их чувства, полагала миссис Джеймс. Но едва

---

[31] См. [Barber 1894: 64; Stillwell 1920: 73–74]. См. также письмо Э. А. Дж. (sic) неизвестному адресату (1862 год), блок «Различные записи — перехваченные письма, 1861–1865», экспонат 189, коллекция конфедератских документов Военного министерства, RG 109, NARA; данные федеральной переписи населения 1860 года, свободный график, Виргиния, округ Лауден, с. 56.

ли мирные жители прислушивались к подобным высказываниям женщин, когда армия отбирала у них продукты[32].

Как мы видим, иногда в этих ситуациях ключевую роль играл ге́ндер. Пища находилась в ве́дении женщины, приготовление еды было ее сферой деятельности, и большинство солдат сразу же выстраивали логическую связь между женщинами и едой. Предполагалось, что военные в обеих армиях умеют готовить пищу сами, однако они скучали по еде, приготовленной женщинами, и по возможности сесть с женщиной за стол. Некоторые солдаты, например рядовой-конфедерат Эдвард Мур, специально искали в своих экспедициях тех женщин, в которых было что-то «материнское». Однако во время войны традиционные представления о гендере несколько изменились. Иногда солдаты обещали, что при конфискации еды будут относиться к мужчинам и женщинам одинаково. В других ситуациях они обводили женщин вокруг пальца. Жившая в округе ДеСото, Миссисипи, сторонница федералов Маргарет Хильдебранд не знала, что, конфискуя у нее скот, офицеры-янки должны выдать ей документы, а сами они ничего не предложили. В итоге за так называемой «распиской» отправился ее зять[33].

Мелкими злоупотреблениями во время реквизиции продовольствия обе армии восстановили против себя и мужчин, и женщин. Поразительно, насколько часто конфисковывавшие провизию военные разбивали при этом посуду и ломали кухонные принадлежности. В Хантсвилле, Алабама, солдаты США заходили в дома, требовали еды и разбивали перед уходом горшки. Мятежники делали то же самое, даже если семья поддер-

---

[32] См. [Loughborough 1990: 155–157; Veterans 1907: 56]. См. также дневник Томаса Д. Филлипа, запись от 25 февраля 1862 года (FHS).

[33] См. [Goodloe 1893: 40; McKim 1910: 63; Moore 1910: 42]. См. также письмо Уильяма Крейга Левике Крейг от 13 марта 1862 года, корреспонденция Уильяма Сэмюэла Крейга времен Гражданской войны, Университет штата Огайо, исторический факультет, eHistory (OSU); статью «Беды Пограничья», опубликованную в газете «Мейкон уикли телеграф» 18 января 1862 года, с. 2; Маргарет Хильдебранд, дело 8156, Миссисипи, ящик 196, документы по урегулированным делам, SCC, RG 217, NARA-II.

живала Конфедерацию. В округе Хэновер, Виргиния, соседка Фанни Тинсли с готовностью отдала солдатам-южанам бо́льшую часть своих запасов, а те забрали и побили ее посуду, оставив от чашек и стаканов только осколки. И южане, и северяне забирали у мирных жителей кофейники и вилки, что не способствовало дружескому отношению к ним хозяев этой посуды[34].

Еще одним камнем преткновения стали местные мельницы, игравшие в довоенной жизни столь важную роль. Военные объявили, что занимают их, чтобы молоть зерно для армейских пайков. Это относилось и к мельницам, расположенным на территории Конфедерации, и к тем, что находились в пограничных штатах. Поддерживавшие конфедератов мирные жители были готовы молоть муку для своей армии и работали круглые сутки, невзирая на риск: неподалеку от Фронт-Ройял, Виргиния, янки арестовали местного мельника по фамилии Уэстон за то, что он помогал мятежникам. Однако северяне оккупировали мельницы даже в том случае, если их владельцы поддерживали Федерацию, а иногда даже уничтожали их (именно так они поступили с мельницей Хойтса в Рэйвенсвуде, Виргиния). Разумеется, это вредило мирному населению, которому было негде молоть собственное зерно[35].

В результате мирные жители и солдаты обеих армий пытались перехитрить друг друга. Некоторые нонкомбатанты нашли способ обезоружить военных метафорически. Когда пять северян, чей отряд стоял лагерем в Северном Теннесси, отправились на поиски еды, они обнаружили некую плантацию, на которой их ожидал теплый прием, вкусный обед и даже немного пива. После такого Еноху Колби, одному из янки, уже не хватило духа забрать у владельцев провизию, хотя именно это было целью их экспедиции.

---

[34] См. [Spence 1993: 21; Davis 1961: 54]. См. также мемуары Фанни У. Гейнс Тинсли, с. 10 (VHS); Маргарет Хильдебранд, дело 8156, Миссисипи, ящик 196, документы по урегулированным делам, SCC, RG 217, NARA-II.

[35] См. [OR 1, 8: 68–69; Kent 1976: 35–36; OR 1, 13: 369; Winn, б.д.: 8]. См. также проект «Рожденные в рабстве», Южная Каролина, интервью с Томасом Джефферсоном, с. 20 (URL: www.loc.gov — дата обращения: 06.02.2023); военный дневник Франклина Элдриджа, запись от 31 мая 1862 года (OSU).

Некоторые мирные жители использовали кротость и покорность, что требовало невероятного самоконтроля. Корнелия Парсонс, владелица плантации, расположенной в окрестностях Опелузаса, Луизиана, не сказала ни слова, когда солдат-янки ворвался в ее дом и стал сгребать еду прямо у нее со стола. Она даже нашла в себе силы улыбнуться. Столкнувшись с таким смирением, солдаты в конце концов устыдились и ушли. Отдельные гражданские, имея дело с военными — в том числе с теми, кто носил серую униформу, — обращались к пассивной агрессии. Некие белые фермеры, чьи имена остались неизвестными, намеренно продавали протухшую свинину солдатам армии Северной Виргинии[36]. Но были и те, кто начал прятать от военных свои продукты.

Практика создания запасов известна с давних времен, и в военное время к ней обращаются особенно часто. В 1861 году мирные жители начали запасаться солью, хотя такие конфедератские газеты, как «Ричмонд уиг», призывали их остановиться. Некоторые затаривались продуктами, чтобы заниматься потом спекуляцией, но в большинстве случаев люди думали о собственном выживании. В мае 1862 года бригадный генерал армии Юга Хамфри Маршалл докладывал, что мирные жители округа Рассел, Виргиния, запасают продукты исключительно для себя и никоим образом не намерены поддерживать дело Конфедерации. Некоторые уже поняли, что военные, в какой бы армии они ни служили, в принципе представляют собой угрозу для их припасов. Такие люди старались спрятать еду и от янки, и от конфедератов. Некоему фермеру из Трэвисвилла, Теннесси, на протяжении полугода удавалось скрывать свой запас кукурузы, пока этот запас не обнаружили северяне-кавалеристы[37].

---

[36] См. письмо Еноха Колби-младшего отцу, отправленное в феврале 1862 года, воспоминания Франселии Колби (CHMRC); проект «Рожденные в рабстве», Техас, интервью с Эллен Беттс, с. 82 (URL: www.loc.gov — дата обращения: 06.02.2023). См. также [McCarthy 1882: 61].

[37] См. [Fletcher 2004: 147; OR 1, 52, 2: 283]. См. также статью «Берегитесь, фермеры», опубликованную в газете «Ричмонд уиг» 8 ноября 1861 года, с. 2; мемуары Роджера Ханнафорда, ящик 1, папка 1, раздел 1, архив Роджера Ханнафорда, Библиотека Исторического общества Цинциннати (CHSL).

Несмотря на многочисленные угрозы, нависшие над продовольственными запасами, некоторые мирные жители продолжали следовать старинным законам коммунализма. На Юге еще сохранялись островки изобилия — как правило, это были плантации, избежавшие военных рейдов благодаря собственной состоятельности и удаче. Примером может послужить поддерживавшая конфедератов семья Брекинриджей из округа Ботетот, Виргиния. На протяжении 1862 года члены этой семьи по-прежнему отлично питались, позволяли себе такую роскошь, как десерт, и приглашали гостей. Те, у кого, как и раньше, было много еды, делились с родственниками, добрыми соседями и хорошими друзьями. Однако голод понемногу добрался и до самых обеспеченных семейств. В 1862 году офицер-янки Чарльз Денби описал пожилую чету из Алабамы, которая жила в особняке на двадцать две комнаты и у которой было практически нечего есть[38]. К зиме 1861–1862 года белых жителей Юга начала беспокоить нехватка еды. Они научились снижать свои потребности или вообще обходиться без некоторых излишеств. И хотя Джефферсон Дэвис призывал поститься во славу Конфедерации, ни один мирный житель — и ни один даже самый пылкий мятежник — не хотел делать это на регулярной основе. Мэри Хьюстон, средней руки рабовладелица из Виргинии, вспоминала, что на второй год войны ее семья начала сталкиваться с реальными трудностями. Многим пришлось отказаться от кофе и чая. Вместо кофе заваривали поджаренные кукурузные зерна, а «чаем» служили листья черники. Потребление мяса снизилось, поскольку этот продукт стал редким и более дорогим. Плантаторы, элита Юга, были вынуждены есть то, на что в прошлом они не посмотрели бы без отвращения. В семействе Уильямсов из Южной Каролины детям давали свиное са-

---

[38] См. [Robertson 1994: 34, 38]. См. также Луиза Клэк. «Мой опыт», с. 7, архив Роберта Ливингстона (LC); дневник Энн Уэбстер Кристиан, запись от 1 ноября 1861 года (VHS); военный дневник Доры Ричардс Миллер, запись от 8 июля 1862 года (OCM); письмо Чарльза Денби жене от 28 февраля 1862 года, семейный архив Денби (LC).

ло — для того, чтобы зимой они не так мерзли. Как вспоминает одна из дочерей Уильямсов, блюдо было «омерзительным», но они его съели[39].

Приказы генерала Поупа от 1862 года

Летом 1862 года в федеральной армии появилось новое постановление, касавшееся использования материальных ресурсов. Ее военные действия в том году оказались не особенно эффективны, особенно с учетом проигрыша Макклинаном Полуостровной кампании, и в июле 1862 года генерал Джон Поуп, глава армии Виргинии, решил избрать более энергичную стратегию. Поуп вырос в Иллинойсе, окончил в 1842 году Вест-Пойнт и хорошо себя показал во время Мексиканской войны. С политической точки зрения он был республиканцем и выступал против рабства. Поуп прибыл на восток, уже добившись некоторых успехов на западе, ему были известны военные постановления, и он хотел пересмотреть их для того, чтобы использовать весь потенциал армии. На его портрете мы видим человека с открытым лицом и круглыми темными глазами. Амбициозный, харизматичный, немного наивный, он, по его собственным словам, был выразителем мнения военного министра Эдвина Стэнтона[40].

18 июля 2862 года генерал Поуп издал Общий приказ № 5, в котором сообщалось, что армия должна жить за счет страны и брать все необходимое у мирных жителей. Далее заявлялось, что офицеры имеют право реквизировать собственность, включая продукты питания, но только в соответствии с приказами,

---

[39] См. [Davis 1991: 438; Massey 1993: 72–74]. См. также письмо Ф. А. Полк Леонидасу Полу от 17 декабря 1861 года, архив Леонидаса Полка, Университет Юга в Севани; письмо Мэри А. Хьюстон сестре, от 5 января 1866 года, письмо Мэри А. Хьюстон, Университет Западного Иллинойса (WIU); письмо Б. М. К. (sic) «Дорогой сестренке» от 8 июня 1862 года, архив Джона Кимберли (UNC-SHC); Мэри Бойкин Уильямс Харрисон Эймс. «Воспоминания детства», с. 21–22 (USC).

[40] См. [Cozzens 2000: 3–14, 21–28, 64, 88; Townsend 1950: 191–192; Grimsley 1995: 87].

при этом за конфискованное имущество следовало выдавать «талоны», по которым по окончании войны мирный житель сможет получить денежную компенсацию, если докажет, что с момента выдачи талона и до завершения боевых действий не изменял Соединенным Штатам. Так был переосмыслен тезис о том, что к мирным жителям нужно относиться одинаково, какими бы ни были их политические взгляды. Приказ Поупа получил молчаливое одобрение президента Линкольна, и 16 августа 1862 года военный министр Стэнтон утвердил идеи Поупа, опубликовав Общий приказ № 109. (Позднее Поуп утверждал, что министр создал проект приказа в июле 1862 года.) Стэнтон утверждал, что военные командиры имеют право отторгать любое необходимое для ведения войны имущество, если это осуществляется «надлежащим образом», без уничтожения чьей-либо собственности в силу «озорства или злого умысла». Офицерам полагалось вести подробные описи конфискованного с тем, чтобы верные Соединенным Штатам мирные жители могли в будущем получить за него компенсацию. Изначально приказы Поупа распространялись только на армию Виргинии, однако ожидалось, что после поддержки Стэнтона их примут и другие подразделения северян[41].

Это нововведение, о котором немедленно сообщили с большой помпой в вербовочных плакатах, не особенно повлияло на реальное поведение военных в поле. Уже в августе 1862 года Джон Поуп с неудовлетворением сообщил, что солдаты неверно восприняли Приказ № 5 и решили, что теперь они могут плохо обращаться с мирными жителями и отбирать их имущество. Однако в том же месяце он проиграл вторую битву при Булл-Ран и был отстранен от командования. Генерал Джордж Б. Макклеллан полагал, что приказ Поупа превратит армию в банду грабителей, однако более успешные командиры — например, Улисс С. Грант и Уильям Т. Шерман, которых один исследователь назвал генералами-«разрушителями», — даже не упоминают этот текст в своих

---

[41] См. [OR 1, 12, 2: 50; Donald 1995: 361; Grimsley 1995: 86–87; Gienapp 2001: 99–100].

мемуарах. Что касается рядовых, то некоторые из них поддержали программу Поупа, однако большинство ее попросту проигнорировали. Вообще мало кто из солдат упоминает в переписке июльские приказы Поупа или их августовскую версию Стэнтона: возможно, это объясняется тем, что с самого начала войны эти солдаты жили за счет провизии, изъятой у местного населения[42]. Северяне продолжили реквизировать продукты без разрешения, нарушая тем самым приказы Поупа, поскольку задолго до Поупа подобная деятельность была нормализована и стала частью повседневной жизни. Когда солдаты не получали нормальных пайков, они отправлялись за едой на фермы и плантации. Осенним вечером 1862 года свидетелем такой ситуации стал рядовой Сайрус Стоквелл, описавший ее словами «всем все равно». Солдаты продолжали забирать еду у местных жителей без приказа, хотя это и было запрещено. В ноябре 1862 года в этом убедился лейтенант Абнер Смолл. По его словам, когда солдаты из 16-го добровольческого полка штата Мэн хотели есть, их не могло остановить ничего — ни «угрозы» офицеров, ни «даже взведенные мушкеты». Военные продолжали считать, что солдат имеет право забирать себе любую еду. В феврале 1863 года Мелвилл К. Фоллетт и еще четыре солдата отправились в рейд по окрестностям Мерфрисборо, Теннесси, и забрали себе все, что сочли нужным, включая сахар и грецкие орехи. Как писал Фоллетт, еще никогда в армии он не чувствовал себя «настолько свободным от ограничений»[43].

Северяне регулярно игнорировали и другие касавшиеся реквизиции распоряжения Поупа. Например, они отказывались принимать во внимание политические взгляды гражданских, хотя Поуп и писал, что юнионистам — и только им — следует выдавать официальные документы. Как писал рядовой Джон

---

[42] См. [Billings 1993: 37; OR 1, 12, 3: 573; Cozzens 2000: 198–201; McClellan 1887: 463–464; Linderman 1987: 205; Grant 1990; Sherman 2005; Nelson 2012: 74].

[43] См. письмо Сайруса Г. Стоквелла родителям от 3 ноября 1862 года, архив Сайруса Г. Стоквелла (WRHS); дневник Мелвилла Кокса Фоллетта, запись от 8 февраля 1863 года (OSU). См. также [Small 2000: 51, 53].

Биллингс, большинство выезжавших за продовольствием солдат не особенно интересовались, какую сторону поддерживали гражданские. Осенью 1862 года мирный житель Генри Хэвиленд наблюдал, как военные отбирали у белых жителей пограничного штата Кентукки домашнюю птицу, коз и пчелиные ульи, не задавая никаких вопросов об их политической позиции. Известно, что порой солдаты забирали провизию у сторонников Федерации, незадолго до того добровольно угощавших других северян, и это крайне смущало их более вдумчивых товарищей. В ноябре 1862 года Дэниэл Б. Аллен, старший полковой барабанщик из Иллинойса, задал вопрос: «Возможно ли, что счастье и несчастье нашего народа зависит от подобных типов?»[44] Даже после опубликования приказов Поупа солдаты-янки по-прежнему испытывали сложности с оформлением документов. Хотя в этих приказах использовалось слово «талоны», некоторые офицеры по-прежнему употребляли это слово как синоним слова «расписка», а иногда у них вообще не было надлежащих бланков, будь то талоны, расписки или справки; в некоторых ситуациях они заполняли документы не до конца, упуская ключевые сведения — например, не указывали объем изъятого продовольствия. Офицеры писали расписки на обратной стороне использованных конвертов, на обрывках документов, а однажды — под текстом старого паспорта. Даже если у военных имелись необходимые бланки, они не всегда следовали процедуре. Генри Иллс признавал, что порой интенданты выдавали документы о конфискации продовольствия, но чаще обходились без этого. По его словам, даже тем мирным жителям, которые принесли присягу Соединенным Штатам и оформили необходимые документы, предстояли сложности с получением компенсации[45].

---

[44] См. [Billings 1993: 234]. См. также письмо Генри Хэвиленда «Дорогой Сью» от 3 ноября 1862 года, письма Скроджина и Хэвиленда (KHS); письмо Дэниэла Б. Аллена жене от 4 ноября 1862 года, военные письма Бэниэла Бурхарда Аллена, Университет Брэдли, Пеория, Иллинойс (BU).

[45] См. [OR 1, 30, 4: 366–368; Taylor L. 2004: 83; OR 1, 30, 4: 366–368]. См. также письмо С. Г. Иллса «Моим дорогим друзьям» от 3 сентября 1863 года, архив Сэмюэла Генри Иллса (LC).

Ни Поуп, ни Стэнтон не уточняли, как именно будет осуществляться компенсация во время войны. Однако те мирные жители, которым удавалось получить документы о реквизиции, обычно отправлялись в ближайшее интендантское бюро армии Севера. Некоторым удавалось получить компенсацию наличными. Одной жительнице Флориды выдали корову взамен той, которую забрали солдаты. В остальных случаях мирные жители вообще ничего не получали. Так, в Йорктауне, Виргиния, солдаты поначалу охотно выдавали местным жителям (даже сторонникам Конфедерации) расписки с указанием стоимости конфискованного скота и домашней птицы. Однако, как вспоминает Лиззи Джексон Манн, люди получили такие документы всего один раз, и после этого никаких расписок больше не выдавалось[46].

Приказы Поупа не заставили солдат-янки проникнуться уважением к процедуре. Рядовой Альфред Уиллетт вспоминал, что по ночам они самовольно наведывались на фермы, чтобы воровать скот и домашнюю птицу. Военные не отличались «большой аккуратностью» в ведении записей, сообщил капрал Оливер Огилви; в Теннесси его отряд отобрал у местного фермера урожай кукурузы, уничтожил кукурузный амбар и конфисковал пятьдесят гусей и дюжину свиней. Известно, что солдаты отправлялись на такие вылазки, даже если у них имелся собственный провиант, а эти вылазки были чреваты риском. Так, группа солдат из Иллинойса в ноябре 1862 года вышла в незаконный рейд «впечатляющего масштаба» в Спрингдэйле, Миссисипи, хотя к ним уже прибыли обозы с продовольствием, а поблизости действовала кавалерия южан[47].

По-прежнему — как это было и до публикации приказов Поупа — предпринималось множество официально разрешенных

---

[46] См. письмо С. Г. Иллса «Моим дорогим друзьям» от 3 сентября 1863 года, архив Сэмюэла Генри Иллса (LC); Лиззи Джексон Манн. «Воспоминания о Гражданской войне с 1861 года по 1865 год», с. 5 (VHS). См. также [Looby 2000: 112].

[47] См. [Willett 1994: 22; Barber 1894: 91]. См. также письмо Оливера Оглеви «Дорогим брату и сестре» от 12 февраля 1863 года, архив семьи Оглеви (OHC). Оливер Оглеви был братом Льюиса Оглеви.

экспедиций, и офицеры-янки действительно выдавали документы за конфискованную ими провизию. В декабре 1862 года майор Хирам Стронг участвовал в подобной экспедиции в штате Теннесси, когда интендант отправил за продовольствием длинный обоз под охраной трех подразделений. Даже когда подобные действия проводились в соответствии с предписанной процедурой, их масштаб уже представлял собой угрозу для аграрной экономики региона. В сентябре 1862 года в окрестностях Нэшвилла солдаты отправились за провиантом и привели с собой обратно 150 телег, груженных едой. Число гражданских, пострадавших от этой проблемы, стремительно росло. В ноябре 1862 года солдаты армии США проехали через округ Стаффорд, Виргиния, где конфисковали достаточно скота, чтобы прокормить 15 тысяч человек. В поисках провизии они опустошили все фермы до одной[48].

Как бы ни менялась официальная политика, население по-прежнему боялось северян. После июля 1862 года они все так же пытались прятать еду. Когда жители округа Уилсон, Теннесси, познакомились с тем, как кавалеристы-янки конфисковывали — или, по выражению самих уилсонцев, «воровали» — провизию и домашний скот, они поспешили спрятать собственных животных в преддверии приближения войск федералов. Другие пытались сделать то же самое. Старушка из виргинской деревни спрятала свою свинью в кладовке, однако трое солдат все равно вломились в ее дом, обнаружили эту свинью, закололи ее и съели. Военные по-прежнему считали, что имеют на это право. В Винчестере, Виргиния, солдаты окружили дом Корнелии Макдональд и принялись выбивать окна кулаками. Хозяйка была в ужасе. Пришельцы требовали еды и кричали, что если Корнелия их не накормит, то они переломают ей всю мебель. Она заперла дверь,

---

[48] См. [OR 1, 16, 1: 870–871]. См. также письмо Хирама Стронга жене от 4–6 декабря 1862 года, архив полковника Хирама Стронга, Дейтон, Огайо, Библиотека Метро (DML); дневник Джеймса Пьюзарда, запись от 1 ноября 1861 года (FHS); статью «Из армии генерала Бернсайда», опубликованную в газете «Бруклин игл» 26 ноября 1862 года, с. 3.

но все-таки они забрались в дом через окна и принялись выносить ее запасы еды[49].

Определенная неловкость ощущается и в дневниковых записях Люциуса У. Барбера, рядового роты Д 15-го Иллинойского добровольческого пехотного полка. Уроженец Маренго, Иллинойс, он изначально был горячим сторонником федералов и весной 1861 года записался в армию добровольцем. Барбер отличался наблюдательностью, хорошо излагал свои мысли письменно и остро чувствовал несправедливость. В 1862 году он участвовал в сражениях при Шайло и Коринфе и был повышен до капрала. К тому времени, когда в ноябре 1862 года его рота добралась до городка Холли-Спрингс в штате Миссисипи, Барбер уже полагал, что его однополчане стали слишком «нагло» конфисковывать продовольствие. Они могли зарезать свинью прямо на глазах у хозяина, и если тот протестовал, то, по словам Барбера, «холодная сталь» «заставляла его замолкнуть»: из этого можно предположить, что хозяина либо убивали, либо угрожали ему смертью. Барбер с отвращением пишет, что такому поведению нет оправданий. Он видел, как солдаты США грабили всех подряд, не разбирая богатых и бедных, молодых и старых, и, хотя некоторые мирные жители на самом деле обладали большими запасами продовольствия, он был убежден, что другие по-настоящему голодали. Он видел, как женщины и дети на коленях умоляли солдат-янки не отбирать у них последние крохи еды. Барберу было стыдно за этих солдат, и он пытался по возможности защищать гражданских[50].

Как легко догадаться, офицеры-конфедераты, начиная с высшего командования, порицали приказы Поупа относительно конфискации частной собственности. Генерал Роберт Э. Ли считал эти приказы достойными всяческого презрения, а генерал Джеймс Лонгстрит назвал их недостойными мужчины и аморальными. Менее высокопоставленные офицеры порой выражались еще резче. Джеймс Л. Клементс, капитан из Арканзаса, сравнил

---

[49] См. дневник Мэри Л. Пирр, записи от 9 февраля и 13 февраля 1863 года (UTK). См. также [Kent 1976: 141–142; Gwin 1992: 104].

[50] См. [Barber 1894: 10–11, 48–57, 81–85, 91–92, 218–219, 221].

Поупа с самим дьяволом и заявил, что его сопровождают «зверства». Однако наиболее типичной реакцией было молчание, с которым мы сталкиваемся и в переписке времен войны, и в послевоенных воспоминаниях. Ричард Тейлор и Джон Б. Гордон, ставшие генералами, не упоминают приказы Поупа в своих мемуарах, при этом Тейлор называет его посредственностью, а Гордон — хвастуном. Однако мало кто из конфедератов отмечал очевидный факт ровно такого же поведения армии южан[51].

Осенью 1862 года войска Конфедерации продолжали активно пополнять запасы продовольствия. Организовывались официальные рейды, во время которых солдаты отправлялись в сельскую местность и реквизировали все необходимое. В то же время находились и те, кто нарушал приказ и, ускользнув от часовых, самовольно сбегал на поиски еды. Если в нарушение приказа солдат приносил что-нибудь съестное, вспоминал капрал Джордж Низ, его товарищи благоразумно не спрашивали, откуда взялась эта еда. Военные отбирали еду у множества гражданских, однако предпочитали сторонников северян — и, по возможности, полностью уничтожали их запасы. Офицеры пытались положить конец беззаконию, как они это делали и до публикации приказов Поупа, и требовали от своих людей прекратить подобные набеги. Бригадный генерал Дорси Пендер с осуждением писал, что его солдаты способны за полчаса «обчистить» сад и не выказывают ни малейшего уважения к частной собственности. Однажды осенью в Виргинии, чтобы остановить разграбление, ему пришлось несколько раз ударить его участников саблей плашмя[52].

Мирные жители по-прежнему изо всех сил пытались защитить свою еду от армии мятежников. В окрестностях Тупело, Миссисипи, пожилой мужчина наставил ружье на двух солдат, грабив-

---

[51] См. [Pryor 2007: 325–326; Longstreet 1992: 154–155; Taylor 1879: 95, 111–112, 149; Gordon 1903: 123]. См. также письмо Джеймса Л. Клементса жене от 13 августа 1862 года, архив Джеймса Л. Клементса, Историческая комиссия Арканзаса.

[52] См. письмо Дж. У. Маклюра Кейт Маклюр от 8 октября 1862 года, архив семьи Маклюр (USC); письмо Генри Хэвиленда «Дорогой Сью» от 3 ноября 1862 года, письма Скроджина и Хэвиленда (KHS). См. также [Worsham 1912: 138; Neese 1976: 92, 54; Hassler 1965: 175].

ших его ферму, но они отобрали его у него, сломали об дерево и заставили его отнести провизию им в лагерь. Женщины тоже вступали в активную борьбу. Жительница Теннесси, муж которой служил в армии США, «обезумела» от ярости, когда солдаты-мятежники убили ее кур и стали готовить их прямо у нее на кухне. Когда они уселись есть, она спрятала их оружие и под дулом пистолета отвела незваных гостей в ближайший лагерь янки. Федералы охотно пересказывали друг другу эту историю. В апреле 1863 года капитан-конфедерат слышал, что юнионист из Литтл-Рок, известный только как мистер Кристиан, попытался подкупить двух женщин с тем, чтобы они отравили солдат-южан[53].

Многие жители вспоминали, что серьезные проблемы с нехваткой еды начались именно в 1862 году. В апреле состоялась первая мобилизация, и многие белые мужчины отправились в армию Юга, а еще большее количество рабов сбежали, чтобы присоединиться к армии Севера. Объем рабочей силы сократился. Более того, территория, на которой военные могли добывать продовольствие, тоже начала уменьшаться. В результате мирные жители стали голодать — причем не только в осажденных городах вроде Виксберга, но и во всем регионе. Как всегда в подобных ситуациях, все мысли и разговоры были только о еде. Люди были готовы съесть практически что угодно. Миссис Оуэн из Теннесси подбирала ошметки мяса, упавшие с телеги солдат-янки, которые ограбили ее ферму. Осенью 1862 года в лагеря северян начали приходить толпы женщин и детей, умолявших поделиться с ними едой. Той же осенью в письмах и дневниках солдат появились упоминания о том, что сейчас называется «продовольственной пустыней» — так, в Боливаре, Теннесси, вообще не осталось еды[54].

---

[53] См. [Watkins 1999: 41; OR 1, 22, 2: 825]. См. также статью «Любопытный случай на войне», опубликованную в газете «Дейли тру Дельта» (Новый Орлеан) 20 декабря 1862 года, с. 1.

[54] См. письмо Мэри Хьюстон сестре от 5 января 1866 года, письмо Мэри А. Хьюстон, Университет Западного Иллинойса (WIU); военный дневник Доры Ричардс Миллер, запись от 20 ноября 1862 года (OCM); письмо С. Г. Иллса «Дорогому дяде» от 12 октября 1862 года, архив Сэмюэля Генри Иллса (LC). См. также [Goff 1969: 54; Loughborough 1990: 76–77; Russell 2005: 137–138; Warwick 2006: 169; OR 1, 8: 25].

Постановления конфедератов

В январе 1863 года вышли официальные Постановления для армии Конфедеративных Штатов — в определенном смысле избыточный документ, поскольку с начала войны армия уже следовала довоенным законам США, по крайней мере теоретически. Как и в 1861 году, Конфедерация дословно перепечатала старый Военный кодекс. Оттуда в Постановления перекочевали также статьи 52 и 54, в которых говорилось, что забирать провизию у гражданского населения можно лишь в случае необходимости, причем бессмысленная трата еды, ее порча или уничтожение были под запретом. В новом тексте появилось уточнение о том, что «безнравственное разрушение» частной собственности является «бесчестием» для армии Юга и ставит ее солдат на один уровень с врагом. От командиров ожидалось, что они положат конец такому неподобающему поведению и защитят «наших» мирных жителей (вероятнее всего, имелись в виду сторонники Конфедерации, хотя прямо об этом речь не шла)[55].

Новые старые Постановления от 1863 года едва ли смогли оказать значительное влияние на поведение мятежников, что уже не кажется удивительным. Более добросовестные интенданты, такие как Чарльз Д. Хилл, выдавали во время реквизиций мирным жителям расписки и, как правило, не интересовались их политическими взглядами. Однако большинство не особо заботилось о документации. В марте 1863 года, когда кавалеристы из Хэмптоновского легиона галопировали через Виргинию и отбирали у местных жителей мясо, Джозеф Уэдделл, гражданский специалист интендантской службы, сравнил их с «роем саранчи». Несмотря на усилия генерал-интенданта Абрахама Майерса и других администраторов, хозяйственные и интендантские структуры по-прежнему страдали от нехватки организованности и дисциплины. После того как сержант интендантской службы У. Ч. Браун украл провизию с фермы в штате Миссисипи, его капитан доложил об этом проступке наверх, однако наказания не после-

---

[55] См.: Постановления армии Конфедеративных Штатов, с. 407–420.

довало. Перед лицом голода рядовые делали то же самое, что и раньше. В Теннесси солдаты из 25-го Алабамского пехотного полка были вынуждены сами заботиться о своем пропитании, поскольку телеги с провиантом так до них и не добрались. Они выкопали на поле картошку, после чего на протяжении нескольких часов готовили ее и ели[56].

Подчиняясь необходимости, мирные жители начали приспосабливаться к новому режиму распределения еды. Они торговались друг с другом, принимая еду в оплату за постой, и спорили с солдатами, предлагая обменивать пироги на кукурузу, хотя это и нарушало военные постановления. В ход пошли старинные рецепты: по примеру своих бабушек местные жители научились варить патоку из кленового сиропа. В 1863 году в книге рецептов, составленной из заметок, опубликованных в различных южных журналах, говорилось, что в знак патриотизма мирные жители могут приготовить заменители яблок, устриц и сливок из различных комбинаций крекеров, масла, яиц и кукурузы[57]. Будучи уверенными, что голод угрожает самому их существованию, гражданские жители были готовы преодолевать любые препятствия. Обитавшая в деревянном домике жительница Виргинии отправилась за кукурузой: для этого она прошагала восемь миль и принесла кукурузу на собственных плечах. Кражи продовольствия, которые изредка случались до 1861 года, стали все более частыми, поскольку мирные жители воровали еду друг у друга, белые жительницы Конфедерации шли ради продовольствия в проститутки, а во всем регионе появлялось все больше нищих, детей и взрослых, — феномен, характерный для любой страны

---

[56] См. письмо Чарльза Д. Хилла Джессу Пейну от 18 июля 1863 года, собрание Чарльза Д. Хилла (CMLS-VHS); дневник Джозефа Уэдделла, запись от 15 марта 1863 года (VSP); дневник У. Ч. Брауна, запись от 19 октября 1863 года (CPL); «История 25-го Алабамского пехотного полка, 1861–1865 годы», [июнь–июль] 1863 года (URL: https://sites.google.com/site/25thalabama/ Home — дата обращения: 06.02.2023). См. также [Goff 1969: 75–89].

[57] См. воспоминания Марии Саутгейт Хауэс, с. 26, OCM; дневник Мэри Л. Пирр, запись от 18 февраля 1863 года (UTK); «Конфедератская кулинарная книга», с. 3, 7, 17. См. также [Reyburn, Wilson 1999: 72–73].

в военное время. Как заметил рядовой-янки Эйса У. Мэрин, смотреть на детей, просящих милостыню, чтобы купить еды, еще тяжелее, чем на тела солдат, павших на поле боя[58].

На растущую проблему голода среди населения отреагировали некоторые организации. К осени 1861 года в некоторых городах Юга открылись так называемые «бесплатные» рынки, где беднякам раздавали еду, а в 1862 году некоторые южные штаты начали продавать вдовам и женам солдат продукты по сниженной цене. При церквях открывались благотворительные кухни, старавшиеся накормить голодных. Отдельные офицеры обеих армий делились провизией с нуждающимися мирными жителями, хотя ни у южан, ни у северян не было устойчивой позиции по этому вопросу. Иногда во время отступления солдаты-мятежники оставляли содержимое интендантских складов гражданским. Янки тоже делали, что могли. Служивший в 1862 году в оккупированном Галверстоне полковник Айзек Беррелл делился своим пайком с голодными женщинами и детьми, ибо того требовала «обычная гуманность». Однако эти меры были не особенно эффективны. Полковник Джеймс А. Гарфилд называл их временными и полагал, что за помощью мирным жителям стоило обращаться к соседям[59].

Реквизиция

Забавно, что в марте 1863 года Конгресс Конфедерации официально одобрил то, чем армия Юга занималась с самого начала войны, — речь идет о реквизиции частной собственности для

---

[58] См. отрывки из дневника и письмо Франклина П. Уэггонера, запись от 25 июля 1863 года (ISL). См. также [Botkin 1945: 253; Percival 1995: 71–72; Schrijvers 1998: 174–176, 188]. См. также статью «Новости из Вашингтона», опубликованную в газете «Нью-Йорк геральд» 22 марта 1863 года, с. 4; письмо Эйсы У. Марина Энн Марин от 13 июля 1863 года, письма Эйсы У. Марина, Университет штата Индиана в Терр-От.

[59] См. статью «Бедняки и их потребности», опубликованную в газете «Мейкон дейли телеграф» 6 ноября 1861 года, с. 1; письмо Генри Ч. Лэя жене от 28 января — 15 февраля 1863 года, собрание Генри Ч. Лэя (ASI). См. также [Rable 1989: 104–105; Davis 1961: 24; OR 1, 15: 204–205; OR 1, 7: 663–664].

военных нужд. Так называемый Закон о реквизиции был принят 25 марта. В нем говорилось, что в любой ситуации, когда армии требовалась чья-либо собственность, включая продовольствие, любой офицер мог ее изъять, при условии, что он выпишет квитанцию на ее стоимость. Закон подразумевал и некоторые меры защиты мирного населения: так, в нем не уточнялось, что квитанции необходимо выдавать только конфедератам. Каждому штату предписывалось создать комиссию, которая бы определяла объем выплат за реквизированную собственность; военные должны были оставить владельцу достаточно еды, чтобы он мог прокормить семью; если реквизированное имущество оказалось утеряно или разрушено, предполагалось, что государство компенсирует его стоимость; наконец, любого офицера, нарушившего этот закон, ожидало разжалование в рядовые. Военное министерство обещало, что возместит мирным жителям все убытки, исходя из собственных таблиц цен на различные товары. Кроме того, по решению Конгресса, в ситуации, когда офицер и мирный житель расходились в стоимости реквизируемого имущества, то к этому вопросу следовало привлечь другого мирного жителя, который бы действовал в роли «третейского судьи». Такую практику применяли и раньше: до весны 1863 года у мятежников уже был опыт взаимодействия с подобными арбитрами — например, когда требовалось определить стоимость парусных судов, реквизированных интендантской службой[60].

Бо́льшая часть белого населения Конфедерации выступила резко против Закона о реквизиции, хоть в нем и содержались меры по защите местных жителей. Громкие яростные протесты поднялись уже весной 1863 года. В газете «Чаттануга дейли ребел» сообщалось, что офицеры-реквизиторы творили «ужасающие бесчинства против справедливости» и зачастую против бедняков, в то время как более обеспеченным удавалось избегнуть реквизиции. Были отдельные попытки опротестовать этот закон

---

[60] См. [Thomas 1979: 196; OR 1, 1: 353; OR 1, 9: 144]. См. также Закон о реквизиции от 25 марта 1863 года; Мэттьюс. «Законы Конфедеративных Штатов, 1862–1864 годы», с. 102–104.

в суде; истцы заявляли, что государство не имеет права забирать еду (и древесину) для нужд армии, однако они проиграли. Мирные жители публично жаловались, что офицеры отбирали у них, что хотели. Другие утверждали, что закон поощряет соседей доносить друг на друга. В некоторых штатах были приняты законы для регулирования реквизиции, однако это мало изменило поведение военных[61].

Весной 1863 года, сразу после принятия Закона о реквизиции, среди гражданского населения начались голодные бунты. Как правило, они происходили в городах, и в них участвовало множество женщин. 2 апреля в Ричмонде, Виргиния, примерно полтысячи женщин «с воем», как выразился свидетель, бросались на магазины и сбивали с ног людей на улицах. Аналогичные бунты разразились в Мобиле, Атланте, Мейконе, Солсбери и Хай-Пойнте (Северная Каролина). Возможно, на самом деле их было еще больше: как отметил житель Ричмонда, газеты старались обойти эту тему молчанием. Другие конфедератские издания винили во всем преступников, шпионов или иммигрантов, в то время как некий Дж. С. Смит полагал, что виновны южане, поддерживающие Федерацию. Бунты обнажили всю неэффективность государственных мер, однако правительство и армия Юга не стали менять свою политику. Военные по-прежнему постоянно требовали еды[62].

---

[61] См. [Rable 1994: 193]. См. также статью «Конгресс», опубликованную в газете «Чаттануга дейли ребел» 31 марта 1863 года, с. 2; статью «Суды», опубликованную в газете «Ричмонд экзаминер» 13 ноября 1863 года, с. 1; статью «Реквизиции: правильный способ, неправильный способ», опубликованную в газете «Мейкон дейли телеграф» 18 декабря 1863 года, с. 2. Ср. [Thomas 1979: 196], где автор утверждает, что большинство мирных жителей подчинились этим мерам.

[62] См. [McWilliams 2005: 291–293; Escott 1976: 128; OR 1, 25, 2: 196–197; Rable 1989: 110]. См. также письмо «От матери моему дорогому ребенку» от 3 апреля 1863 года, письмо о хлебном бунте, Национальный музей Гражданской войны в Харрисбурге; статью «Дерзкий эксперимент», опубликованную в газете «Мейкон дейли телеграф» 10 апреля 1863 года, с. 1. Когда в августе 1863 года должность генерал-интенданта перешла от Абрахама Майерса к Александру Лотону, он тоже не смог обеспечить адекватные поставки провизии: см. [Goff 1969: 142–144, 158].

Голодающие

Весной 1863 года, когда среди мирного населения Юга начинались голодные бунты, армия Севера приняла на вооружение Кодекс Либера. Его статьи, в которых говорится о провианте, выглядят крайне противоречивыми. Фрэнсис Либер полагал, что армия имеет право «морить голодом неприятеля, вооруженного или невооруженного, чтобы обеспечить его скорейшее подчинение». Далее он утверждал, что солдаты могут отбирать еду у противника и собирать провиант на его территории, однако добавлял к этому, что частную собственность можно конфисковывать только в случае «военной необходимости», когда армии США требуется поддержка, а имущество «невооруженных гражданских лиц» следует по возможности не трогать, в особенности если речь идет о «верных нам гражданах». Итак, Либер снисходительно относился к тому, чтобы морить голодом поддерживавших Конфедерацию мирных жителей — в качестве средства ведения войны или, возможно, крайней меры, — за исключением тех случаев, когда это могло повредить частной собственности или здоровью невооруженных людей, если они были на стороне Федерации[63].

Однако Кодекс Либера никоим образом не помешал северянам конфисковывать провиант. В апреле 1863 года военные настолько привыкли к этой практике, что уже не могли бы от нее отказаться. Кроме того, армия Севера продолжала расти, и соответственно росли ее аппетиты. Офицеры издавали приказы, запрещающие солдатам отбирать еду у гражданских, а интендантам — воровать провизию со складов. Тем солдатам, которые отправлялись за провиантом без разрешения, грозил арест. Однако большинству удавалось уйти от наказания. Солдаты по-прежнему добывали еду так, как считали нужным, не выдавая гражданским никаких расписок, а офицеры смотрели на это сквозь пальцы — иногда в буквальном смысле поворачивались спиной, как это признавал кавалерист Чарльз Бэйтс. Северяне отбирали еду и у своих сторонников, что бы ни писал по этому поводу Либер. В сущности,

---

[63] См. статьи 15, 17, 22, 38, 156 в [Witt 2012: 377–378, 380, 393–394].

все больше солдат приходили к мысли, что все мирные жители Юга были «проклятыми сецешниками», как такие солдаты заявили Маргарет Хильдебранд из Миссисипи. На самом деле она была сторонницей Федерации и успешно доказала это перед Комиссией по требованиям южан после 1865 года[64].

То, насколько незначительную роль сыграл Кодекс Либера, отлично прослеживается на примере капитана-янки Джона К. Кларка (7-й полк, добровольцы из Иллинойса). Осенью 1863 года он предстал перед военным судом за то, что совершил в округе Джайлз, Теннесси. По приказу интенданта вместе с несколькими другими солдатами этот капитан отправился на некую плантацию за продовольствием. Напившись, солдаты принялись забирать все продукты подряд, и владелец возмутился, при этом ему не выдали никакой расписки. Кларка обвинили в неподчинении приказам, однако он отказался признать вину. Суд пришел к выводу, что капитан позволил своим людям «заниматься мародерством и грабежом», что было не только «преступно», но и «бесчестно». Кларк выказал неуважение к Военному кодексу и военной дисциплине и потому не имел больше права заниматься сбором провизии. Солдаты, которые грабят и мародерствуют, а также поощряющие их офицеры, — это попросту «бандиты», и их должно постигнуть «наисуровейшее наказание, известное закону», сопровождаемое «общественным порицанием», чтобы «все добрые офицеры, солдаты и законопослушные граждане испытывали к ним отвращение, пренебрежение и презрение». Исходя из таких суровых формулировок, можно предположить,

---

[64] См. [OR 1, 24, 3: 524–525]. См. также военный дневник Роберта Сэмпла Дилуорта, запись от 24 июня 1863 года, округ Аллен, Огайо, Историческое общество; письмо Чарльза Э. Бэйтса «Дорогим родителям» от 16 апреля 1863 года, архив Чарльза Бэйтса (VHS); записную книжку Джона Невина, с. 16–18, архив подполковника Джона И. Невина, Историческое общество Западной Пенсильвании (HSWP); Маргарет Хильдебранд, дело 8156, Миссисипи, ящик 196, документы по урегулированным делам, SCC, RG 217, NARA-II. В тексте Обновленных постановлений армии Соединенных Штатов с Приложением (с. 512) снова подчеркивалось, что мирным жителям необходимо выдавать документы и что офицер был обязан обеспечить соблюдение процедуры.

что Кларк подвергся тяжелому наказанию, однако это было вовсе не так. Капитана оправдали, хоть ему и пришлось выплатить штраф в размере 50 долларов, а также выслушать нотацию, зачитанную перед строем, когда он вернулся к своим обязанностям. Контраст между суровым языком и мягким наказанием вызывает смех. В решении суда не упоминается Кодекс Либера, хоть он и был опубликован за полгода до дела Кларка[65].

В истории сохранились свидетельства настоящего голода, одобряемого Либером. Ученые старались избегать слова «голод»: возможно, оно звучало слишком жутко для описания войны, в которой сражались регионы Соединенных Штатов, однако в 1863 году сами солдаты стали все чаще и чаще использовать это слово, и их наблюдения не следует считать гиперболой. Полковник-северянин Дэниэл Маккук поделился провизией с голодающей вдовой, которая пришла в его лагерь, умоляя дать ей хоть немного еды. Она ничего не ела уже три дня, и, как добавляет полковник, семьи сторонников Федерации, проживавшие в окрестностях Чикамауги, Теннесси, «в прямом смысле слова голодали». В 1863 году белые мирные жители Юга тоже начали использовать глагол «голодать» в применении к населению своего региона. Журналисты описывали истощенных женщин с «дикими, горящими глазами» и вялых детей с «осунувшимися» лицами и «ссохшимися» руками и ногами — классическое описание голода. Здоровый взрослый человек может прожить без еды порядка 60 дней. Смерть от голода подразумевает физические страдания; к его признакам относятся крайняя худоба, вызванное нехваткой белка преждевременное старение и пустой взгляд, который называют «маской голода». У голодающих часто бывают вспышки эйфории, печали и гнева, что помогает объяснить поведение женщин в Ричмонде[66].

---

[65] См. Джон К. Кларк, папка NN 1795, Управление начальника военно-юридической службы, архив военно-полевых судов, RG 153, NARA.

[66] См. [OR 1, 31, 3: 446; Russell 2005: 3, 120, 126, 154–155; Becker 1996: 198–199]. См. также воспоминания Анны Клейтон Логан, с. 43 (VHS); письмо Генри Ч. Лэя жене от 28 января — 15 февраля 1863 года, собрание Генри Ч. Лэя (ASI); статью «И не Юг», опубликованную в газете «Нью-Йорк геральд» 31 мая 1863 года, с. 8.

Причиной этой ситуации были действия обеих армий, однако большинство конфедератов не желало обсуждать моральную сторону вопроса — и точно так же поступали военные-янки. Каждая сторона обвиняла другую в том, что та отбирала провизию у мирного населения, однако на самом деле обе армии вели себя почти одинаково. Когда летом 1863 года войска мятежников вторглись на территорию Соединенных Штатов, они крайне непоследовательно выполняли собственные постановления. Солдаты Роберта Э. Ли свободно реквизировали провизию в северных регионах и забирали все, что считали нужным. Местные жители относились к этому с той же ненавистью, что и жители Юга. Один из офицеров-южан выдал пенсильванцам за конфискованную еду расписку. Возможно, это была насмешка. Сами офицеры порой отправлялись в самовольные экспедиции за продовольствием — именно так поступил капитан армии Юга Уолтер Уиттед, который забрал еду у обитателей аккуратного фермерского домика, поскольку, как он сказал, ему нужно было утихомирить свой голод[67].

Дома, на Юге, солдаты Конфедерации поступали точно так же, что приводило к аналогичному результату. Как печально сообщил Джон Б. Гордон, после Геттисбергской кампании войскам пришлось вернуться в Дикси, где запасы продовольствия «оскудели». Военные по-прежнему отбирали необходимый провиант у мирных жителей. Осенью 1863 года они собрали более 100 кукурузных початков с поля у Чаттануги и переправили их через Теннесси-Ривер к своему лагерю; солдаты понятия не имели, кому принадлежало это поле, и уж тем более не собирались выдавать этому человеку какую бы то ни было расписку. Рядовой Сэм Уоткинс, участвовавший в той вылазке, вспоминал, что южане предпринимали такие самовольные экспедиции «тысячи» раз. В Арканзасе мятежники нарушили офицерский приказ и забили несколько свиней, принадлежавших жителям Аркадельфии, Вашингтона

---

[67] См. дневник Томаса Д. Филлипа, запись от 25 февраля 1862 года (FHS). См. также [Warwick 2006: 171; Mohr, Winslow 1982: 333–334, 337; Doubleday 1994: 96; Graham 2013: 374].

и находящихся по соседству деревень. Их капитан, Уильям М. Раст, тем не менее высказался в их защиту: по его словам, некоторые из них были больны и все они голодали. Более того, его люди были «сбиты с толку», поскольку раньше гражданские сами охотно предлагали им еду. Он с негодованием заключил, что эти люди недостойны носить звание «граждан». Если Раст не понимал, почему белые южане больше не выказывали щедрости по отношению к военным, ему стоило бы оценить причины и следствия. Административная и моральная сумятица приводила к предсказуемым результатам: среди тех самых граждан, которых военные должны были защищать, начинался голод. Аналогичное поведение проявлялось и в тех ситуациях, когда солдатам обеих армий требовалась древесина[68].

---

[68] См. [Gordon 1903: 188; Watkins 1999: 75–76; OR 1, 22, 2: 1032–1033].

Глава 4
Древесина

Обеим армиям требовалось много древесины, и для удовлетворения этой потребности они обратились к обширным лесам американского Юга. Эти леса росли на землях, принадлежавших частным лицам, штатам или, до 1861 года, федеральному правительству, которое владело миллионами акров территории. После сецессии мятежные штаты конфисковали государственные угодья, после чего Конгресс заставил их уступить Конфедерации всю собственность, изъятую у Соединенных Штатов, включая леса на общественных землях. Джефферсон Дэвис обратился с той же идеей к своим губернаторам. Однако сотни тысяч акров земли по-прежнему принадлежали железнодорожным компаниям, плантаторам, фермерам и другим собственникам. Тем не менее солдаты обеих армий мало интересовались тем, кто был владельцем того или иного леса — частное лицо или государство. С самого начала войны они были убеждены, что имеют право забрать столько древесины, сколько им требовалось. О каком бы типе древесины ни шла речь — о деревьях, обступавших поляну, об изгороди, ограждающей ферму, или об обструганных досках, сложенных на лесопилке, — эта древесина все равно подлежала реквизиции. В военное время она могла быть очень ценным ресурсом, полагал генерал-майор армии США Абнер Даблдэй. Другие армии тоже активно использовали древесину во время боевых действий. Если солдаты Гражданской войны полагали, что их потребность в еде важнее, чем потребности гражданского населения, то и к древесине они относились точно так же[1].

В Военном кодексе, который обращал особое внимание на ответственность солдата и его уважение к мирному населению, упоминалось и использование древесины. Как мы знаем, статья 52 запрещала «грабеж и мародерство» при реквизиции, а в статье 54 от солдат и офицеров на марше требовалось вести себя «достойно»; они не должны были «тратить понапрасну или портить» принадлежавшие мирному населению деревья, сады и луга, если только приказ на это не поступал от командующего армией. Иными словами, военным не разрешалось отправляться в самовольные экспедиции за древесиной или вредить лесам. Когда армия Конфедерации выпустила собственные распоряжения на этот счет, обе статьи были скопированы дословно. Таким образом, к обеим армиям предъявлялись одинаковые требования[2].

В «Военном словаре» Генри Ли Скотта имелась статья о реквизиции древесины (ра́вно как и провизии). При этой реквизиции следовало придерживаться той же процедуры, что и в случае с провизией: она должна проводиться под руководством офицера, владельцу полагалось выдать официальный документ, причем обращаться с ним нужно было справедливо, вне зависимости от его политических взглядов. Скотт, однако, не ограничился пределами, очерченными в Военном кодексе: он подвел итог всей многолетней практике использования древесины в военных целях. В его словаре лес рассматривается с прагматической, неромантической точки зрения — как тип ландшафта, существующий лишь для того, чтобы снабжать человека деревом. Солдаты использовали древесину для строительства дорог, жилых зданий,

---

[1] См. [Fickle 2014: 39; Hickman 1962: 72–73, 89, 93, 99–100; Doubleday 1994: 15; Latimer 2007: 259–260; Tucker, Russell 2004: 110–114]. См. также Мэттьюс. «Свод законов... 1861–1862 годы», с. 94–95.

[2] См. Военный кодекс, глава 20, статьи 52, 54 (URL: www.freepages.military.rootsweb.com — в настоящее время ресурс недоступен); Постановления армии Конфедеративных Штатов, с. 413–414.

брустверов, парапетов, палисадов, эстакад, засек и так называемых chevaux-de-frise — баррикад, преграждавших дорогу кавалерии. Рекомендации Скотта были очень конкретными: он писал, что лучшие деревья растут в глубине леса, в зависимости от обстоятельств советовал использовать как зрелую древесину, так и молодую — например, гибкая свежесрубленная древесина хорошо подходит для изготовления фашин, длинных цилиндрических связок прутьев. Для строительства бревенчатых гатей он советовал выбирать деревья с диаметром ствола 6–18 дюймов. Скотт в особенности ценил сосну: по его мнению, это дерево замечательно подходило для строительства зданий[3].

Его позиция (использовать дерево по мере необходимости) идеально совпадала с довоенной практикой «круглых сорока акров», когда скваттеры полностью вырубали лес на общественных землях, а затем переходили на новый участок. Возможно, Скотт не знал о том, какой точки зрения придерживались бывший президент США Джеймс Мэдисон, реформатор сельского хозяйства Эдмунд Раффин и некоторые другие мыслители, до 1861 года отстаивавшие необходимость более бережного отношения к дереву и другим природным ресурсам, — или ему было все равно. В его книге явно прослеживается тезис о том, что дерево можно получить где угодно и когда угодно. Скотт поощрял солдат активно использовать этот ресурс. Хотя за заготовку древесины и топлива, строительство казарм и поставку ресурсов в целом отвечали интенданты, автор «Военного словаря» был убежден, что каждому солдату необходимы плотницкие навыки, чтобы он мог сам построить себе жилье. Он даже советовал солдатам сдирать с деревьев кору — в выпрямленном и высушенном виде она также могла использоваться в строительстве. С его точки зрения, военные должны уметь навести за час деревянный мост и построить переносные лесопилки, на которых можно производить 3 тысячи футов древесины в сутки. Скотт осознанно сопоставил военное применение древесины с тем, как она использо-

---

[3] См. «Военный словарь» Скотта, с. 9–10, 147–150, 160, 451, 504, 534, 606, 673.

валась в эпоху фронтира: он рекомендовал солдатам строить здания на основе деревянного балочно-стоечного каркаса, как это делалось «у нас на Западе»[4].

Заготовка

Как отмечал Скотт, важная обязанность по рубке деревьев обычно ложилась на пехотинцев, которых называли «пионерами». Сам термин, напоминающий об эпохе фронтира, нес в себе ассоциации с патриотизмом, безотлагательностью и готовностью с легкостью тратить ресурсы. Когда в 1863 году армия Конфедерации опубликовала собственный устав, в нем использовался тот же термин: «пионерами» именовались солдаты, которые устраняли препятствия на пути войска, чинили дороги и воздвигали фортификационные сооружения. Несколько поколений тому назад и на Севере, и на Юге имелись собственные фронтиры, так что у солдат обеих армий это слово вызывало одинаковые ассоциации. В обеих армиях предполагалось, что пионеров набирают из различных дивизий, объединяют в полк, вооружают инструментами и отправляют вперед. Такая необходимость возникла сразу же после начала войны. Серьезное значение в процессе выполнения каждой армией своих задач имела топография Юга, в том числе информация о расположении и качестве местных лесов[5].

Интендант армии США Джеймс Раслинг полагал, что все солдаты терпеть не могли эту работу. И действительно, в обеих армиях были те, кто находил ее скучной — все равно как работать дома на ферме. Рубка деревьев могла быть и крайне утомительной: иногда солдатам приходилось работать топором весь день допоздна. Однако некоторым это нравилось. Солдаты уважали ловких лесорубов, способных определить полезные сорта древе-

---

[4] См. [Stoll 2002: 37–40, 150–160; Скотт 1861: 118, 132, 139, 147–150, 148, 534, 545–546].

[5] См. «Военный словарь» Скотта, с. 463; Постановления армии Конфедеративных Штатов, с. 74.

сины, умело свалить дерево и распилить ствол. В военной жизни эти навыки ценились ничуть не меньше, чем в мирной. Обе армии ценили своих пионеров и посылали для их защиты специальные отряды, хотя некоторые пионеры имели при себе ружья сами. В ходе войны им не раз доводилось стрелять по врагам[6].

Почему-то мы привыкли думать, что пионерами в армии США были белые солдаты, а в армии Конфедерации эту обязанность выполняли рабы. Возможно, тому причиной мемуары некоторых ветеранов, в которых озвучивалось это заблуждение. На самом деле, расовый состав пионеров в обеих армиях был смешанным. Некоторые офицеры-северяне прикрепляли состоявшим из белых солдат к пионерским подразделениям чернокожих лесорубов, и те работали за деньги, не будучи при этом военнослужащими армии США. Таким образом, на стороне янки лес рубили и рабы, и свободные. В армии Юга среди пионеров были и белые, и черные, однако не вполне ясно, идет ли речь о рабах или о свободных людях, нанятых армией, либо мобилизованных[7].

Более того, в обеих армиях имелись тысячи занятых заготовкой леса белых солдат, которые не всегда были пионерами. Формируя официальную экспедицию за древесиной, офицеры отбирали своих людей, давали им топоры и отправляли на вырубку; число солдат могло варьироваться от восьми до ста. В течение всей войны саперы и минеры выполняли работу пионеров, не будучи пионерами сами. То же самое можно сказать об инженерах и механиках. Рубка леса, разумеется, могла быть частью наряда на хозяйственные работы, однако многие солдаты все равно заготавливали и перевозили древесину, даже если не были пионерами и не получали соответствующего наряда. Офицеры распределяли работу самым неожиданным образом. Так, Улисс С. Грант

---

[6] См. [Rusling 1899: 161–162; OR 1, 24: 494; McCarthy 1882: 57; OR 1, 11, 2: 158–159]. См. также письмо Эдгара Элая миссис Теодор Фаулер от 3 сентября 1862 года, архив семьи Элай (NYPL); письма Джеймса Доака «Дорогой сестре» от 30 апреля 1862 года и от 12 июля 1862 года, архив семьи Доак, дар Доминики Лидс автору.

[7] См. [Sherman 2005: 448; OR 1, 24: 177; OR 3, 5: 121; Storey 2004: 117; OR 1, 24, 2: 580; OR 1, 7: 736–737].

однажды посоветовал Уильяму Т. Шерману послать пионеров или других «добрых людей» заготовить дрова для луизианских пароходов. Солдаты попросили друзей и родственников прислать им из дома топоры, чтобы они могли заниматься заготовкой в любой удобный момент[8].

В поле

С самого начала войны отряды северян относились к заготовке дерева с позиции военной необходимости. В особенности это было применимо по отношению к одной из самых ключевых задач армии — строительству фортов. За первые месяцы противостояния солдаты-янки срубили множество деревьев, чтобы воздвигнуть укрепления в Восточной Виргинии, а к августу 1861 года исчезли целые мили лесов, окружавших городок Фэйрфакс. Как сообщил один солдат военной медсестре Мэри Ливермор, к концу 1861 года для того, чтобы построить укрепления в этой части штата, федеральная армия уничтожила «великие вековые леса». То же самое происходило по всей территории региона. Бо́льшую часть работы по рубке деревьев выполняли пехотинцы. По словам генерала Конфедерации Гидеона Пиллоу, летом 1861 года федералы вырубили для строительства защитных сооружений «все деревья» в окрестностях Нью-Мадрида, Миссури[9].

Так же важно, что солдаты-янки часто отправлялись за древесиной в самовольном порядке. Когда в августе 1861 года армия Севера встала лагерем в округе Файетт, Виргиния, они разобрали и сожгли множество изгородей с плантации вдовы Эллен Томп-

---

[8] См. письмо Эдгара Элая миссис Теодор Фаулер от 3 сентября 1862 года, архив семьи Элай (NYPL); дневник Томаса Д. Филлипа, запись от 4 января 1862 года (FHS); дневник Джона Ч. Тидболла, запись от 24 апреля 1861 года, архив Джона Ч. Тидболла, Геттисберг-Колледж, Специальные коллекции и архивы колледжа (GC). См. также [OR 1, 29: 248; Billings 1993: 378, 100–101; McDonald 1973: 35; McKim 1910: 43; Sherman 2005: 292–293; McCarthy 1882: 82]. Солдаты также работали в инженерных войсках, занимавшихся строительством железных дорог [Huston 1966: 170].

[9] См. [McGuire 1868: 35, 51, 66; Livermore 1889: 637; Hess 2005: 24; OR 1, 3: 626].

кинс, не оповестив ее об этом и не выплатив компенсацию. Рядовой Джон Биллингс вспоминал, что задолго до того, как в июле 1862 года вышли приказы генерала Джона Поупа, солдаты считали любое дерево (и любую еду) «материальным бонусом», и офицеры не спорили с ними в этом. Многие командиры либо одобряли такой подход, либо смотрели на него сквозь пальцы. И хотя генерал армии США Джон Аберкромби запретил солдатам посягать на принадлежавшие мирным жителям Алди, Виргиния, изгороди, одним холодным вечером некий полковник тем не менее разрешил их разобрать с тем, чтобы развести костры. Солдаты с радостными криками помчались выполнять его приказ[10].

Впрочем, армия Юга делала то же самое — отбирала древесину и уничтожала леса еще до начала настоящих военных действий. Задолго до того, как в январе 1863 года Конфедерация опубликовала собственный Военный устав, мятежники уже разделяли убеждения Скотта: сохранилось множество свидетельств тех, кто полагал, что армия имела право на все материальные блага, даже если это предполагало захват имущества, принадлежащего другим белым южанам. В первые месяцы войны солдаты Конфедерации уже начали вырубать леса и уничтожать изгороди по всей территории Юга. Они тоже действовали в соответствии с приказами. Летом 1861 года, готовясь к сражению у Биг-Бетель, капитан У. Г. Уэрт приказал рубить деревья для строительства дорожных заграждений, а также снести все изгороди в округе и вырубить еще больше леса, чтобы его люди смогли доставить гаубицу на позицию. Осенью того же года рядовой Адам Керш наблюдал, как его взвод вырубил 150 акров виргинского леса, из которого позднее были построены деревянные дома и укрепления. К декабрю 1861 года мятежники вырубили лес перед фортом Пиллоу, Теннесси, на целую милю. Полученные бревна они сложили крест-накрест, чтобы помешать продвижению неприятеля[11].

---

[10] См. прошение Эллен Томпкинс военному министру от 26 ноября 1869 года, архив семьи Томпкинс (VHS). См. также [Billings 1993: 154–155; Kent 1976: 60].

[11] См. [OR 1, 2: 103–104; Cash, Howorth 1977: 49]. См. также письмо Адама У. Керша Джорджу П. Кершу от 20 октября 1861 года, архив семьи Керш (VSP).

Как и северяне, солдаты-мятежники отправлялись в несанкционированные поездки за деревом. В жадности они не уступали своим противникам и также далеко не всегда выдавали положенные расписки. Как вспоминал рядовой Джон Уоршэм, в ноябре 1861 года его отряд обнаружил на недавно расчищенной площадке леса груду бревен и забрал оттуда столько древесины, сколько можно было добыть за день работы, причем солдаты понятия не имели, кому эта древесина принадлежала. Военные могли разобрать на дрова изгородь. Именно так снежным виргинским вечером поступили капитан Уильям У. Блэкфорд и его товарищи — и они также ни слова не упоминают о владельце изгороди. Если лагерь находился в отдалении от города или фермы, это еще не означало, что мирным обитателям не грозила кража: в поисках дерева военные отходили на значительные расстояния. Так, солдаты, вставшие лагерем у Рэйли, Северная Каролина, шли целую милю, пока не нашли бревна для строительства казарм. Они изъяли строительный материал, не разбираясь, какому частному лицу он принадлежал[12].

Если в «Военном словаре» Генри Ли Скотта утверждалось, что с гражданскими лицами любых взглядов — аналогичных, оппозиционных, нейтральных — нужно вести себя одинаково, иногда отправлявшиеся на поиски древесины военные решали отобрать ее у конкретного мирного жителя в связи с его политическими убеждениями. Так поступали в обеих армиях. Из слухов, сплетен и наблюдений военные порой могли понять, кто является сторонником Конфедерации. Иногда солдаты федеральной армии специально вырубали деревья именно на участках, принадлежавших мятежникам. Как в 1861 году отметил рядовой Эндрю Ричардсон, в Кентукки конфедератам как будто нравилось отбирать древесину у юнионистов. Однако зачастую солдатам было некогда выяснять, каких взглядов придерживались местные жители: едва прибыв в новое место, они уже кидались разламывать деревянные сооружения. Эдвард Бэгби, мирный житель из Виргинии, видел, как исчезают изгороди, стоит только войскам встать на

---

[12] См. [Worsham 1912: 51; Blackford 1993: 60–61; Leon 1913: 5].

постой[13]. В обеих армиях имелось некоторое количество офицеров, старавшихся следовать инструкции и раздававших документы о конфискации древесины. Так, капитан-южанин Чарльз Д. Хилл выдал Уиллис Дж. Банкли расписку об изъятии двадцати четырех поленьев, общей стоимостью 72 конфедератских доллара. Деньги по этой расписке мог выдать любой интендант армии Юга. Когда солдаты-янки конфисковывали изгороди, принадлежавшие жителям Хантсвилла, Алабама, полковник Джеймс Б. Фрай настаивал на том, что необходимо соблюдать процедуру и использовать необходимые для этого бланки. Однако не все офицеры были настолько педантичными. Летом 1861 года северяне четыре дня вырубали лес на плантации Анны Фроубел в Северной Виргинии, уничтожив в итоге бо́льшую его часть. Ее сестра попросила у генерала Джона Седжвика то, что она назвала «распиской» за древесину, и он пообещал, что выдаст ей такой документ, хоть она и являлась открытой сторонницей Конфедерации. Однако никакого документа так и не появилось. Примеры подобной небрежности, случайной или намеренной, встречались в обеих армиях, ра́вно как грубые ошибки, неэффективные решения и безразличие[14].

Зимой 1861–1862 года, в соответствии с общепринятой практикой, обе армии отступили в ожидании весны на зимние квартиры. В выборе подходящего для зимовки места офицеры ориентировались на рекомендацию Генри Ли Скотта, советовавшего вставать лагерем в лесу или около леса. Солдаты рубили деревья и строили из них дома. Эта работа занимала много времени: на один деревянный дом могло уйти несколько часов.

---

[13] См. статью «Новый Орлеан», опубликованную в газете «Ивнинг пост» 26 июня 1862 года, с. 3; письмо Эндрю Дж. Ричардсона Марте Ричардсон от 27 октября 1861 года, военное собрание, округ Лоуренс, Теннесси, архивы (LCTA); письмо Эдварда Бэгби Вирджинии Б. Поллард от 30 июня 1862 года, архив семьи Кларк (VHS). См. также [Worsham 1912: 52].

[14] См. заявление № 2909 от Уиллиса Дж. Банкли, раздел V, том 44, Реестр жалоб, Управление генерала-интенданта, собрание документов Конфедерации, Военное министерство, RG 109 (NARA). См. также [OR 1, 16, 2: 155–156; Frobel 1992: 53, 77].

В «Военном словаре» Скотта говорилось, что для строительства такого дома требовалось как минимум сорок восемь деревьев, а иногда и больше, в зависимости от размера строения. Предполагалось, что здания необходимо выстраивать аккуратно, рядами, однако порой их ставили как придется. Мебель тоже вырезали из местного дерева. При необходимости также строили деревянные часовни и казармы[15].

Многие солдаты выросли на фермах и потому кое-что знали о лесном хозяйстве и использовании древесины. В обеих армиях были люди, которые до 1861 года работали плотниками, и некоторые из них даже знали специальные термины — например «дранка». Особыми умениями, само собой, обладали дровосеки и пильщики, но порой даже сапожник знал достаточно для того, чтобы правильно срубить дерево. Горожане, приказчики и студенты имели слабое представление о лесе, однако им все равно пришлось научиться рубить дрова — точно так же, как другим солдатам пришлось научиться готовить. Военные приобретали и другие навыки: в том числе как собирать хворост и как разводить костер из сырого дерева[16].

Лесные ландшафты Юга отличались значительным разнообразием. Солдаты внимательно их изучали, уделяя особое внимание расположению лесов, их предполагаемой площади и близости к дорогам, ручьям и рекам. И южанам, и северянам было известно множество пород деревьев: красный дуб, сассафрас, лиран, всевозможные вечнозеленые виды. Среди них ходили народные истории о деревьях — так, считалось, что чай из коры белого дуба помогает при расстройстве пищеварения, а дерево гикори отпугивает собак. В обеих армиях сохранялась почтенная традиция вырезать на деревьях свои имена. Например, в 1862 году солдат армии США

---

[15] См. [Wills 1906: 48–49; Скотт 1861: 139; Billings 1993: 73–75; Radigan 1999: 68, 59]. См. также письмо Грэнвилла У. Белчера Мэри Кэролайн Белчер от 4 мая 1862 года, письма Белчера, Университет Южного Миссисипи.

[16] См. [Williams M. 1989: 193; Davis 1990: 4; Winther 1958: 44; Simpson, Weiner 1989: 15:142; Kent 1976: 65–67; Leon 1913: 1–2; McKim 1910: 50–51; Rusling 1899: 160]. См. также мемуары Арчибальда Аткинсона-младшего, с. 33, Политехнический институт и Университет штата Виргиния.

Джон Н. Фергюсон оставил автограф на коре бука, когда его отряд проходил мимо некоей деревни в штате Теннесси[17].

В своем отношении к лесу армии Севера и Юга разделяли идеи большинства жителей довоенной Америки. Они с удовольствием любовались на пейзажи, где плодородные пашни чередовались с лесами и лугами; в особенности им нравились «холмистые и поросшие лесом края», как писал в 1862 году, вспоминая долину Шенандоа, Виргиния, житель Нью-Йорка Ч. У. Бойс. Многие солдаты были до войны фермерами или происходили из фермерских семей. Они отмечали, какие деревья лучше росли на каких видах почв, и могли распознать реликтовые леса, существовавшие на протяжении сотен лет. И действительно, в первые годы войны практически весь регион представлял собой слабо освоенные лесные массивы[18].

Сосна, любимое дерево Генри Ли Скотта, росла на Юге в огромных количествах. Она является индикаторным видом, т. е. доминирует практически в любом окружении, и, будучи вечнозеленой, способна вырасти до значительной высоты. Сосна может прожить до трехсот лет, и ее корни глубоко уходят в землю. Американский Юг является ее естественным регионом; среди местных разновидностей можно выделить ладанную сосну и сосну Эллиота. Самая распространенная разновидность — сосна длиннохвойная, также известная как желтая сосна, южная сосна, жесткая сосна и сосна Джорджии. Ее древесина отличается большой вязкостью, высоким содержанием смолы и устойчивостью к заболеваниям. В 1861 году в газете «Бруклин игл» отмечалось, что в штатах, поддержавших сецессию, находятся лучшие сосновые леса, и это

---

[17] См. [Longstreet 1992: 235; McDonald 1973: 102; Anderson D. 2008: 44]. См. также дневник Коррела Смита, запись от 18 февраля 1862 года (WRHS); письмо Хирама Стронга «Дорогой жене» от 10 ноября 1862 года, архив полковника Хирама Стронга (DML); письмо А. Дж. Ричардсона жене от 18 июня 1862 года, военная коллекция (LCTA); дневник Джона Ньютона Фергюсона, запись от 15 августа 1862 года (LC).

[18] См. письмо Х. Харпера Билла отцу от 15 марта 1862 года, письма Хораса Харпера Билла, Сандаски, Огайо, Библиотека, Центр изучения архивов; мемуары Роджера Ханнафорда, раздел 59, архив Роджера Ханнафорда (CHSL). См. также [Hughes N. 1995: 93; Graham 2013: 198; Baumgartner 1994: 12].

было действительно так. Сосны росли повсюду, от Виргинии до Техаса, и были знакомы многим солдатам[19].

Среди солдат эта порода дерева считалась лучшей — подобно тому, как говядина считалась лучшим видом мяса. Именно сосну предпочитали использовать для строительства домов и разведения костров, поскольку ее было сравнительно легко срубить, а ядровая древесина этого дерева отлично загоралась. Обеим армиям нравилось разбивать лагерь возле соснового леса, чтобы в полной мере использовать все его ресурсы. Кроме того, густой сосновый лес позволял незаметно приблизиться к неприятелю или укрыть незаконченное фортификационное сооружение[20].

Солдаты обеих армий умели использовать сосну и для других целей. Из сосновых веток готовили ферментированный напиток. Знали и о целебных свойствах сосны. Генерал армии США Уильям Т. Шерман считал, что настойка сосновой хвои помогает справиться с цингой — и действительно, в хвое содержится витамин С. (Мятежники иногда использовали региональное выражение и называли хвою просто «иголки».) Некоторым солдатам сосна нравилась эстетически. Мятежники чувствовали себя под сенью соснового леса в безопасности — возможно потому, что он был им хорошо знаком. Один писатель-южанин назвал сосну Божьим даром человечеству, поскольку у нее есть множество применений. Как ни парадоксально, именно это привело к быстрому уничтожению сосновых лесов[21].

В обеих армиях практиковалось то, что сейчас называется «сплошной вырубкой», причем речь идет не только о соснах:

---

[19] См. [Kricher 1988: 13, 94; Rutkow 2012: 1–4; Silver 1990: 17, 21; Hickman 1962: 2–3]. См. также статью «Живой дуб», опубликованную в газете «Бруклин игл» 17 мая 1861 года, с. 2.

[20] См. [McCarthy 1882: 83–84; Billings 1993: 87; OR 1, 2: 641; OR 1, 11, 3: 235; OR 1, 2: 641; OR 1, 11, 1: 590; OR 1, 51, 1: 6].

[21] См. [Davis 1990: 102; Sherman 2005: 787; McCarthy 1882: 81; Craigie, Halbert 1968: 3: 1745; Moore 1910: 169; Porcher 1863: 495]. См. также Министерство сельского хозяйства Соединенных Штатов, Служба охраны природных ресурсов, Руководство по растениям (URL: http://usdasearch.usda.gov/search — в настоящее время ресурс недоступен).

Илл. 3. Коттедж из сосновых бревен, построенный солдатами-янки. Библиотека Конгресса США

солдаты срубали каждое дерево. Сам термин появился в английском языке только в 1920-е годы, однако обычай уходит корнями в глубокую древность. Начиная с 1861 года солдаты постоянно проводили сплошную вырубку. Осенью того года, перед сражением при Карнифекс-Ферри, Западная Виргиния, мятежники вырубили полосу леса в милю шириной и использовали дерево для строительства брустверов. Как вспоминал рядовой-янки Альфред Беллард, северяне вырубили все деревья при строительстве лагеря у форта Монро, Виргиния. Другой причиной для вырубки было желание видеть перемещения противника. Так, солдаты Конфедерации уничтожили все деревья на участке у реки Потомак, чтобы артиллеристам федералов не удалось пересечь ее незамеченными[22].

---

[22] См. [Berger 2008: 119; OR 1, 5: 136; Donald 1975: 45, 52–53]. См. также «Коллегиальный словарь Мерриам-Уэбстер», 11 изд., с. 230.

Можно предположить, что конфедераты относились к вырубке осторожнее и лучше понимали ущерб, наносимый ею земле и живущим на этой земле людям. Однако так было далеко не всегда. Южане делали то же самое, что и северяне: зачищали местность, срубая одно дерево за другим. Очевидцы вспоминали, что в начале 1862 года мятежники «бессмысленно уничтожили» у Боливара, Виргиния, двадцать акров леса. Весной того же года другие отряды конфедератов вырубили лес на 100 ярдов по каждую сторону дороги в Уильямсбург, Виргиния, чтобы построить засеку. Даже религиозные люди как будто избегали вопросов этического характера, особенно в контексте влияния этих вырубок на жизнь мирного населения. Капрал Рэндольф Макким, будущий капеллан, хвастался, что крыша на его доме сделана из дерева, «поваленного нашими собственными руками», и при этом никак не упоминал, кому принадлежали эти лесные угодья[23].

Некоторые солдаты-южане испытывали определенное смущение, к которому примешивалось чувство вины: все-таки они забирали очень много дерева. Во время Кампании на полуострове военные сожгли множество изгородей, принадлежавших фермерам в окрестностях Ричмонда. Рядовой Дж. У. Стайп утверждал, что у солдат не было выбора: «Как еще они могли поступить — вымокшие насквозь, без топоров?» Лейтенант Альберт Гудлоу жалел, что ему пришлось разобрать изгороди мирных жителей, «наших друзей», однако, по его словам, в холодную погоду солдатам требовалось развести огонь. Но большинство военных ни слова не говорили об этической стороне вопроса и о том, с какими последствиями их действий сталкивались мирные жители. Рядовой Карлтон Маккарти описывал заготовку древесины в пассивном залоге: деревья «были срублены», потом «были разведены» костры — как если бы это происходило само собой, без участия человека[24].

---

[23] См. дневник Сэмюэла А. Мюррея, запись от 8 марта 1862 года, архивы штата Пенсильвания. См. также [Donald 1975: 66; McKim 1910: 54].

[24] См. Джон Уэсли Стайп. «Сомневающийся мятежник», с. 2, архив преподобного Джона Уэсли Стайпа, Исторический центр Атланты. См. также [Goodloe 1907: 183–184; McCarthy 1882: 80].

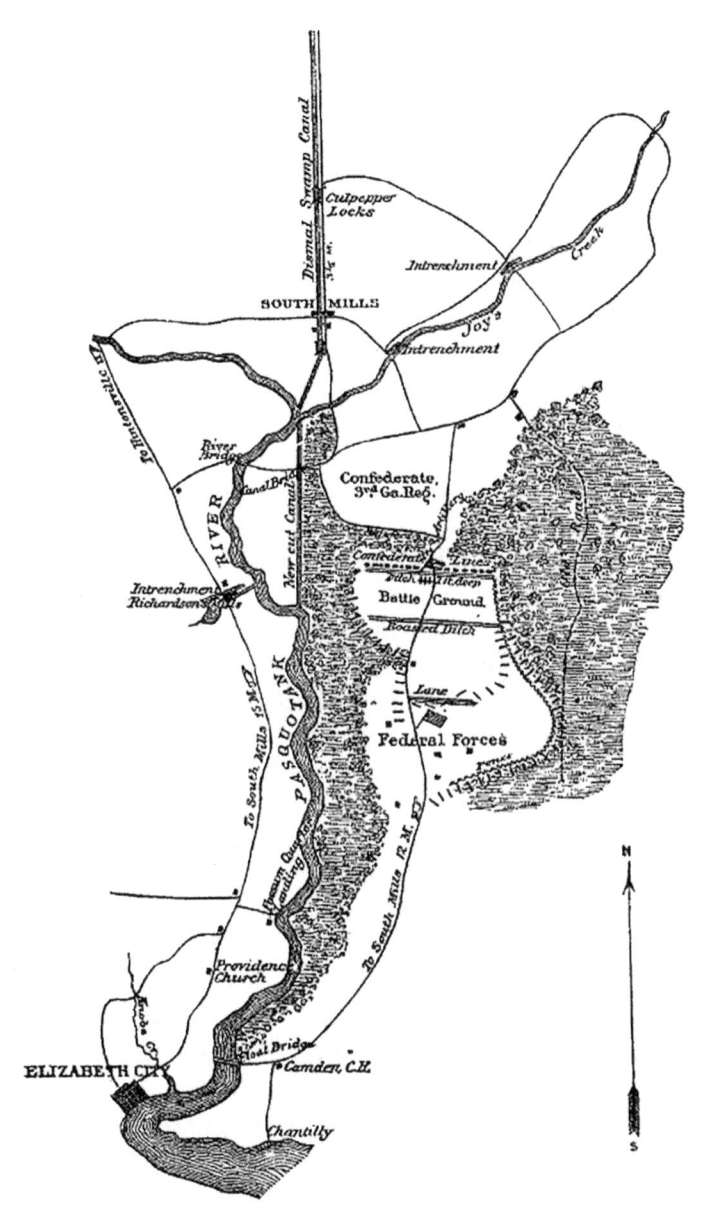

Илл. 4. «Жареная» канава, Северная Каролина, апрель 1862 года. Из официальных отчетов о войне

На самом деле, солдаты-мятежники говорили об уничтожении лесов очень легко — для них это было обычной приметой войны. Возможно, они считали, что лесные богатства Юга неистощимы, как было принято верить в довоенную эпоху? Но как тогда быть с правом частной собственности? Может быть, предполагалось, что вопрос о конфискации дерева будет решен уже после войны? Даже если это и так, то в своей военной переписке они об этом не упоминали. Некоторые даже намекали, что солдаты лучше гражданских. Рядовой Артур П. Форд с гордостью писал, что его сослуживцы научились разводить во время дождя костер из сырого дерева — с его точки зрения, мало кто из мирных жителей мог похвастаться таким умением. Слишком многие не отдавали себе отчет в том, как их действия сказываются на жизни мирного населения. Когда некий офицер в Северной Каролине поджег изгородь, ту канаву, в которой она была установлена, в шутку прозвали «жареной» — однако владельцы сожженной изгороди вряд ли оценили чувство юмора. Командиры, за незначительным исключением, не возражали против подобных действий. Одним из исключений был генерал-майор Стоунволл Джексон: в начале 1862 года он заставил своих людей восстановить изгородь, которую они сожгли без его разрешения, и пригрозил наказать весь полк, если такая ситуация повторится[25].

Новые кампании: весна 1862 года

Когда пришла весна и обе армии покинули свои зимние квартиры, солдатам оказалось нелегко оставить позади те бревенчатые домики, которые они построили с таким трудом. Самые предприимчивые смогли продать за наличные свое жилье мирным жителям. Другие перед уходом сожгли построенное, чтобы им не смог воспользоваться неприятель, поскольку обычной практикой того времени было возвращение войск на старые квартиры, если в ходе боевых действий они снова оказывались на прежнем месте.

---

[25] См. [Ford, Ford 1905: 42; OR 1, 9: 327–330; Worsham 1912: 74].

Тем не менее в сельской местности возникли десятки деревянных поселков-призраков. Иногда мирные жители наведывались туда за деревом[26].

В ходе весенних кампаний обе армии по-прежнему уничтожали огромное количество древесины. Передовые отряды прокладывали дорогу сквозь лиственные леса и подлесок, облегчая движение следующим за ними войскам. Обе армии стали воздвигать еще больше укреплений, которые могли достигать гигантского размера. Некоторые форты даже получали собственные имена, как, например, конфедератский форт Мэградер в Виргинии. Другие строились в спешке, и потом их бросали, не задумываясь о ценности пошедшего на них дерева. Каждый раз, когда армия останавливалась на марше, отряды солдат устремлялись к деревням, чтобы разломать на дрова изгороди. Так, весной 1862 года они за три недели сожгли приблизительно 1900 жердей из изгороди на ферме Уайтинг, расположенной в Мурфилде, Виргиния[27].

Продолжение военных действий весной и летом означало, что лесные угодья Юга будут и дальше страдать от действий двух огромных армий. Когда северяне строили мост через реку Раппаханок в Виргинии, они «брали дерево отовсюду, где только могли», отмечал бригадный генерал армии США Герман Хаупт. При этом порой его люди выдавали владельцам древесины расписку, хотя он и «не был уверен», что они всегда следовали процедуре. В других случаях солдаты портили деревья, однако не срубали их. В окрестностях Нью-Маркета, Луизиана, солдаты-янки обрубили с хвойных деревьев все ветви, чтобы сделать подстилки для своих палаток. Конфедераты не уступали им в умении разрушать. Так, чтобы замедлить продвижение

---

[26] См. [Billings 1993: 178–180; Kent 1976: 54–55; Worsham 1912: 73; Frobel 1992: 82].

[27] См. [Davis 1990: 33; Donald 1975: 55, 66; Radigan 1999: 88]. См. также письмо Дж. У. Дэвисона «Дорогому дяде» от 2 мая 1862 года, письма Дж. У. Дэвисона (GC); Джеймс Уайтинг. «Плантация и ферма: руководство, управление, ведение записей», 20 февраля 1862 года, 24 марта 1862 (Камберленд: Ф. Брук Уайтинг Хауз).

неприятеля, они повалили весь лес вокруг Ньюберна, Северная Каролина[28].

Некоторые солдаты отмечали красоту южных пейзажей, причем не все они были уроженцами здешних краев. В обеих армиях находились те, кто был очарован тихими рощицами, буйством весенних орхидей или тенистыми деревенскими улочками. Полковник армии США Томас У. Хиггинсон заявил, что расположенная в Северной Каролине плантация Барнуэлл с ее длинной дубовой аллеей была самым красивым уголком Юга, который он когда-либо видел. Сенека Тролл, военный врач-северянин, восхищался ухоженными землями и декоративными деревьями в Лэйк-Провиденс, Луизиана. По его словам, он никогда не встречал ничего подобного[29].

Однако эстетические соображения не имели большой ценности, когда армии требовалась древесина. И хотя рядовой-янки Роджер Ханнафорд упоминал «благородные леса» округа Ганновер, Виргиния, его взводу предстояло уничтожить добрую половину этих лесов. Когда полковнику армии США Нейтану Дадли приказали уничтожить декоративные деревья на одной луизианской плантации, этот приказ оказался самым болезненным за всю его военную карьеру, однако он выполнил его и срубил все деревья до единого. Мятежники делали то же самое. Один солдат Конфедерации с восхищением описал кедры, росшие поблизости от Фредериксбурга, Виргиния, а потом срубил их, чтобы построить себе временный дом[30].

---

[28] См. [OR 1, 12, 1: 76–79]. См. также дневник Джорджа Л. Вуда, запись от 22 апреля 1862 года (OHC); «Солдатская жизнь Фило Пирса», с. 6, округ Оттава, Огайо, Исторический музей.

[29] См. [Chapman 1923: 7; Radigan 1999: 87, 94; Moore 1910: 52; Looby 200: 127]. См. также письмо Сэмюэла Т. Уэллса «Дорогой Лиззи» от 21 апреля 1862 года, архив Сэмюэла Т. Уэллса (FHS); письмо Сенеки Тролла жене от 14 февраля 1863 года, письма Сенеки Тролла, архив Гражданской войны (URL: www.civilwararchive.com/LETTERS/thrall1.htm — дата обращения: 07.02.2023).

[30] См. мемуары Роджера Ханнафорда, раздел 61, архив Роджера Ханнафорда (CHSL); письмо У. Г. А. (sic) Джози Купер от 14 января 1863 года, переписка конфедератов (GC). См. также [OR 1, 15: 19–20].

Уильям Ле Дюк, интендант армии Севера, отдавал должное красоте лесов и понимал ценность этого ресурса, однако и он забирал столько древесины, сколько считал нужным. Он родился в Огайо в 1823 году и провел детство на фермах по всему Среднему Западу. Ле Дюк знал, как построить изгородь-зигзаг или деревянную хижину; еще школьником он помогал своему отцу возводить каркасный дом. Во взрослой жизни он стал юристом и жил в Миннесоте, однако не особенно интересовался политикой и вступил в армию в 1862 году только после того, как его друг предположил, что такой методичный человек может стать хорошим интендантом. Тогда он отправился с рекомендательными письмами в Вашингтон и получил назначение от военного министра Эдвина Стэнтона. Ле Дюк присоединился к Потомакской армии и в мае 1862 года начал службу в Виргинии в звании капитана. С самого начала он активно эксплуатировал местные запасы леса. Однажды вечером, когда его люди строили мост и им было нужно освещение, он приказал разобрать соседскую изгородь и поджечь ее. Владельцы изгороди не упоминались, и никаких расписок они не получали. К этому моменту Ле Дюк провел в армии приблизительно две недели[31].

В 1862 году солдаты начали отмечать негативное влияние, которые они оказывали на окружающую среду. Они упоминали, что за спиной армии остаются многие акры пней и деревьев с ободранной корой. Рядовой-янки Уильям Паркинсон оплакивал множество деревьев, «убитых» — весьма прозрачная метафора — в окрестностях Коринфа, Миссисипи, когда в 1862 году город перешел под контроль конфедератов. Солдаты обеих армий обвиняли противника в причинении вреда природе, утверждая, что именно неприятель превратил эти земли в полную противоположность цветущего пейзажа, однако на самом деле в этом виновны и те и другие[32].

---

[31] См. [Le Duc 2004: 6, 13–15, 20, 31, 65–67, 72–74].

[32] См. дневник Томаса Д. Филлипа, запись от 4 января 1862 года (FHS); письмо С. Г. Иллса «Моим дорогим дяде и тете» от 28 апреля 1862 года, архив Сэмюэля Генри Иллса (LC); письмо Уильяма Паркинсона брату от 13 июня 1862 года, архив Уильяма М. Паркинсона (OHC); дневник Сэмюэля А. Мюррея, запись от 8 марта 1862 года, архивы штата Пенсильвания. См. также [Moore 1910: 128–129].

Во время крупных сражений 1862 года армии могли нанести огромный вред лесу всего за один день, а иногда даже за несколько часов. Это характерно для большинства современных войн. Солдаты обеих армий были поражены тем, насколько сильно боевые действия сказывались на природных угодьях, — вот почему до нас дошло так много свидетельств. Описывая первое сражение при Булл-Ран, врач-конфедерат Д. Б. Конрад упомянул, что деревья были «искорежены». Во время сражения при Шайло в апреле 1862 года солдаты видели, как после пушечных выстрелов деревья оказывались настолько переломаны, что их ветки упирались в землю. Зрелище снарядов, уничтожающих все на своем пути и сметающих огромные участки леса, было одновременно страшным и грандиозным, отмечал солдат-северянин Люциус Барбер[33].

В 1862 году участились случаи умышленного поджога лесов. Обе враждующие стороны применяли так называемые «широкие пожары», свободное пламя, к которому редко прибегают в современном обществе, поскольку управлять им крайне трудно. В июне 1862 года генерал армии Юга Джеймс Лонгстрит приказал своим офицерам поджечь лесоматериалы в окрестностях Ричмонда, чтобы окружить противника дымом и огнем; приказ требовал «поджечь все дерево в округе» и «отнестись к этому с тщанием». В случае пожара сосновый лес превращается в пылающий ад: пламя легко распространяется по хвойной подстилке, пожирает молодую поросль и поднимается к верхушкам деревьев. Сосновых лесов в регионе хватало. Посмотрев, как его товарищи сжигают «практически все, что горело», — леса, изгороди и дома, — майор-янки Сэмюэл Т. Уэллс заметил, что армия уничтожает среду обитания и врагов, и союзников. Все это происходило во время «мягкой войны», до того как летом 1862 года вошли в силу новые военные правила[34].

---

[33] См. [Loyd 1999: 244–245; Nelson 2012: 147; Graham 2013: 354; Barber 1894: 56].

[34] См. [Pyne 1982: xii, 393; OR 1, 51, 2: 570–571; McPhee 1968: 112]. См. также письмо Сэмюэла Т. Уэллса Саре Э. Уэллс от 12 марта 1862 года, архив Сэмюэла Т. Уэллса (FHS).

Некоторые командиры-северяне тем не менее старались следовать официальной процедуре реквизиции, описанной в Военном кодексе. Они заставляли своих солдат выдавать мирным жителям любых политических взглядов документы, подтверждающие факт изъятия изгородей или других предметов, чтобы впоследствии те могли получить за них компенсацию. В мае 1861 года во время Кампании на полуострове генерал Джордж Макклеллан сурово напоминал своим офицерам, что необходимо применять «самые жесткие требования», чтобы солдаты не разрушали изгороди, а покупали дерево у его владельцев. Другие офицеры старались защитить родственниц известных политиков, если с такими семьями их связывали какие-то личные узы. Так, Чарльз Денби пришел на помощь престарелой миссис Клемент Клэй из Алабамы, потому что его тесть был знаком с ее сыном Клементом Клэем-младшим по работе в Сенате США. И хотя теперь ее сын выступал на стороне мятежников, Денби все же спас изгороди женщины от уничтожения[35].

Армия Юга тоже отбирала древесину непосредственно у мирного населения. С самого начала войны военные экспроприировали лесопилки и заставили рабочих производить доски для нужд армии. Так, Пелегу Кларку-младшему, жившему в окрестностях Фредериксбурга, Виргиния, сообщили, что, если он не будет делать того, что ему говорят, его ждет арест и лишение имущества. Офицеры забирали дерево у мирных жителей как в Ричмонде, столице Юга, так и в поле. Кроме того, древесину покупали. В газетах появлялись объявления, что армия готова приобрести у населения древесину — например, иву для порохового завода в Огасте, Джорджия[36].

Некоторые мирные жители заключали выгодные контракты на поставку дерева армии мятежников. Как ни странно, среди

---

[35] См. [Billings 1993: 232–234; OR 1, 11, 3: 161]. См. также Денби. «Эпизод Южной войны», с. 4–6, архив семьи Денби (LC).

[36] См. [OR 1, 12, 1: 88–89]. См. также «Выписки и расписки» (№ 12), 2-й квартал 1862 года, архив Джона М. Шиверса, Генри Тайнса, Чарльза Д. Хилла (CMLS-VHS); статью «К сведению подрядчиков», опубликованную в газете «Чарльстон Меркьюри» 16 сентября 1861, с. 2.

них встречались белые женщины, такие как Эллен Элмор, и свободные чернокожие мужчины, например Хорас Кинг. Однако бо́льшую часть этой группы составляли белые мужчины. Гражданские поставщики снабжали армию огромным количеством бревен и досок, и это могло быть крайне выгодным занятием, так что иногда некоторые плантаторы обращались к находившимся по соседству офицерам специально и предлагали им заключить контракт. Впрочем, порой это было рискованно: офицеры армии США арестовывали гражданских лиц, поставлявших дерево правительству Конфедерации, и конфисковывали их лесопилки. Офицеры-конфедераты поступали аналогичным образом с поставщиками федералов[37].

Мирные жители, их изгороди и леса

В первые пару лет войны белые мирные жители любых политических взглядов с готовностью снабжали армии древесиной. Местные фермеры, поддерживавшие Конфедерацию, помогали солдатам-мятежникам точить топоры, используя для этого собственные точильные камни, и объясняли, как именно нужно обстругивать доски. Сторонники федералов старались по возможности помогать янки, игнорируя постановления мятежников. Так, мистер Б. Б. Маккенни из округа Ланкастер, Виргиния, в 1860 году голосовал за «кандидата юнионистов» (вероятно, речь идет о Джоне Белле, выигравшем выборы на уровне штата) и возражал против сецессии; в 1861 году он ухитрился отправить по контракту большую партию уложенных в вязанки дров своему деловому партнеру в Нью-Йорк. Тех, кто не интересовался политикой, устраивала любая сторона. Прежде чем его арестовали янки, разнорабочий по имени Джон Макгонегал ездил вдоль

---

[37] См. [Weiner 1998: 163; Lupold, French 2004: 167, 233; OR 1, 3, 3: 575; Townsend 1950: 37]. См. также Реестр подрядчиков за 1861–1864 годы (J. T. Hanlow: 6; J. C. C. Cox, R. Otis: 12; R. T. Higginbotham: 34; Eli S., Thomas H. Tutwiler: 39), глава V, 113, Прочие записи, Управление генерала-интенданта, собрание бумаг Конфедерации, Военное министерство, RG 109 (NARA).

Миссисипи и ее притоков и рубил лес для любого, кто готов был его нанять[38].

Были и те, кто активно возражал против конфискации древесины и изгородей. Иногда ситуация сводилась к устным перепалкам. Когда отряд северян прибыл на ферму в окрестностях Александрии, Виргиния, солдаты первым делом реквизировали провизию, а потом начали забирать с собой дерево. Владелица, белая женщина, чье имя осталось неизвестным, спросила офицера: «Вы что, недостаточно нам навредили?» Он ответил, что такова военная необходимость. Другие мирные жители предпринимали меры для защиты своего имущества. Конечно, утаить рощу деревьев они не могли, но некоторые изделия из древесины спасти было гораздо проще. При приближении янки местные жители поспешно разбирали изгороди и прятали их от солдат. Однако мятежники были ничуть не менее требовательными. В начале 1862 года женщина, приходившаяся Фанни Хьюм тетей, лишилась по милости бригады мятежников, прошедших мимо ее фермы в Виргинии, почти всех своих изгородей. Ей удалось спасти садовую ограду, и это женщине не стоило «больших трудов» — вероятно, она убеждала, упрашивала и откровенно умоляла солдат[39].

В 1862 году жители отдельных районов Юга стали жаловаться на нехватку древесины. Цены на дерево начали расти — и в городах, и в сельской местности. В отдельных случаях местные власти обратили внимание на эту проблему и постарались помочь нуждающимся. В Мобиле, Алабама, городское правительство выдавало беднякам в качестве благотворительной помощи немного дров, а муниципалитет Фредериксбурга компенсировал населению утрату пиломатериалов, изгородей и древесины во время обстрелов города северянами в декабре 1862 года. Однако

---

[38] См. [Goodloe 1907: 184; OR 1, 5: 40; OR 1, 24: 424]. См. также заявление полковника Дж. Г. Кли от 14 августа 1861 года, Аркадельфия, Арканзас, военное собрание Хейскелла (ASI).

[39] См. статью «Беды Пограничья», опубликованную в газете «Мейкон уикли телеграф» 18 января 1862 года, с. 2; дневник Сэмюэла А. Мюррея, запись от 20 марта 1862 года, архивы штата Пенсильвания; дневник Фанни Пейдж Хьюм, запись от 12 апреля 1862 года (LC).

большей части населения приходилось справляться своими силами. Мирные жители собирали плавниковый лес на берегах рек или вырубали деревья в местных садах. Некоторые семьи научились обходиться без огня[40].

К 1862 году мирные обыватели начали понимать, что солдаты обеих армий могут изъять у них древесину без предупреждения. Военные часто рубили деревья по ночам или на рассвете, так что владельцы этих деревьев понимали, что происходит, только когда слышали шум у себя во дворе. Одна молодая женщина вспоминала, как находившийся в Виргинии отряд мятежников под командованием Джеймса Лонгстрита сжег апрельской ночью 1862 года множество изгородей. Впрочем, янки пугали местных жителей сильнее: их армия была больше и нуждалась в большем количестве ресурсов. Когда на одной из ферм в окрестностях Александрии, Виргиния, солдаты разломали и уничтожили изгороди на две тысячи долларов, владельцы фермы назвали их «мерзавцами», но древесину было уже не вернуть[41].

Иногда мирные жители могли получить денежные компенсации за древесину, пожертвованную армии мятежников. В 1861 году вышло соответствующее постановление генерал-интенданта конфедератов, и до нас дошел неполный реестр претензий к ним некоторых жителей Виргинии. В этот реестр, датируемый 1861–1864 годами, вошло несколько десятков жалоб на солдат-конфедератов, повредивших, сжегших или конфисковавших древесину. Так, например, у члена Конгресса Маско Гарнетта была плантация в округе Эссекс, и он получил 115,28 конфедератских долларов компенсации за 36 поленьев, изъятых у него 29 марта 1862 года. Упоминаются и более крупные выплаты — например,

---

[40] См. [Rice, Campbell 1996: 83–84]. См. также статью статью «Бедняки и их потребности», опубликованную в газете «Мейкон дейли телеграф» 6 ноября 1861 года, с. 1; требования мирных жителей о выплате компенсаций, с. 15, 30, 32, 43, 48, 68, Национальный военный парк Фредериксберга и Спотсильвании; письмо Марии Коллинз «Дорогому брату» от 2 октября 1861 года, архив семьи Коллинз (UKL).

[41] См. [Frobel 1992: 53]; дневник Фанни Пейдж Хьюм, запись от 7 апреля 1862 года (LC); статью «Беды Пограничья», опубликованную в газете «Мейкон уикли телеграф» 18 января 1862 года, с. 2.

Илл. 5. Жительницы Сидар-Маунтина, Виргиния, во время войны. Библиотека Конгресса США

2600 конфедератских долларов. Однако рассмотрение подобных жалоб занимало до полутора лет, и для получения по ним возмещения требовалось одобрение интенданта или его помощников. При наличии такого одобрения жалобщик мог получить деньги от любого интенданта Конфедерации, однако в случае отказа он не получал никаких объяснений. Разумеется, идею выплат мирные жители приняли хорошо, но по причине необходимости долго ждать получалось, что они все равно теряли деньги. Древесина была для фермера крайне важным ресурсом, а на то, чтобы вырастить саженцы, уходило несколько лет. В результате все равно оказывалось, что потребности армии важнее всего[42].

---

[42] Заявления № 130, 293, 501, 660, 846, раздел V, 43, Реестр жалоб; Заявления № 1766, 2909, 3010, 4484, раздел V, 44, Реестр жалоб, Управление генерала-интенданта, собрание документов Конфедерации, Военное министерство, RG 109 (NARA).

В соответствии с традицией коммунализма южане по-прежнему стремились помочь друг другу. В некоторых местах старинные обычаи довоенной жизни сохранились даже в 1862 году. Многие чувствовали себя обязанными помогать родственникам, и даже если им самим не хватало дров, они все равно делились с ними. Постоянные прихожане жертвовали своей церкви древесину для воскресных богослужений. Однако какими бы щедрыми ни были эти люди, они не могли позаботиться о всех и каждом. Нуждающиеся были вынуждены выпрашивать дерево — иногда даже у солдат-янки. В 1862 году незадолго до Рождества в лагерь северян в Теннесси пришли несколько белых женщин, которые спросили, нельзя ли им забрать старые доски, валявшиеся вокруг лагеря[43].

Многие мирные жители с гневом наблюдали за исчезновением лесов. Сторонники Конфедерации, разумеется, обвиняли в этом северян. Джон Спенс, коммерсант из Теннесси, считал, что армия США отбирает у мирных жителей слишком много и что ей следовало бы как минимум оставлять владельцам «запас» дерева. Женщины, поддерживавшие мятежников, тоже страдали от зрелища изуродованных лесов. Жительница Луизианы Сара Морган кричала, что северяне забрали «все наши прекрасные леса», а Джудит Макгуайр с гневом высказалась о том, как правительство Конфедерации оказалось не в силах предотвратить уничтожение лесных богатств Виргинии. Хотелось бы понять, продолжала она, каково было «старикам» (ее собственное выражение) смотреть, как янки вырубают «деревья наших предков». Никто из них не упомянул, что в уничтожении лесов также принимали участие и солдаты-мятежники всех возрастов[44].

---

[43] См. письмо Мэри Дедрик Генри Дедрику от 1 февраля 1862 года, военные письма Генри Г. Дедрика (VMI); дневник Фанни Пейдж Хьюм, записи от 9 ноября и 16 ноября 1862 года (LC); военный дневник Дэниэла Бурхарда Аллена, запись от 20 декабря 1862 года (BU).

[44] См. [Spence 1993: 85–86; East 1991: 164–165; McGuire 1868: 67]. См. точку зрения Нельсон [Nelson 2012: 104, 118, 157], которая утверждает, что большинство мирных жителей и солдат положительно относились к изменениям пейзажа, вызванным войной.

Приказы генерала Поупа от 1862 года

В приказах Поупа, вышедших в июле 1862 года, солдатам разрешалось самостоятельно изыскивать себе ресурсы, однако эти приказы практически не повлияли на то, как армия Севера использовала древесину. Материальные потребности солдат были куда важнее любых постановлений; именно они руководили поведением людей. И таких потребностей по-прежнему было очень много. После публикации приказов Поупа расход древесины оставался все таким же высоким. Генерал потребовал, чтобы мирным жителям, поддерживавшим юнионистов, обязательно выдавали документы о реквизиции, и порой офицеры так и поступали. Однако всего через несколько недель Поуп сам нарушил собственный приказ, когда в августе 1862 года после сражения у Кедровой Горы его армия начала отступление и встала лагерем в округе Фокир, Виргиния, на плантации Мэри Дженнингс. За неделю постоя они уничтожили более 28 тысяч жердей из ее изгородей. Дженнингс была сторонницей Федерации, однако компенсацию за свои потери она получила только после 1865 года, хотя всю неделю неподалеку находились интенданты армии США и сам Поуп уже успел пожаловаться, что солдаты использовали его приказ № 5 в качестве предлога для грабежа[45].

Отдельные офицеры по-прежнему старались соблюдать процедуру. Интендант-янки Саймон Перкинс-младший честно старался придерживаться ее требований, однако не смог помешать гражданскому поставщику вырубить деревья на территории, принадлежавшей частному лицу. Сам Перкинс тоже порой нарушал собственные правила. В Теннесси он как-то приказал отправлявшемуся с обозом солдату попросту «забрать» жерди из изгороди, если не удастся отыскать дерева другим способом. Некоторые офицеры искренне пытались исправлять ошибки системы. Генерал-майор армии США Джеймс Макферсон попросил подчиненных проверить обращение владельца лесопилки из окрестностей Виксбурга, некоего мистера Брауна, у которого «в инте-

---

[45] См. [Klingberg 1955: 128; OR 1, 12, 3: 573].

ресах правительства» забрали лесоматериалы. Однако в целом бюрократическая система была, как обычно, неэффективна[46].

Осенью 1862 года генерал Уильям Т. Шерман жестко напомнил белым южанам, что армии всегда потребляли огромное количество дерева. В частности, об этом важном факте узнали жители занятого его войсками Мемфиса, Теннесси. Когда горожане стали жаловаться на поведение военных, генерал опубликовал в газете письмо, в котором заявил, что солдаты вынуждены уничтожать изгороди, деревья и дома. При этом он явно ссылался на Генри Ли Скотта, но обошелся без прямого цитирования. Шерман пообещал сделать все возможное, чтобы остановить грабежи, которые он считал злоупотреблениями, и процитировал в связи с этим Военный кодекс, однако подчеркнул, что любая армия неминуемо причиняет вред окружающей среде[47].

Более того, с ростом армии Севера росли и ее материальные потребности. В январе 1862 года она насчитывала приблизительно 530 тысяч солдат, а годом позже эта цифра выросла примерно до 700 тысяч. Поскольку рубить деревья всегда было непросто, солдаты предпочитали разламывать изгороди, и они не собирались спрашивать разрешения на это у офицеров или выдавать мирному населению документы. Солдаты-янки старались отбирать древесину по возможности у сторонников Конфедерации: например, они намеренно сожгли все изгороди на ферме одного сецессиониста в округе Бун, Кентукки, хотя сам этот штат не входил в Конфедерацию. Их потребность в древесине иногда даже препятствовала проведению военных операций. Однажды ночью в Виргинии северяне украли для того, чтобы развести костер, десятки железнодорожных шпал и угнали их на позаимствованной дрезине. Естественно, это нарушило железнодорожное сообщение[48].

Некоторые солдаты-янки по-прежнему сохраняли довоенное стремление к разумному расходованию ресурсов, и их ужасало

---

[46] См. [Taylor L. 2004: 165, 103; OR 1, 31, 3: 198].
[47] См. [Sherman 2005: 266].
[48] См. [Thomas 1979: 155; Gwin 1992: 101–102; Donald 1975: 167]. См. также военный дневник Дэниэла Бурхарда Аллена, запись от 18 октября 1862 года (BU).

бездумное уничтожение древесины, происходившее у них на глазах. В декабре 1862 года в Миссисипи рядовой Джон Поттер «с отвращением» смотрел, как его сослуживцы подожгли кучу ценных лесоматериалов. Некоторые военные сочувствовали мирному населению, особенно если им приходилось отбирать дерево у сторонников Федерации, но другие решали действовать по своему усмотрению вне зависимости от того, каких политических взглядов придерживались гражданские. Служивший в 16-м Мэнском добровольческом пехотном полку полковник Чарльз Тилден сжалился над седой и морщинистой старушкой, которая пришла в его лагерь, когда солдаты-янки реквизировали ее изгороди и доски из сараев, увели теленка и забрали чайник. Тилден заплатил ей компенсацию из собственного кармана и собрал деньги у других офицеров. Хотя полковник временами позволял своим людям нарушать постановления, он полагал, что у поведения солдат тоже должны быть некоторые границы[49].

В 1862–1863 году, когда армия Севера встала на зимние квартиры, войска использовали очень много дерева. Объем его потребления снова потрясает. Солдат Файло Пирс, находившийся тогда неподалеку от Фредериксбурга, Виргиния, подсчитал, что в ту зиму армия вырубила на бревна и дрова 200 акров соснового леса. В ноябре 1862 года рядовой Энтони У. Росс предположил, что каждый человек в его десятитысячной бригаде (73-я добровольческая пехотная бригада Огайо) сжигал за день в среднем пять жердей — итого на бригаду уходило 50 000 жердей каждый день. В поисках древесины солдаты отправлялись во всех возможных направлениях. Возле Нэшвилла федеральные войска подчистую вырубили весь лес и разобрали на дрова все изгороди на две мили вдоль берега реки Теннесси и на полмили вглубь каждого берега[50].

---

[49] См. [Gienapp 2001: 241; Small 2000: 200–201]. См. также дневник Сайласа С. Хантли, запись от 4 марта 1862 года (CHMRC).

[50] См. «Солдатская жизнь Фило Пирса», с. 6, округ Оттава, Огайо, Исторический музей; письмо Энтони У. Росса Саре Э. Росс от 9 ноября 1862 года, архив Сары Эмили Росс (OHC); запись об Энтони У. Россе, Национальная парковая служба (URL: www.nps.gov/civilwar/search — дата обращения: 08.02.2023); письмо Хирама Стронга «Дорогой жене» от 10 ноября 1862 года, архив полковника Хирама Стронга (DML).

В 1863 году военные были по-прежнему убеждены, что их потребности куда важнее, чем нужды гражданского населения. Солдаты-янки уничтожали древесину все с той же скоростью. Спускаясь по рекам в долине Миссисипи, они то и дело выходили на берег, чтобы собрать топливо. Капитан Сайрус Хасси, принимавший участие в этих экспедициях, сообщил, что его люди «почти весь день собирали древесину» в Луизиане и «много награбили», однако оставляет последнюю фразу без объяснений. Капитан Уильям Дж. Кендрик в феврале 1863 года признавался, что его солдаты «без раскаяния» и «угрызений совести» сожгли в окрестностях Мерфрисборо, Теннесси, тысячи жердей. В этих разоренных краях редко можно было увидеть нетронутую изгородь. Полковник Хирам Стронг вскрикнул от удивления, когда весной 1863 года заметил такой забор в подзорную трубу[51].

Янки продолжали уничтожать леса на своем пути. Иногда виной тому оказывался несчастный случай. В 1863 году солдаты из 13-го Массачусетского пехотного полка развели костер у реки Раппаханнок и случайно подожгли траву. Через несколько секунд пламя уже охватило росший на берегу сосновый лес. В других ситуациях солдаты руководствовались желанием отомстить — например, сжигали брошенные лагеря противника, потому что летом 1863 года конфедераты под командованием генерала Роберта Э. Ли уничтожали имущество жителей Пенсильвании. Еще одной причиной расходования дерева была хаотическая и непредсказуемая природа военных кампаний. В 1862–1863 году одно из подразделений армии США уже выстроило себе зимние квартиры возле Фредериксбурга, Виргиния, однако прежде чем солдаты туда заселились, неожиданно поступил приказ отправиться в другое место. В ходе войны такая ситуация складывалась не один раз[52].

---

[51] Дневник Сайруса Хассли, записи от 5 января, 6 января, 19 января, 20 января 1863 года, Университет Толедо; письмо У. Дж. Кендрика «Дражайшей жене» от 20 февраля 1863 года, архив Уильяма Дж. Кендрика, округ Ланкастер, Пенсильвания, Историческое общество; письмо Хирама Стронга «Дорогой жене» от 17 апреля 1863 года, архив полковника Хирама Стронга (DML).

[52] См. [Kent 1976: 225, 142; Mohr, Winslow 1982: 317].

Постановления в армии Конфедерации

Разумеется, для мятежников приказы Поупа не имели никакого значения. Армия Юга нуждалась в древесине, как никогда. Как вспоминал один солдат, в 1862 году перед сражением при Энтитеме они построили баррикады из жердей и «всего, что только удалось достать». Некоторые определенно полагали, что имеют все основания так себя вести, поскольку иначе выжить невозможно. Ходили слухи о часовых, которые замерзали ночью до смерти, и поэтому, как написал бригадный генерал Элайша Пэкстон, солдаты были убеждены, что выбор перед ними стоит простой: «работать топором или замерзнуть». Они продолжали отбирать древесину у мирных жителей любых политических убеждений. К осени 1862 года жители Алабамы и Миссисипи так часто жаловались на постоянную реквизицию дров и других ресурсов офицерами-мятежниками, что Военное министерство потребовало объяснений от командующего, генерал-майора Джона Форни. Что он ответил, историкам неизвестно[53].

В январе 1863 года армия Конфедерации официально опубликовала собственные военные постановления. В их состав вошел старый Военный кодекс со статьями, запрещавшими грабежи и мародерство (ст. 52), а также рубку и порчу деревьев (ст. 54). Однако политика южан не отличалась в этом отношении от политики северян: и те и другие были убеждены, что армии требуется дерево и что солдаты имеют право брать его где угодно, в том числе и забирать у мирных жителей. Конфедераты понимали, какой вред будет нанесен лесам, и потому внесли требование, отсутствовавшее в аналогичных документах у янки: было запрещено уничтожать растущие на общественных территориях «декоративные» деревья, если на то не было приказа начальника артиллерийско-технической службы. В соответствии с довоенными принципами рачительного хозяйствования, авторы новых постановлений осуждали действия, связанные с воровством —

---

[53] См. «Солдатская жизнь Фило Пирса», с. 6, округ Оттава, Огайо, Исторический музей. См. также [Gallagher 1989: 172; Paxton 1907: 74; OR 1, 15: 874–876].

и не только дерева — у мирных жителей Юга, и называли грабежи «преступлением такого масштаба», что за ним должно воспоследовать «суровое» наказание[54].

Некоторые офицеры-мятежники действительно начали соблюдать дух и букву официальных требований: например, они выдавали мирным жителям документы о реквизиции древесины. Полковник Уильям Хоук выписал расписку на пять вязанок дров, сожженных его солдатами в окрестностях Фронт-Ройяла, Виргиния. Иногда офицеры заставляли своих людей возместить ущерб не деньгами, а работой. Так, осенью 1863 года генерал-лейтенант Ричард Юэлл потребовал, чтобы его подчиненные восстановили каждую разрушенную ими в Виргинии изгородь, и только после этого отдал приказ о выступлении. Когда армия начала готовиться к обороне Атланты и рубить деревья, росшие на частной земле, генерал-майор Дж. Ф. Гилмер посоветовал своему коллеге-офицеру соблюдать официальные требования и привлечь к оценке стоимости древесины двух экспертов и одного третейского судью. Гилмер назвал это «хорошим планом», который он уже применял на деле[55].

Но все же некоторые солдаты-мятежники давали понять, что соблюдать нескончаемые требования офицеров было нелегко. Один врач писал, что ему пришлось «нарушить границы частной собственности» для того, чтобы раздобыть топлива для своего госпиталя, расположенного в окрестностях Чаттануги. Рядовой Луис Леон рассказал, как одной холодной ночью 1863 года в Северной Каролине он и его товарищи «украли» жерди из изгородей мирных жителей, чтобы развести костер. Солдаты понимали, что в отсутствие изгородей фермерам было сложно засеивать поля и выращивать урожай, и тем не менее забирали у них жерди,

---

[54] См. Постановления армии Конфедеративных Штатов, с. 77–78, 290, 413–414.

[55] См. выписка F (№ 28) и расписка (№ 29) за 2-й квартал 1863 года, выданные полковником Уильямом Дж. Хоуком, архив Чарльза Д. Хилла (CMLS-VHS); письмо генерал-лейтенанта Юэлла бригадному генералу Джорджу Стюарту от 14–15 сентября 1863 года, А. С. Пендлтон (CMLS-VHS). См. также [OR 1, 31, 3: 575–576].

причем не всегда их мотивы звучали убедительно. Летним утром 1863 года военный хирург Арчибальд Аткинсон-младший наблюдал, как солдаты из его подразделения разломали «отличную» изгородь в округе Кэролайн, Виргиния, чтобы построить мостик через канаву[56].

Однако большинство солдат-конфедератов разделяли убеждение, что нужды армии превыше всего. Они срубали и спиливали огромное количество деревьев с целью строительства зимних квартир, часовен и — невероятная ирония — укрытий от солнца. Чтобы замедлить продвижение вражеских отрядов и поездов, они заваливали дорогу бревнами и поджигали их. Точно такой же политики они придерживались за пределами Конфедерации. В июле 1863 года, после того как Роберт Э. Ли проиграл битву при Геттисберге, его солдаты отступили к Виргинии и разобрали принадлежавшие жителям Мэриленда амбары, чтобы навести понтонный мост через реку Потомак[57].

Обычно мятежников не интересовало, кому принадлежала древесина. В Чаттануге у рядового Джесси Эндрюса и его капитана не было палаток, поэтому они поднялись на соседние холмы, чтобы срубить деревья и построить укрытие. При этом они никак не упоминают владельца этих деревьев и уж тем более не сообщают о выписанных ему документах. За короткий промежуток времени южане вырубили множество деревьев самых разных пород. По словам свидетеля, в 1863 году у городка у Порт-Хадсон, Луизиана, они вырубили столько деревьев, что в образованном этими деревьями лесу могли бы скрыться «10 000 холмов и ущелий». В данном случае целью было замедлить продвижение противника. По причине изменчивости военной обстановки огромное количество древесины пропадало впустую. Осенью 1863 года

---

[56] См. [Cunningham 1958: 97; Leon 1913: 15; Cash, Howorth 1977: 107]. См. также мемуары Арчибальда Аткинсона-младшего, с. 20–21, Политехнический институт и Университет штата Виргиния.

[57] См. письмо У. Г. А. (sic) Джози Купер от 14 января 1863 года, переписка конфедератов (GC); дневник Уильяма Р. Таунсенда от 11 июля 1863 года, Университет Южного Иллинойса — Эдвардсвилл. См. также [Paxton 1907: 90; Davis 1990: 83; Engs, Brooks 2007: 225; Gallagher 1989: 269].

южане выстроили форты и укрытия у Миссионерского хребта, но вскоре проиграли битву и были вынуждены отступить[58].

Как мы уже наблюдали в ситуации с провиантом, некоторые офицеры-мятежники так сильно хотели навредить неприятелю, что не беспокоились о вреде, нанесенном местному белому населению. Полковник Вирт Адамс выяснил, что вражеским кораблям на реке Миссисипи не хватало топлива. В связи с чем он доложил своему командиру, что во время своей предыдущей поездки в Гринвилл «весьма удачно» уничтожил порядка 10 000 вязанок дров. Полковник был убежден, что это помешает флоту янки, и ни слова не сказал о том, как эта мера отразилась на мирных жителях. Когда по региону стали двигаться набитые солдатами Конфедерации поезда, они время от времени останавливались, чтобы разломать на дрова чью-нибудь изгородь, и сразу же отбывали дальше. После сражения у Чикамоги войска Юга причинили «немало разрушений» находившейся поблизости ферме Гиллеспи: они реквизировали там множество изгородей и лесоматериалов. Поскольку до нас не дошли материалы конфедератских военно-полевых судов, мы не знаем, сколько солдат были наказаны за подобные действия, однако южане получали столько ресурсов, сколько им требовалось, и не особенно заботились о «декоративных деревьях». Постановления 1863 года оказались так же неэффективны для армии Юга, как приказы Поупа от 1862 года — для армии Севера[59].

Земля без деревьев

К началу 1863 года по всему региону уже происходило интенсивное уничтожение лесов, хотя в разных местах оно начиналось не одновременно. Как вспоминал Томас У. Хиггинсон, в начале

---

[58] См. [Warwick 2006: 42; Marshall 1999: 157–158]. См. также дневник Сэмюэла Эгнью, запись от 4 декабря 1863 года (UNC-SHC).

[59] См. [OR 1, 17, 2: 836; Gallagher 1989: 313]. См. также письмо У. А. Уэйнрайта безымянному адресату от 12 сентября 1866, ящик 673, запись 225, архив Управления генерала-интенданта, общий архив корреспонденции, 1794–1915, RG 92 (NARA).

года федеральные войска из соображений «безопасности» вырубили лес, окружавший Джексонвилл, Флорида, в радиусе двух миль. В округе Стаффорд, Виргиния, армия федералов потратила на строительство фортов очень много древесины. По словам солдата-янки Остина Стернза, весной 1863 года вокруг лагеря не осталось ни единого дерева. Вскоре после этого некий журналист сравнил округ Стаффорд с голой тундрой, где не осталось ничего, кроме черной выжженной земли, более всего напоминавшей скаковую дорожку в сельской местности. Иногда лес уничтожали намеренно — этим занимались обе армии, — а иногда он становился случайной жертвой военных действий[60].

Но что бы ни было тому причиной, исчезновение леса означало уничтожение лесной фауны — млекопитающих, птиц, амфибий и рыб — и появление прогалин, где царила зловещая тишина. Хуже всего пришлось сосновым лесам, в особенности тем, что росли на склонах гор — в том числе гор вокруг Чаттануги, на которых осенью 1863 года армия федералов вырубила бóльшую часть деревьев. В лесистых регионах, где течет множество мелких ручьев, вырубка леса может привести к усиленному заиливанию. Осенью 1863 года генерал-майор армии США Улисс С. Грант с огорчением говорил о таком заиливании водоемов в окрестностях Чаттануги, где ручьи несли вниз с горных склонов большие объемы грязи. Всего за несколько лет войны было уничтожено столько деревьев, сколько в мирной жизни срубили бы за десятилетия. Самая большая концентрация вреда пришлась на районы наиболее ожесточенных боев — таких, как Северная Виргиния и Центральный Теннесси[61].

---

[60] См. [Looby 2000: 109; Kent 1976: 170; Russell, Tucker 2004: 4]. См. также статью «Янки в Стаффорде», опубликованную в газете «Ричмонд экзаминер» 26 июня 1863 года, с. 1; и статью «Война в Виргинии», опубликованную в газете «Файеттвилл обзервер» 22 июня 1863 года.

[61] См. [Berger 2008: 33–34, 121; Jordan 1994: 116; Grant 1990: 410–411]. См. также статью «Блокадная переписка», опубликованную в газете «Саузерн иллюстрейтед ньюс» 3 октября 1863 года, №2 (13), с. 101; Тимоти Ч. Чени. «Впечатления от Чаттануги», с. 3, архив Тимоти Ч. Чени (CPL).

Уничтожение леса создало идеальные условия для образования настоящих океанов грязи. За сутки взрослое дерево некоторых пород «выпивает» из почвы сотню галлонов воды. В результате вырубок земля оказалась перенасыщена влагой. Начиная с первой же военной зимы любой крупный лагерь стоял в грязной луже. Постоянные марши и маневры означали, что тысячи солдат снова и снова утаптывали землю, создавая все условия для возникновения новых луж. Стоило пройти дождю, как земля превращалась в грязь. Военные повозки застревали в этой грязи, и их приходилось бросать. Лошади проваливались в грязевые ямы по самый круп и порой тонули в них на глазах у пораженных зрителей[62].

Природа грязи бросала вызов литературным способностям военных. Майор-конфедерат Роберт Стайлз наблюдал, как из колыхающейся трясины выпрыгивали зеленые лягушата. Он признался, что никогда такого не видел. Рядовой-янки Дж. М. Годоун писал о «грязевых хлябях». На любой войне грязь однозначно снижает боевой дух и способствует распространению инфекционных заболеваний, таких как столбняк и сибирская язва. В случае Гражданской войны для борьбы с грязью требовалось еще больше древесины: иными словами, возникал замкнутый круг. Янки рубили деревья, чтобы прокладывать гати. Даже солдаты-мятежники использовали молодые деревца и подлесок для строительства мостов над грязевыми ямами. Печально известен «грязевой марш» генерала Эмброуза Бернсайда, когда в январе 1863 года он два дня водил армию США по топким окрестностям Фредериксберга, Виргиния, — одному из тех мест, которые значительно пострадали от вырубки[63].

Финансовые убытки от такой вырубки не поддаются подсчету, идет ли речь об уничтожении лесов или о разорении ферм.

---

[62] См. «Факты о деревьях» (URL: www.americanforests.org). См. также [Livermore 1889: 341–342, 659; OR 1, 11, 2: 629; Neese 1911: 51].

[63] См. [Stiles 1904: 83; Wood 2011: 77–95; Rusling 1899: 296; Neese 1911: 51; Marvel 1991: 212–213]. См. также письмо Дж. Годоуна «Дорогой Фанни» от 9 апреля 1862 года, дневники Дж. М. Годоуна, 2, округ Аллен — Форт-Уэйн, Индиана, Историческое общество.

Приведем всего один пример: для строительства форта Роузкранс армия США уничтожила приблизительно 200 акров леса к северу от Мерфрисборо, Теннесси. Солдат-янки, проехавший через город в апреле 1863 года, увидел, что исчезли даже заборы возле домов. Часть использованной для строительства древесины принадлежала Уильяму Мерфри, потомку основателя города. Солдаты-янки вырубили также примерно 100 акров леса с его 610-акровой плантации, оцененной в 1860 году приблизительно в 45 000 долларов. Сумма нанесенного Мерфи ущерба тоже исчислялась тысячами долларов. Он задокументировал свои убытки и потребовал компенсации, однако даже к декабрю 1863 года местная комиссия еще никак не реагировала на его обращение. Мерфи полагал, что никогда не получит денег[64].

Вырубка лесов напрямую угрожала здоровью местного населения. С их исчезновением белые южане теряли доступ к лечебным растениям — таким, как агератина, высоко ценившаяся за свои лечебные свойства. К осени 1861 года жителям региона уже пришлось искать альтернативные решения. Некоторые южане делились своими открытиями в газетах: по их словам, настойки из корней шиповника, дикой вишни и дуба почти не уступали хинину. Снова стали пользоваться популярностью старинные народные рецепты, сохранившиеся по большей части благодаря женщинам. Житель Коламбуса, Джорджия, обнаружил, что корнем персикового дерева можно заменить каломель и винный камень — этим методом, по его словам, пользовались «пожилые дамы»[65].

---

[64] См. Беарсс. «Отчет об исследовании крепости Роузкранс», 1960 год (URL: www.nps.gov/stri/historyculture/foro.htm — дата обращения: 08.02.2023); письмо Хирама Стронга «Дорогой жене» от 17 апреля 1863 года, архив полковника Хирама Стронга (DML); письмо Ричарда Г. Коллинза «Дорогой жене» от 13 декабря 1863 года, архив семьи Коллинз (UKL).

[65] См. Л. Маклоуренс. «Рассказ о войне», с. 2, «Различные письма конфедератов», Историческое общество Южной Каролины, Чарльстон (SCHS); статью «Заменитель хинина», опубликованную в газете «Уикли Миссисипиан» 18 декабря 1861 года, и статью «Кора шиповника и хинин», опубликованную в газете «Дейли Коламбус инкуайрер» 20 сентября 1861 года, с. 2–3.

Психологические последствия вырубки леса также были очень тяжелыми. Деревья играли важную роль в качестве носителей памяти — например, потому, что местные жители иногда вырезали на стволах свои имена. Белые жители округа Калпепер, Виргиния, с болью смотрели на уничтожение деревьев, которые они помнили с детства, и не скрывали «скорби», когда северяне принялись срубать их кедры. Джон Спенс наблюдал, как солдаты Федерации вырубали леса для строительства укреплений возле его дома в Теннесси. По его словам, после вырубки земля представляла собой уродливую пустошь без опознавательных знаков, где все «изначальные приметы» исчезли на многие мили во всех направлениях. Дочь Уильяма Мерфри, писательница Мэри Ноэй Мерфри, во время войны была еще подростком, и все пережитое оказало большое воздействие на ее формирующуюся личность. В ее автобиографическом романе «Там, где шел бой» («Where the Battle Was Fought») действие происходит в 1871 году в Теннесси. Книга начинается с описания разоренного войной безликого ландшафта, в котором отсутствуют деревья, кусты и заборы[66].

Тем не менее офицеры-конфедераты все еще верили, что белые южане должны пожертвовать свои леса и другие ресурсы во имя победы. В 1862 году, когда хирург Фрэнсис П. Порчер начал собирать материалы для своей книги «Богатства полей и лесов Юга» («Resources of the Southern Fields and Forests»), он не раз расспрашивал местных жителей о травах и деревьях, а также о том, как растения могут помочь в условиях нехватки медикаментов. При этом Порчер подчеркнул, что его опубликованная в 1863 году книга предназначалась для солдат, а не для мирного населения. Он как будто игнорировал тот факт, что армия Конфедерации уничтожала ценнейшие лесные богатства. Другие офицеры обращались к мирным жителям, требуя от них еще бо́льших жертв во имя общей цели, — например, публиковали в газетах призывы жертвовать армии древесную кору для медицинских целей. Генерал-майор Томас Хиндмен призвал жителей Арканзаса вырубить все росшие вдоль дорог деревья с тем,

---

[66] См. [Sutherland 1995: 287; Spence 1993: 85–86; Murfree 1884: 1–2].

чтобы замедлить продвижение неприятеля. При необходимости, заклинал он, «сжигайте все»[67].

В 1863 году у гражданского населения не осталось ни малейших иллюзий относительно того, как армия использует древесину. Какими бы ни были их политические взгляды, мирные жители не одобряли поведение солдат-мятежников. Майра Картер, горячая сторонница Конфедерации, жившая на ферме в окрестностях Кливленда, Теннесси, была поражена, увидев, как солдаты разламывают изгороди и в целом «очень грубо» себя ведут. Когда они попросили у нее еды, она им отказала. Дэвид Дедерик, владелец магазина, секретарь округа и мелкий рабовладелец, неохотно поддерживавший Конфедерацию, тоже был не в восторге от действий обеих армий. Он жил в Ноксвилле, Теннесси, — с весны 1861 года до сентября 1863 года эта территория находилась под контролем армии Юга — и видел своими глазами, как военные конфисковывали собственность как у сторонников юнионистов, так и у сторонников Конфедерации. Рассуждения о «военной необходимости» не вызывали у него сочувствия. Однако армия Севера, прибывшая в Ноксвилл в 1863 году, вела себя точно так же. Обе армии, по словам Дедерика, поджигали дома и рубили деревья, — и он почувствовал себя преданным. Мирные жители, не имевшие политической позиции, тоже обвиняли и тех, и других. Жительница Виргинии Джозефина Роудил, чьи родственники жили на Севере, ругала обе армии за то, что в 1863 году они уничтожили лес вокруг Уинчестера[68].

Коммунализм, ярко проявлявшийся в начале войны, в 1863 году пошел на спад. Материальные ресурсы, которые до этого казались неиссякаемыми, уже подходили к концу, и каждому при-

---

[67] См. [Porcher 1863: vii, 8, 22, 26, 56, 60–61, 130, 141, 204–205, 320]. См. также статью «Внимание! Требуется кора», опубликованную в газете «Саузерн Конфидераси» 1 августа 1862 года, с. 4, и статью «Из Каира и южнее», опубликованную в газете «Чикаго трибьюн» 18 июля 1862 года, с. 1.

[68] См. дневник Майры Аделаиды Инман Картер, запись от 13 октября 1863 года (CPL); Дедерик. «Дневник, или Журнал», с. 31–36, собрание Дэвида Андерсона Дедерика (LC); дневник Джозефины Форни Роудил, запись от 5 ноября 1863 года, «Различные послания» (LC).

ходилось думать о собственном выживании. Матильда М. Чемпион из Миссисипи была недовольна, что другие мирные жители подняли стоимость хвороста: с ее точки зрения, это было несправедливо. Некий житель Северной Каролины заявил, что зимой дерево становится таким же необходимым для выживания, как и еда, поэтому повышение цен нельзя считать ничем иным, кроме как вымогательством. Впрочем, некоторые обычаи сохранились. Как писала Джозефина Хук, дочь судьи, белые южане, которым пришлось покинуть свои дома, рубили хворост везде, где его видели, не спрашивая ничьего позволения. В этом проявилось наследие довоенного принципа «круглых сорока акров», переместившегося из контекста изобилия в контекст отчаянной нехватки ресурсов. И все же армии продолжали разрушать среду обитания — в том числе и частные дома[69].

---

[69] См. письмо М. М. Чемпион «Дорогому мужу» от 6 апреля 1863 года, архив семьи Чемпион (OCM); статью «Вымогательство», опубликованную в газете «Хиллсборо рекордес» 3 декабря 1862 года; дневник Джозефины Г. Хук, записи от 9 сентября и 28 сентября 1863 года (UTK).

Глава 5
Здания

После 1861 года пространство частного дома превратилось в арену ожесточенной физической, логистической и психологической борьбы между мирными жителями и солдатами. Предполагалось, что дом — это священный приют, самое безопасное место на свете, однако, как это происходило во время многих других вооруженных конфликтов, война положила подобному представлению конец. Обе армии приучились рассматривать жилое строение с прагматической точки зрения — для них это было место, где можно было встать на постой, заняться лечением раненых, выспаться, собрать строительные материалы, спрятаться от врага. Кроме того, дома использовали в качестве укрепления, из которого велась стрельба по неприятелю. Если дом мешал продвижению войск, он мог быть разрушен. С самого начала войны обе армии заняли, разобрали и уничтожили множество жилых строений. Мирные жители зачастую испытывали глубокую эмоциональную привязанность к этим зданиям, которые играли особую роль в окружающем ландшафте. Уничтожение дома означало для них, что разрушено может быть все что угодно. В Военном кодексе упоминалась концепция частного жилья: согласно статье 52, солдатам запрещалось заниматься «грабежом и мародерством», а в статье 54 утверждалось, что военные не должны «разрушать и портить» дома мирного населения; те, кто повредил чей-то дом без приказа, могли предстать перед военным трибуналом. Однако, как мы уже видели в случае с провиантом и древесиной, распоряжения такого рода мало влияли на поведение солдат в поле[1].

Оказавшись на Юге, янки открыли для себя множество типов построек, при этом бо́льшая часть солдат Севера никогда ничего подобного не видели. С самого начала войны они уходили из лагерей и рассматривали здания, обращая внимания на их размер и на то, в каком стиле и каким образом эти здания были построены. Например, сохранились описания широких веранд, характерных для сельской местности в Виргинии. Во время марша северяне с восхищением смотрели на то, что капитан Джордж Л. Вуд называл «роскошными» поместьями с прилегающими угодьями. Однако порой к восхищению примешивалось отвращение. Сенека Тролл, военный врач, заявил, что владелец такой роскошной усадьбы, «аристократ», эксплуатировал представителей рабочего класса обеих рас. Солдаты не выказывали подобного интереса к жилью обычных южан, но иногда заглядывали в дома среднего размера, отмечали расположение комнат и вполне могли дать жилью свою оценку. Осмотрев деревянный фермерский дом, Остин Стернз с пренебрежением отметил простецкую мебель, отсутствие остекления в окнах и нехватку личного пространства. Как бы северяне ни относились к плантаторам, жилища белых бедняков они называли крошечными и грязными[2].

Большинству солдат Конфедерации был прекрасно известен местный тип архитектуры, поэтому они реже упоминали о зданиях, которые видели во время марша. Если южанин все-таки

---

[1] См. [Ward 1999: 85–86, 95; Schrijvers 1998: 104–105]. См. также Военный кодекс, глава 20, статьи 52 и 54 (URL: www. freepages.military.rootsweb.com — в настоящее время ресурс недоступен).

[2] См. дневник Джорджа Л. Вуда, запись от 21 апреля 1862 года (OHC); «Воспоминания о Гражданской войне» Джеймса Митчелла, с. 23, 29–30 (OHC); письмо Сенеки Тролла жене от 8 марта 1862 года, письма Сенеки Тролла, архив Гражданской войны (URL: www.civilwararchive.com/LETTERS/thrall1.htm — дата обращения: 09.02.2023); рукопись Стивена Аллена Осборна, с. 28 (GC); записная книжка Джона Невина, с. 14–15, архив подполковника Джона И. Невина (HSWP). См. также [Mitchell 1988: 113–115; Kent 1976: 159–162].

описывал какой-либо частный дом, он отмечал его возраст, размер и расположение — «старинные» здания в одном месте и рассыпанные вокруг деревни домики в другом, как сообщал капрал Джордж Низ. Капитан Уильям У. Блэкфорд, бывший до войны инженером, видел разницу между «славным сельским домиком» и несколько раз перестроенной «развалюхой», при этом он не стал добавлять к описанию никаких политических комментариев. Кроме того, военные могли отметить детали и события внутренней жизни дома — например, увидели чистую и аккуратную кровать или услышали, как кто-то играет на фортепиано. Жилища белых бедняков солдаты-мятежники любого социального происхождения упоминают крайне редко[3].

Но как бы военные ни относились к тем или иным типам жилья, обе армии активно использовали частные дома. Задолго до выхода приказов Поупа (июль 1862 года) эти дома превращали в госпитали, наблюдательные пункты, штаб-квартиры или казармы. Порой северяне располагались в скромных домиках фермеров или мельников, и все же они предпочитали поместья. Так же поступали их противники-конфедераты. Обе армии следовали совету Генри Ли Скотта, опубликованному в его «Военном словаре», и выбирали надежные кирпичные строения, откуда открывался хороший обзор. Дома плантаторов идеально подходили под это описание: они были большими, как правило, кирпичными и зачастую стояли на вершине холма[4].

Обе армии предпочитали именно кирпичные здания. С одной стороны, кирпич — это прочный материал; с другой, как это ни парадоксально, его можно было использовать и для других целей. Бо́льшая часть кирпичей была сделана вручную из лежащей у поверхности глины и обожжена в местных печах. Не каждая семья могла позволить себе дом из кирпича, однако этот матери-

---

[3] См. [Neese 1911: 128; Chamberlaine 1912: 28; Blackford 1993: 20, 94; Moore 1910: 59; Everson, Simpson 1994: 56].

[4] См. [Townsend 1950: 14, 161, 180; OR 1, 11, 1: 239; OR 1, 16, 2: 229; Скотт 1861: 122–123). См. также письмо Г. Пернота «Дорогой жене» от 26 январе 1862 года, собрание различных писем (ASI).

Илл. 6. Дом Грисби, Сентревилл, Виргиния, в котором размещалась штаб-квартира генерала Джозефа Э. Джонстона. 1862 год.
Библиотека Конгресса США

ал отличался стойкостью и красотой. Кроме того, кирпичный дом ассоциировался с богатством и преданностью общине; такие дома строили на века. Например, к началу войны дому хозяев плантации Беркли, Виргиния, уже исполнилось 135 лет. В военное время у кирпичей обнаружились и другие достоинства: они не горели, не пропускали воду, и носить их было проще, чем камни[5].

---

[5] См. [Ries, Leighton 1909: 12; Campbell, Pryce 2003: 13–14, 202]; Национальная программа исторических достопримечательностей, Национальная парковая служба, Беркли (URL: tps.cr.nps.gov/nhl/detail.cfm — в настоящий момент ресурс недоступен).

Обе армии не упускали возможности занять кирпичное здание. Летом 1861 года солдаты-мятежники реквизировали под штаб-квартиру дом Уилмера Маклина, поскольку это кирпичное здание, стоявшее на вершине холма возле Манассаса, Виргиния, идеально подходило для военного применения. Другие кирпичные здания превращали в полевые госпитали, даже если их владельцы были сторонниками Конфедерации. Иногда такие дома использовали в качестве щита. В октябре 1861 года в Виргинии южане спрятались во время артиллерийской дуэли с федеральной армией за внушительным кирпичным зданием, и весь удар пришелся именно на него. Янки захватывали такие дома и превращали их в огневые точки или в безопасные убежища, в которых можно было отдыхать между вылазками. Покинутые здания разбирали на кирпичи, которые затем использовали в самых разных целях — например, складывали из них очаги. Иными словами, кирпич считался ценным (как говядина) ресурсом, и его эксплуатировали (как сосновый лес) в полную силу[6].

Янки и жилище

С самого начала войны, с первых ее недель, офицеры армии США воспринимали опустевшие поместья как свидетельство верности Конфедерации. Весной 1861 года генерал-майор Чарльз У. Сэндфорд выбрал для своей штаб-квартиры виргинское поместье, поскольку его обитатели оттуда сбежали. Выбирая здания для военных целей, солдаты старались пощадить сторонников Федерации; иногда они могли узнать о политических взглядах мирных жителей из местных сплетен. Так, рядовой Чарльз Линч услышал, что сторонники Конфедерации называли Кейблтаун, Виргиния, «маленьким Массачусетсом», потому что там жило множество юнионистов. Порой сторонники Федерации сами не

---

[6] См. [Neese 1911: 225–226; Blackford 1993: 45; OR 1, 5: 244–245; OR 1, 12, 1: 451–453]. См. также письмо Эдварда П. Бриджмана Сидни Э. Бриджману от 24 февраля 1895 года, архив Джеймса Б. Понда (UM).

скрывали своих воззрений — при приближении войск Севера они с радостью вывешивали звездно-полосатые флаги[7]. Разумеется, в ходе захвата частных домов солдатам-янки случалось вступать в прямой контакт с мирными жителями. До публикации приказов Поупа они спрашивали у домохозяев разрешения, однако, каким бы ни был ответ, дом, как правило, все равно занимали. Если местный житель оказывался родственником какого-нибудь известного человека, то его по умолчанию считали сторонником Конфедерации. В марте 1862 года солдаты-северяне выгнали Ч. Ф. Ли, кузена Роберта Э. Ли, из его дома в Виргинии с тем, чтобы там поселился генерал армии США. На сборы ему дали сутки. (Весной 1861 года солдаты конфисковали принадлежавшее Роберту Э. Ли поместье Арлингтон — всего через несколько дней после того, как оттуда уехала его семья.) Предполагалось, что офицеры-янки будут выдавать владельцам частных домов расписки, вне зависимости от того, какими были политические взгляды этих владельцев. Однако так поступали далеко не все офицеры. Об этом свидетельствует множество недовольных напоминаний от их командиров[8].

Когда северяне занимали под размещение личного состава частные дома, они могли позволить их владельцам также оставаться там. Подобное решение зависело от доброй воли офицера. Так, в апреле 1862 года янки встали на постой в доме жены юриста и хозяйки двух рабов Корнелии Макдональд в Винчестере, Виргиния, пока сама Корнелия была на прогулке. Вернувшись, она обнаружила, что у нее во дворе уже стоят палатки 5-го Коннектикутского пехотного полка. Полковник Чарльз Кэнди позволил ей остаться в доме и забрал для своих собственных нужд только одну комнату — кабинет ее отсутствующего мужа. В других случаях дома превращались в общественные учреждения. Например, в окрестностях Фредериксберга, Виргиния, севе-

---

[7] См. [OR 1, 2: 38; Lynch 1915: 32; OR 1, 10, 1: 46–47].

[8] См. статью «Беды Пограничья», опубликованную в газете «Мейкон уикли телеграф» 18 января 1862 года, с. 2. См. также [OR 1, 51, 1: 63; Pryor 2007: 301–308; OR 1, 2: 664].

ряне повесили на кирпичный особняк сецессиониста Хораса Лэйси флаг с надписью «штаб-квартира», и местные жители приходили туда, чтобы поговорить с офицерами. Во время боевых действий солдаты могли, пугая владельцев, вламываться в дома без предупреждения. В июне 1862 года, когда генерал Джордж Макклеллан пытался взять Ричмонд, отряд северян ворвался в частный дом, чтобы разместить там раненых. Вся семья сгрудилась в одном помещении, чтобы не видеть разворачивавшихся в комнатах жутких картин[9].

До введения в июле 1862 года новых правил офицеры армии США иногда выставляли перед домом караульных, тем не менее солдаты находили способы для мародерства. Они уносили книги, картины и украшения, которые потом иногда продавали; какие-то предметы они забирали, чтобы отомстить плантаторам, какие-то прихватывали с собой в качестве сувениров. Некоторые действовали из практических соображений: например, солдаты могли забрать с собой плиту, чтобы использовать ее на зимней квартире. Подобные акты мародерства противоречили Военному кодексу, и некоторых его нарушителей действительно арестовывали, однако эта проблема была настолько распространена, что справиться с ней было невозможно. Бригадный генерал армии США Томас Уильямс устало заметил, что с точки зрения его солдат мародерство было не только «правом», но и «достижением». Возражавшие против грабежей солдаты рисковали столкнуться с неприязнью со стороны своих товарищей, которые могли обвинить их в сочувствии к неприятелю[10].

По мере продвижения на Юг солдаты Севера стали использовать и само строение как таковое, рассматривая его как сырьевой ресурс. Постройки любых типов и размеров представляли собой

---

[9] См. [Gwin 1992: 12, 28, 277, n. 12; Rable 2002: 150; OR 1, 12, 1: 84–86; Townsend 1950: 107–108].

[10] См. письмо Еноха Колби-младшего Еноху Колби от 19 июня 1862 года, архив Франселии Колби (CHMRC); [Taylor 1879: 111; Cashin 2011b: 342–346, 349–352; OR 1, 15: 22–23; Livermore 1889: 659–660]. См. также дневник Джеймса Пьюзарда, запись от 30 ноября 1861 года (FHS).

значительный запас материалов, которые могли пригодиться армии. Задолго до июля 1862 года для постройки моста через реку Чикахомини кавалеристы разобрали на балки и брусья некий «старый дом». Другие солдаты построили мост из кипарисовых бревен, полученных в результате уничтожения «хижины» в округе Лодердейл, Теннесси. Иногда жертвой военных нужд становилось сразу несколько домов. В феврале 1862 года военный инженер приказал разобрать на острове Дауфуски, Южная Каролина, множество зданий. Из получившихся в результате досок он построил платформы для своих батарей[11].

Армия Севера не только конфисковывала, грабила и сносила здания: иногда она их сжигала. Задолго до июля 1862 года военные разрушили множество домов без какого бы то ни было приказа. В Ромни, Виргиния, люди полковника Сэмюэла Г. Даннинга сочли необходимым сжечь оставленные дома, хотя команды на это не поступало; потом они подожгли мельницу и гостиницу, на этот раз уже по приказу. Иногда поджечь дом приказывали сами офицеры. Осенью 1861 года солдаты подожгли здания рядом с горой Чит, Виргиния, и потом совершили ложный маневр в сторону ближайшей конфедератской заставы с целью выманить южан и вступить с ними в бой. Иногда поджог мог быть местью. Такое случалось даже в пограничных штатах. В округе Тэлбот, Мэриленд, солдаты сожгли дом, потому что его владелец служил во флоте Конфедерации[12].

Кроме того, солдаты Севера совершали то, что можно назвать поджогом на опережение. В январе 1862 года янки подожгли хозяйский дом и дворовые постройки плантации у Порт-Рояла, Южная Каролина, поскольку мятежники уже разметили территорию для строительства батареи, а сам владелец плантации давно исчез. Иногда виновником пожара мог оказаться один-единственный недисциплинированный солдат. Стюарт ван Влит,

---

[11] См. [OR 1, 11, 1: 1017; OR 1, 10, 1: 899; OR 1, 6: 143–144].

[12] См. [OR 1, 5: 404–405]. См. также письмо Джеймса Л. Клементса «Дорогой Молли» от 26 октября 1861 года, архив Джеймса Л. Клементса, Историческая комиссия Арканзаса; воспоминания Эллен Бьюкенен Скревен: 3, 12, UGA.

бригадный генерал и интендант, жаловался на некоего «поджигателя», который в июне 1862 года вопреки приказу устроил пожар в виргинской деревне Уайт-Хауз. Другие офицеры были недовольны, если их солдаты поджигали брошенные дома без приказа, однако предпочитали не наказывать их за это[13].

Мирные жители, их дома и армия Севера

Действительно, состоятельные южане — родственники высокопоставленных офицеров-мятежников с самого начала войны оставляли свои дома. Однако с приближением армии США бежали и другие мирные жители. Большей частью это объясняется тем, что они слышали о поведении северян. Марта Рид, например, заявила, что за первый год войны солдаты-янки сожгли в округе Хэмпшир, Виргиния, восемьдесят пять домов. Другие мирные жители тоже верили в худшее. Объятые страхом, южане бежали целыми поселениями: так произошло в феврале 1862 года с деревнями Доувер и Питтсбург-Лэндинг в штате Теннесси, когда к ним приблизилась армия Улисса С. Гранта. К первой военной зиме в общественном сознании уже сложился образ янки — грабителя и поджигателя[14].

Тем не менее многие чувствовали глубокую привязанность к своим домам, и решение оставить их давалось им нелегко. Подобная перспектива была «мучительной», писала Фанни Хьюм, ведь могло оказаться, что они уезжают навсегда. Возможно, решение остаться чаще было продиктовано не политическими убеждениями, а любовью к своему дому — а также инерцией, страхом перед неизвестностью и отсутствием другого жилья.

---

[13] См. [OR 1, 12: 463–464; OR 1, 11, 1: 160; OR 1, 5: 404–405].

[14] См. письмо Ф. А. Полк Леонидасу Полку от 17 декабря 1861 года, архив Леонидаса Полка, Университет Юга в Севани; автобиография Филиппа Сарториуса: 21, 24, архивы американских евреев; письмо Марты Рид Томасу Дж. Риду от 16–17 февраля 1862 года, архив семьи Рид, Университет Нотр-Дам; дневник Мэри Элизабет Шрусбери ван Метер, запись за февраль и март 1862 года (FHS). См. также [Grant 1990: 261].

Множество южан разного социального происхождения и разных политических убеждений — юнионисты, хранящие нейтралитет, сторонники Конфедерации — решали не эвакуироваться с приближением армии Севера. Полковник армии Юга Сэмюэл Фалкерсон даже посоветовал своим родственникам остаться, если они хотят спасти свой дом. По его словам, в противном случае федеральная армия все бы у них забрала[15].

Убеждение, что все эвакуировавшиеся мирные жители должны были быть сторонниками Конфедерации, предстает еще более иррациональным, если мы рассмотрим случай одной-единственной семьи Оттербек из округа Фэйрфакс, Виргиния, владевшей девятью рабами. Филипп Оттербек, его жена и большинство их родственников поддерживали юнионистов. Когда началась война, они жили на ферме матери Филиппа, где и оставались до конца 1861 года. В феврале 1862 года солдаты Конфедерации сожгли дворовые постройки фермы и пригрозили убить самого Оттербека. После этого он все-таки решил уехать. Договорившись с командой судна, шедшего по реке Потомак, он отправил свою семью в Вашингтон. Несколько недель спустя двое его белых работников сбежали в федеральный флот и сообщили, что мятежники уничтожили ферму. Про рабов Филиппа ничего не известно, но, возможно, они тоже присоединились к армии США. Проходя мимо заброшенного дома Оттербеков, ни один отряд не смог бы представить себе политические взгляды его исчезнувшего хозяина. Узнать историю каждого отдельного дома было невозможно[16].

Среди мирных жителей, решивших оставаться дома, было много женщин, которые с тревогой смотрели на солдат в окно. Большинство мужчин в довоенной Америке считали своим

---

[15] См. дневник Фанни Пейдж Хьюм, запись от 16 марта 1862 года (LC); статью «Бивуак Четырнадцатого Бруклинского», опубликованную в газете «Бруклин игл» 21 марта 1862 года, с. 2; письмо Сэмюэла В. Фалкерсона матери от 9 марта 1862 года, архив семьи Фалкерсон (VMI). См. также [McFadden 1991: 26].

[16] См. данные федеральной переписи населения за 1860 год (раздел «Рабы») в округе Фэйрфакс, Виргиния, с. 2. См. также [OR 1, 5: 21, 29–30].

долгом защищать женщин, в то же время считалось, что слабому полу стоит держаться подальше от политики. Офицеры полагали, что родственницы солдат-конфедератов разделяли их взгляды по умолчанию, и настаивали на том, что тем следует покинуть свой дом. Однако официальных постановлений на этот счет не имелось, и решение зачастую зависело от тех, кто оказался вовлечен в ситуацию непосредственно. Иногда одиночество парадоксальным образом защищало женщину. В ноябре 1861 года офицеры-янки попытались выгнать из дома некую старую деву, имени которой мы не знаем, — они планировали устроить в ее жилище штаб-квартиру, но она упросила их не делать этого. Дерзость, напротив, могла разозлить противника. В июле 1862 года северяне шли через Джексон, Теннесси, и увидели возле одного из домов местную жительницу. Она повернулась к ним спиной и обозвала их «тупыми янки». После этого некий полковник Марш приказал обустроить в этом доме военный госпиталь и отменил свое решение, только когда владелица дома — другая женщина, не та, что поворачивалась спиной, — на коленях взмолилась о пощаде. Данный случай изъявления власти не подпадал под какие бы то ни было постановления[17].

Сторонники Федерации, напротив, зачастую с готовностью приглашали в свои жилища солдат-янки. В начале войны и мужчины, и женщины таких политических взглядов были готовы на очень многое — в том числе позволяли использовать свои дома для шпионажа. Осенью 1861 года некий неизвестный «сторонник юнионистов», живший неподалеку от Кросс-Лэйнс, Виргиния, спрятал у себя дома восьмерых солдат армии США для того, чтобы они могли шпионить за солдатами-мятежниками. Сторонники северян были рады предложить солдатам свои дома в качестве перевалочных пунктов. Когда подполковнику армии США Джону Невину стало плохо в дороге, одна белая женщина, имя

---

[17] См. [Townsend 1950: 211–212; Harrison 2013: 25–29]. См. также письмо Джейкоба Д. Кокса Эллен Томпкинс от 7 декабря 1870 года, архив семьи Томпкинс (VHS); статью «Беды Пограничья», опубликованную в газете «Мейкон уикли телеграф» 18 января 1862 года, с. 2; письмо С. Генри Иллса «Дорогим друзьям» от 25 июня 1862 года, архив Сэмюэла Генри Иллса (LC).

которой мы не знаем, предложила ему ночлег. Он переночевал в ее доме, отлично выспался и уехал на следующий день, при этом семья этой женщины ничего не сообщила о нем соседям. Мирные жители, придерживавшиеся нейтралитета, старались вести себя с офицерами-янки по-дружески, чтобы те не реквизировали их дома, и в Александрии, Виргиния, некоторым удавалось добиться в этом успеха[18].

Мятежники и жилище

В первые месяцы войны, когда офицеры Конфедерации решали занять частный дом, они иногда выдавали его владельцам официальные документы, как того требовали их служебные инструкции. В 1862 году капитан Чарльз Д. Хилл выдал такой документ жителю Ричмонда, в доме которого он обустроил кузницу, а в одной из надворных построек разместил офицеров. Другой капитан, Джон Адамс, заплатил арендную плату за использование в качестве военной тюрьмы здания, расположенного в окрестностях Мемфиса на берегу Миссисипи. Ни один из этих офицеров не упоминает, каких политических взглядов придерживались владельцы указанной недвижимости. При этом было очевидно, что потребности армии стояли превыше всего. Помощник интенданта Элджернон Кейбелл арендовал дом в Ван-Бюрене, Арканзас, на максимально выгодных условиях. В соответствии с написанным от руки документом, который он назвал «соглашением», он поселился там всего за 50 конфедератских долларов в месяц, причем платить должен был «по мере возможности», что бы это ни означало[19].

---

[18] См. [OR 1, 51, 1: 468; Townsend 1950: 37–38]. См. также записную книжку Джона Невина, с. 14–15, 17, архив подполковника Джона И. Невина (HSWP).

[19] См. выписку В (№ 13) и расписки (№ 15), 4-й квартал 1862 года, архив Чарльза Д. Хилла (CMLS-VHS); контракт между Уордом, Саутмейдом и Алджерноном Д. Кейбеллом, военное собрание Хейскелла (ASI). См. также [OR 2, 3: 803].

Более того, в действительности командующие разрабатывали собственные правила, касавшиеся использования домов для военных целей. Генерал-майор Джеб Маградер имел конкретные представления о том, какие здания лучше всего подходили под госпитали. Уроженец Виргинии и выпускник Вест-Пойнта, он получил за свои изысканные манеры прозвище «Принц Джон». Во время Кампании на полуострове в апреле 1862 года он приказал свои солдатам занимать следующие строения: во-первых, те дома, в которых жили только мужчины; во-вторых, общественные здания; в-третьих, гостиницы; и в-четвертых, дома, где жили и мужчины и женщины, которых в случае крайней необходимости можно было «выселить из их жилища». Таким образом, Маградер имплицитно признавал ценность дома и домашнего очага, хотя сам не всегда ей руководствовался — с женой на протяжении большей части брака они жили раздельно. Возможно, генерал действовал столь мягко, потому что сам был родом из Виргинии, поскольку ни в Военном кодексе, ни в «Военном словаре» Скотта таких правил не было. В обеих армиях многое оставалось на усмотрение офицеров[20].

С первых же месяцев войны солдаты-южане принялись грабить частные владения. Как и янки, они забирали многие предметы, исходя из практических соображений. В июле 1861 года в Виргинии они вломились в частный дом и забрали каменноугольное масло и спички, чтобы поджечь несколько мостов. Иногда они старались выбирать дома сторонников Федерации — например, так было в Северной Каролине; к осени 1861 года за ними закрепилась настолько скверная репутация, что, когда в Чаттануге они приблизились к домам женщин-юнионисток, те начали кричать. Однако многие южане, как и северяне, были готовы обчистить любой дом, вне зависимости от политических убеждений его владельца. Они забирали то, что считали нужным, хотя официальная политика Конфедерации такое запрещала. В 1862 году, когда мятежники отступали из Нэшвилла, некоторые солдаты

---

[20] См. [OR 1, 11, 3: 454; Casdorph 1996: 9, 29–30, 101–102].

грабили «и союзников, и противников», и один местный житель даже спросил: «Чего же нам тогда ждать от врагов?»[21]

Уже в первый год войны армия Конфедерации начала использовать в своих интересах сами здания. Южане также быстро отказались от довоенных принципов рачительного хозяйствования. Осенью 1861 года военные приказали белым жителям острова Салливана, Южная Каролина, покинуть свои дома, и после этого сровняли все постройки с землей, чтобы ими не смог воспользоваться неприятель. То же самое случалось и в пограничных штатах. Бригадный генерал Дж. П. Маккаун, находившийся в марте 1862 года на границе между Кентукки и Миссури, сухо подвел итог: «Дома сожжены и уничтожены, как того требовала необходимость». Со временем у солдат выработалось довольно беспечное отношение к разрушению жилья. Солдат Джон Джекман рассказал, как в Теннесси отряд конфедератов поджег кирпичный дом просто потому, что он им «мешал»[22].

И все же иногда общий культурный контекст вносил свою лепту. Отдельные солдаты искренне жалели вынужденных бросать свои дома мирных жителей. В 1861 году Джон Уоршем с болью смотрел, как из Виргинии уезжают целые семьи. «Вот и пришла война, — сказал он, — настоящая война». Сказывался и тот факт, что некоторые солдаты служили неподалеку от своих родных мест. Как-то вечером кавалерист Джон Портер проезжал мимо дома в Кентукки и увидел за окном жену своего родственника — она сидела за столом и читала книгу. При виде этой уютной, мирной картины ему захотелось, чтобы война поскорее закончилась. Возможно, после такой мимолетной встречи с родственницей он с меньшей готовностью приказал бы ограбить, разрушить или сжечь такой же дом. Здесь также слышится слабый

---

[21] См. [Frobel 1992: 52–53; OR 1, 4: 248–249; Cashin 2011b: 346]. См. также статью «Последние новости», опубликованную в газете «Провиденс ивнинг пресс» 24 сентября 1861 года, с. 3; и статью «Нэшвилл занят федеральными войсками», опубликованную в газете «Висконсин пэтриот» 15 марта 1862 года, с. 5.

[22] См. статью «Свежие новости из Чарльстона, Южная Каролина», опубликованную в газете «Филадельфия инкуайрер» 1 октября 1861 года, с. 2. См. также [OR 1, 8: 771–772; Davis 1990: 67].

отзвук довоенного запрета на причинение вреда женщинам. Однако большинство солдат Конфедерации ничего не писали о том, как в их армии поступали с частными домами[23].

Некоторые офицеры пытались держать своих людей под контролем и положить конец жестокому разрушению жилья. Они осуждали тех, кто поджигал здания без приказа, называли это «бесчинством» и зачитывали перед строем Военный кодекс. В 1862 году майор М. М. Киммел обвинил своих солдат в причинении вреда частной собственности в Холли-Спрингс, Миссисипи, и вычел сумму ущерба из их жалованья. Кроме того, он настоял, чтобы всем солдатам зачитали Военный кодекс. Майор напомнил своим людям, что армия Юга не должна «вселять ужас в жителей нашего собственного края». До нас не дошли документы военных трибуналов Конфедерации, поэтому мы не знаем, сколько виновных понесли наказание за подобные нарушения. Однако то, с какой частотой повторялись подобные ситуации, уже заставляет предположить, что солдаты-южане выполняли приказы ничуть не лучше, чем их собратья из армии Севера[24].

Мирные жители, их дома и армия Юга

Должно было пройти некоторое время, прежде чем среди мирных жителей, поддерживавших Конфедерацию, стало проявляться поведение, о котором пойдет речь. Понимание пришло не сразу: как и в случаях с реквизицией провианта и древесины, населению пришлось осознать, что свои потребности военные ставили превыше всего. В первые пару лет войны сторонники Конфедерации были рады принимать у себя солдат-мятежников — с готовностью предоставляли кров раненым и размещали в своих домах целые отряды. Южане нейтральных взглядов тоже чувствовали себя обязанными помогать войскам конфедератов.

---

[23] См. [Worsham 1912: 55]. См. также дневник Джона М. Портера, с. 48, без даты [1861], конфедератские архивы Октагон-Холла и штата Кентукки, Франклин, Кентукки.

[24] См. [OR 1, 8: 796–797; OR 1, 17, 2: 729–730].

Рядовой Эдвард Мур, сын рабовладельца, убедил хозяев одного деревянного домика пустить его отряд на ночлег. Сначала хозяйка возражала, пытаясь заставить их уйти, но под конец сдалась[25].

Тот факт, что солдаты-мятежники отбирали у населения еду и вырубали леса, уже был достаточно пугающим сам по себе, однако посягательство на дом воспринималось как угроза самой семье. Осенью 1861 года Чарльз У. К. Даннингтон потерял бóльшую часть своего дома, и для него, надо полагать, это было особенно тяжело — Даннингтон имел представление о том, что такое история, ведь до войны он успел стать одним из основателей Исторического общества. Вместе с женой и семью детьми он жил в окрестностях Дамфриса, Виргиния, у них был один раб, который, судя по всему, в 1861 году сбежал. Дом Даннингтонов был трехэтажным, с шестью комнатами и крытым крыльцом, вокруг него располагались надворные постройки. Пока владельцы этого дома были в отлучке, некий капитан армии Юга разобрал кухню, кабинет и сарай, ободрал обшивку стен, снял двери и оконные рамы. Все эти материалы он забрал с собой для строительства лагеря, расположенного в нескольких милях от разоренного им жилья, и не оставил его хозяевам никаких документов о конфискации собственности. Вернувшись из поездки, Даннингтоны обнаружили здание в настолько плачевном состоянии, что денег на его ремонт им уже не хватало. «Моя жена уничтожена горем», — возмущался Даннингтон, ведь его жена родилась в этом доме, который был построен ее отцом. Глава семьи был готов подать на армию в суд, но местные суды уже не работали. Тем не менее он полагал, что налогоплательщики должны были протестовать против такого самоуправства, и задавался вопросом, не живет ли он при «военном деспотизме»[26].

---

[25] См. письмо Джеймса Г. Гарднера Анне Рейнольдс от 29 июля 1861 года, архив Джеймса Г. Гарднера (VHS). См. также [Chamberlaine 1912: 30; Moore 1910: 68–69].

[26] См. статью «Как виргинцев встречали в Вашингтоне», опубликованную в газете «Александрия газетт» 3 февраля 1854 года, с. 2; данные федеральной переписи населения за 1860 год (раздел «Рабы») в округе Принс-Уильям, Виргиния, с. 23. См. также [OR 1, 5: 998–999].

Другие мирные жители тоже были ошеломлены, когда выяснялось, что военные-конфедераты могут посягнуть на их дома. Поначалу они даже не верили, что солдаты Юга способны на те же самые действия, которые вызывали у них такое возмущение в исполнении северян. В первую военную зиму в Южной Каролине солдаты-мятежники топили костры дверями и ставнями, выломанными в резиденциях плантаторов. Местный житель по имени Уильям Грейсон пришел в ярость: по его словам, «наши собственные люди» оказались ничуть не лучше янки. Иногда человек мог остаться без дома за считаные минуты. В окрестностях Йорктауна, Виргиния, артиллерия конфедератов расстреляла особняк рабовладелицы миссис Фарренхолд, в котором та жила вместе с племянницей, так что женщине пришлось переселиться в бревенчатый домик, где раньше обитали ее рабы. Как писал репортер-янки, мятежники знали, что миссис Фарренхолд поддержала сецессию, но все равно уничтожили ее дом[27].

Когда белые южане — сторонники Конфедерации обращались к собственной армии с просьбой защитить их дома, ответ мог оказаться очень грубым. В феврале 1863 года Ф. У. Пауэлл и несколько его соседей из Миддлбурга, Виргиния, попросили кавалериста Джона Мосби, который был в тот момент разведчиком Маградера, прекратить преследование северян, поскольку те пригрозили сжечь в отместку весь город. Очевидно, просители рассчитывали, что между армией и мирными жителями Юга еще сохранилась какая-то солидарность. Мосби с возмущением отверг эту просьбу: «Я не раздумывая отказался», — и этот ответ, возможно, помогает пролить свет на отношение военных-конфедератов к мирному населению и его собственности. Офицер отмахнулся от их обращения, увидев в нем «унизительный» компромисс с неприятелем, и добавил, что не несет ответственности за текущее положение вещей, поскольку в Миддлбурге его людей никогда не было. Месяцем позже, в марте 1863 года,

---

[27] См. [Calhoun 1990: 227–228]. См. также статью «В окрестностях Йорктауна», опубликованную в газете «Филадельфия инкуайрер» 17 апреля 1862 года, с. 2.

Мосби стал капитаном партизанского отряда, а большинство офицеров продолжали выказывать такое же безразличие к интересам гражданского населения[28].

Поведение северян после Поупа

Появление указов Поупа в июле 1862 года не оказалось отчетливой линией между «до» и «после», поскольку армия по-прежнему нуждалась в материальных ресурсах. Как и в случаях с провиантом и древесиной, большинство солдат полагали, что их потребности важнее всего. В приказах Поупа были указания о том, как солдатам надлежит обращаться с частными постройками (№ 7), о том, кому можно оставаться в домах (№ 11), и о том, следует ли охранять здания (№ 13). В приказе № 7 говорилось, что федеральные войска имели право разрушить дом, если из этого дома по ним стреляли. Согласно приказу № 11, в своих домах могли оставаться «граждане мужского пола», присягнувшие Соединенным Штатам; если они отказывались принести присягу, их насильно отправляли на юг, за федеральные границы. В приказе № 13 Поуп утверждал, что перед домами или другими частными зданиями больше не требуется выставлять часовых. Кроме того, он добавил, что Военный кодекс и армейские постановления подразумевают «обширные средства» для того, чтобы удержать солдат в рамках допустимого[29].

Несмотря на приказ № 7, федеральные солдаты продолжали изымать древесину для военных нужд из частных домовладений. Выбор дома редко определялся политическими воззрениями хозяина; иногда указания относительно такого выбора солдаты получали от офицера. Уильям Т. Шерман объяснял, что солдаты, плывшие на кораблях Федерации по Миссисипи, были вынуждены сходить на берег и разбирать на бревна дома с тем, чтобы

---

[28] См. письмо Джона С. Мосби Ф. У. Пауэллу и другим от 4 февраля 1863 года, архив Джона Синглтона Мосби (LC). См. также [Sutherland 2009: 165].

[29] См. [OR 1, 12, 2: 51–52; OR 1, 12, 3: 509].

обеспечить себя топливом, поскольку дровяные склады региона оказались истощены. Рядовые часто действовали по собственной инициативе: однажды в Виргинии они успели разобрать стену кухни, пока офицеры не положили этому конец. Как и до этого, особая опасность угрожала домам высокопоставленных конфедератов. В декабре 1862 года северяне разрушили виргинскую резиденцию Джеймса Мейсона, дипломатического представителя Конфедерации в Европе, и увезли все обломки, не оставив от дома ничего, кроме огромной ямы[30].

После июля 1862 года федеральные войска продолжали сжигать дома, вне зависимости от того, стреляли оттуда или нет. Поджог мог служить наказанием за слишком длинный язык. Янки Генри Иллс, позднее ставший врачом, знал, что солдаты США намеренно поджигали в Теннесси дома и амбары, если их владельцы жаловались на реквизицию продовольствия. В некоторых случаях за поджогом стояли соображения эпидемиологической безопасности: солдаты уничтожали здания, в которых находились лазареты для больных оспой, не интересуясь при этом идеологией владельцев. За одну-единственную экспедицию порой уничтожалось множество построек. В мае 1863 года лейтенант Дж. Н. Гиллхэм в соответствии с приказом сжег в Арканзасе два брошенных особняка с постройками для рабов, хлопкоочистительную машину, дом надсмотрщика, конюшню, два амбара кукурузы, два склада и еще сорок четыре здания, включая склады неочищенного хлопка, — и все потому, что поблизости находились войска мятежников. На это у него ушло два дня[31].

Большинство домов горели легко, потому что хотя бы частично были построены из дерева. Даже в кирпичных плантаторских особняках имелись деревянные балки. Что касается других зданий, то их чаще всего строили из сосны, кедра и прочих легко

---

[30] См. [Sherman 2005: 277; Donald 1975: 146; Fremantle 1864: 116–117].

[31] См. письмо С. Генри Иллса «Дорогой тетушке» от 22 апреля 1863 года, архив Сэмюэла Генри Иллса (LC); письмо Альберта Гибонни Салли Гибонни от 15 декабря 1862 года, архив Гибонни, дар Марка Болдуина автору. См. также [OR 1, 24: 642].

воспламеняющихся мягких древесных пород. Мебель почти всегда была деревянной. Кроме того, во многих домах хранились горючие вещества — керосин для ламп или скипидар, который использовали в медицинских целях. Иными словами, дома южан горели, как спичечные коробки. Многие солдаты-янки происходили из фермерских семей и умели обращаться с огнем. Они отмечали направление ветра, сваливали растопку с подходящей стороны здания и поджигали его, начиная с деревянных пристроек. В других случаях солдаты сначала поджигали кровати. Дома горели очень быстро: одно здание в Теннесси полностью сгорело за два часа[32].

Некоторых янки мучил тот факт, что они сожгли столько домов. С их точки зрения, армия утратила моральные ориентиры. Капитан ван Беннетт с трудом мог смотреть на то, как солдаты «намеренно и бессмысленно уничтожали» красивые дома в Холли-Спрингс, Миссисипи, и он сочувствовал жителям, оставшимся без крова на ночь глядя. Были офицеры, разделявшие его точку зрения, однако мало кто переходил от слов к делу. Полковник Томас У. Хиггинсон с отвращением наблюдал, как в нарушение военных постановлений его коллега полковник Джеймс Монтгомери поджигал дома в Джорджии и Южной Каролине, однако не заявил официального протеста. Военный врач Сенека Тролл видел, как его солдаты сожгли в Теннесси по меньшей мере тридцать домов; даже он, горячий сторонник Федерации, счел их действия безнравственными, однако официальных жалоб тоже подавать не стал. Он испытал облегчение, когда в декабре 1862 года командиры наконец стали наказывать нарушителей[33].

---

[32] См. [Gelernter 2001: 157; Looby 2000: 93]. Дедерик, «Дневник, или Журнал», с. 32, 36, собрание Дэвида Андерсона Дедерика (LC); письмо Альберта Гибонни Салли Гибонни от 25 июля 1863 года, архив Гибонни, дар Марка Болдуина автору; письмо Джеймса Стиллвелла жене от 31 марта 1863 года, архив Джеймса Стиллвелла (OHC).

[33] См. воспоминания Джеймса Митчелла о Гражданской войне, с. 23 (OHC); дневник ван Беннетта, записи от 8 января и 9 января 1863 года, архив ван Беннетта, Историческое общество Висконсина; письмо Сенеки Тролла жене от 6 ноября 1862 года, письма Сенеки Тролла, архив Гражданской войны

Солдаты, самовольно поджигавшие дома, действительно могли быть наказаны, поскольку такое действие расценивалось как нарушение приказа № 7. С точки зрения офицеров, поджог выглядел более серьезным преступлением, чем мародерство, и они с готовностью использовали свои полномочия. Так, в 1863 году было арестовано несколько кавалеристов из 3-го Конного полка Индианы, которые вопреки приказу подожгли городок в штате Теннесси. В документах военных трибуналов сохранились дела о поджогах. Некоего капитана Оуэна выгнали из армии за то, что он самовольно и в пьяном виде поджег два дома в Миссури. Однако очень многие — и, вероятно, большинство — тех, кто сжигал дома без приказа, оставались безнаказанными. Иногда офицеры теряли контроль над солдатами: такое случилось даже с бригадным генералом Уильямом Т. Шерманом. В июле 1863 года он узнал, что, несмотря на выставленный караул, его солдаты подожгли в Джексоне, Миссисипи, множество зданий, и бо́льшая часть города оказалась «разрушена»[34].

В соответствии с приказом № 7, федеральные солдаты по-прежнему поджигали дома, чтобы выкурить оттуда гражданских или партизан, которые по ним стреляли. Именно поэтому они подожгли дом полковника Конфедерации Чарльза Хопкинса, расположенный на берегу реки Сапело в штате Джорджия. В такой ситуации офицеры полагали, что солдаты находились в своем праве. В декабре 1862 года в Арканзасе неизвестные обстреляли с берега солдат-янки, плывших по Миссисипи, после чего те высадились на берег и сожгли все дома в округе. Пять месяцев спустя, в апреле 1863 года, на другом участке Миссисипи случи-

---

(URL: www.civilwararchive.com/LETTERS/thrall1.htm — дата обращения: 09.02.2023). См. также [Looby 2000: 282, 289]. Ср. точку зрения Марка Гримсли [Grimsley 1995: 104], который полагает, что солдаты США редко поджигали дома, и Чарльза Ройстера [Royster 1991: 342], утверждающего, что большинство занятых солдатами домов уцелели.

[34] См. дневник Оливера Г. Протсмана, запись от 14 марта 1863 года, Университет Райт; капитан Оуэн, папка ММ 1395, Управление начальника военно-юридической службы, архив военно-полевых судов, RG 153, NARA. См. также [OR 1, 25: 314].

лась аналогичная история, и солдаты сделали то же самое. По словам рядового Ньютона Скотта, они причалили к берегу и подожгли «все, что горело», не ограничившись тем домом, в котором засел стрелок[35].

Приказ Поупа № 11, согласно которому мужчины, присягнувшие США, имели право оставаться в своих домах, соблюдали далеко не всегда. Иногда проблема была в ротации персонала. В августе 1862 года доктор Дж. С. Паркс из Франклина, Теннесси, принес клятву верности Соединенным Штатам, однако лейтенант, прибывший в город следующей весной, по неизвестным причинам приказал ему покинуть дом. В приказе упоминались только мужчины, однако к принесению присяги принуждали и женщин. После того как федеральные войска заняли в Мемфисе дом Мэтти Портер, она заявила офицеру, что не имеет каких бы то ни было политических взглядов, однако, чтобы получить обратно свое жилье, в 1863 году ей пришлось принести присягу. Политика офицеров на местах в отношении мужчин и женщин была хаотической. В Луизиане некую вдову «против ее воли» вынудили принести присягу, и после этого ей позволили остаться на плантации — при этом ее соседей обоих полов, наотрез отказавшихся от присяги, тоже не стали выгонять из дома[36].

В нарушение приказа № 13 офицеры по-прежнему выставляли караул у некоторых частных домов, каких бы взглядов ни придерживались их хозяева. И хотя Поуп (в том же приказе) изъявлял надежду, что при помощи Военного кодекса и армейских постановлений удастся положить конец грабежам, солдаты и офицеры продолжали выносить из домов чужое имущество. После июля 1862 года военные — в силу очевидных практических

---

[35] См. [Sutherland 2009: 134; Myers 1984: 312]. См. также дневник Франклина А. Уайза, запись от 23 декабря 1862 года, архив Франклина А. Уайза (WRHS); письмо Ньютона Скотта мисс Коун от 9 апреля 1863 года, письма рядового Ньютона Роберта Скотта, письма Гражданской войны (URL: www.civilwarletters.com/letters_toc.html — дата обращения: 09.02.2023).

[36] См. [Warwick 2006: 301; McCurry 2010: 114–115; Knox 1865: 340]. См. также письмо Дж. Т. Суэйна, от имени миссис Мэтти К. Портер, 1863 год, А. Н. Эдди, примечание А. Н. Эдди, архив семьи Портер-Райс (UMS).

соображений — забирали у мирных жителей полотенца, мясницкие ножи и одеяла. Некоторые офицеры по-прежнему игнорировали или поощряли такое поведение. Военный священник капитан Джеймс Стиллвелл узнал, что владельцем некоего дома в Кентукки был офицер армии Юга Уильям Престон Джонсон, и порекомендовал своим солдатам «ни в чем себе не отказывать». В мае 1863 года полковник Генри Морроу заявил, что армия имеет право забирать у гражданских «абсолютно все». Это право, с его точки зрения, «не подлежало обсуждению», хотя он отдавал себе отчет в том, что грабежи портили отношения между армией и гражданским населением Юга. Вероятно, Морроу бы не удивился, что число военных, привлеченных к суду за противозаконные конфискации, было ничтожно малым, причем бо́льшая их часть, подобно капитану Джорджу Бингхэму, отделалась устным выговором. В январе 1863 года генерал Поуп снова заявил, что солдаты использовали его приказ как предлог для грабежа и мародерства, что крайне его огорчало, поскольку наносило «ущерб» его репутации[37].

Мирные жители и их дома после приказов Поупа

После того как в июле 1862 года Поуп опубликовал свои приказы, белые южане — сторонники Федерации все еще пытались помогать армии США. Они приглашали солдат-янки к себе домой и время от времени предоставляли им кров. Полковник-северя-

---

[37] См. [Kent 1976: 157–158; OR 2, 6: 602–603; OR 1, Vol. 24: 492–493; OR 1, 25, 1: 1115; OR 1, 12: 23]. См. письмо Хирама Рута Мэри Рут от 19 октября 1862 года, собрание Хирама Рута, Общественная библиотека Толедо-Лукас; письмо Джеймса Стиллвелла жене от 25 сентября 1862 года, архив Джеймса Стиллвелла (OHC); Джордж Бингхэм, папка LL 1234, Управление начальника военно-юридической службы, архив военно-полевых судов, RG 153, NARA. В оценке мародерства ученые расходятся: Кэшин [Cashin 2011b: 339–367], Рэйбл [Rable 2002: 177–184, 271] и Ройстер [Royster 1991] подчеркивают, что таких случаев было много, в то время как Гримсли [Grimsley 1995: 2–6, 104–105, 142–170, 204] и Нили [Neely 2007: 2–5, 19, 29, 34–37, 108, 219] описывают эту проблему менее распространенной.

нин Чарльз Каммингс рассказал, как «добрый юнионист», чьего имени мы не знаем, пригласил больных солдат пожить в его доме в Виргинии. Горячие сторонники Федерации были готовы сделать и больше. В Плезант-Хилле, Виргиния, Р. Л. Симингтон и его соседи попросили бригадного генерала армии США использовать их город для «размещения гарнизона», поскольку у них имелось достаточно домов для всех офицеров[38].

На другой стороне политического спектра находился судья Джон Перкинс-младший, который оказался готов пожертвовать своим луизианским поместьем, лишь бы только не отдавать его северянам. Его семья владела обширными землями в долине реки Миссисипи, а у самого судьи имелась роскошная плантация «Сомерсет» в окрестностях Карфагена. По словам солдата-янки Джона Уилкинса, который видел это поместье в 1863 году, хозяйский дом был окружен старыми деревьями и утопал в цветочных садах. Когда в апреле того года к «Сомерсету» приблизились войска Федерации, Перкинс сжег этот дом, чтобы тот не достался неприятелю. Должно быть, он был очень «рассержен», деликатно выразился Уилкинс. Перкинс, рьяный сторонник сецессии и член конфедератского Конгресса, наверняка знал, что правительство мятежников обещало компенсацию тем гражданам, которые уничтожили свое имущество, защищая его от врагов. Сам он при пожаре не пострадал, однако не сохранилось никаких документов, подтверждающих факт получения им компенсации. Большинство граждан не были готовы пойти на подобные жертвы из каких бы то ни было политических соображений[39].

Белые женщины самых разных политических взглядов очень боялись потерять свой дом — наполненное множеством воспо-

---

[38] См. [Rhodes 1991: 133; Marshall 1999: 140]. См. также послание Р. Л. Симингтона и пр. бригадному генералу Юингу от 12 августа 1863, ящик 1, запись 182, «Документы, относящиеся к сторонникам Конфедерации, дезертирам, партизанам и заключенным», различные конфедератские документы, RG 109, NARA.

[39] См. «В поисках помощи», архив Джона Перкинса (UNC-SHC); дневник Джона Э. Уилкинса, запись от 26 апреля 1863 года (LMRL); Мэттьюс. «Законы Конфедеративных Штатов», 1862 год, с. 2.

минаний место, в которое они вложили столько труда. Во время войны они куда чаще, чем мужчины, описывали, как выглядели их дома изнутри — упоминали расположение отдельных объектов, рассказывали об уникальных «старомодных <sic> вещах», доставшихся им от предыдущих поколений, — как это сделала Марта Крамп. По причине войны женщины стали больше размышлять о доме. Молодая учительница Мэри Пирр видела, как северяне грабили ее соседей, жителей Центрального Теннесси, и в 1863 году это вдохновило ее написать оду дому, в котором она жила с сестрами — читала, молилась, принимала гостей и друзей. Она описывает свои любимые комнаты, где «все на своем месте», упоминает яркий коврик и цветы на каминной полке. Война также изменила ее отношение к местным элитам. Увидев, как северяне обходятся с жителями богатых домов, она больше не хотела жить в поместье или особняке[40].

Некоторые женщины вступали с пытавшимися проникнуть в их дом солдатами Союза в физический конфликт. Так, когда сержант-северянин хотел войти в плантаторский дом в Ламаре, Теннесси, группа женщин встала на пороге и закрыла проход собственными телами. В конечном итоге он пригрозил сжечь дом дотла, и они все-таки позволили ему войти и осмотреть дом в поисках солдат-мятежников. Некоторые сторонницы Конфедерации были готовы рискнуть ради спасения дома жизнью, и в некоторых ситуациях этот риск оправдывался. Так, в Сент-Джозефе, Луизиана, хозяйка плантации Анна М. Фаррар и еще несколько женщин защитили свои дома «собственным присутствием»: в июне 1863 года к ним приближались войска северян, уже сжегшие другие поместья, однако женщины отказались уходить из своих жилищ. В их случае эта тактика сработала, и их дома пощадили. Иногда все зависело исключительно от везения. Марта Поллард, жена фермера из Теннесси, все-таки покинула

---

[40] См. [Nelson 2012: 77–78, 81–82]. См. также дневник Сары Лоис Уэдли, запись от 19 июня 1861 года, архив Сары Лоис Уэдли (UNC-SHC); дневник мисси У. У. Лорд, с. 11 (LC); требования мирных жителей о выплате компенсаций, с. 42, Национальный военный парк Фредериксберга и Спотсильвании; дневник Мэри Л. Пирр, запись от 29 января 1863 года (UTK).

дом, когда рядовые-янки заявили, что подожгут его через десять минут, однако вскоре явились офицеры, которые остановили солдат и спасли здание[41].

Большинство белых мужчин тоже не хотели, чтобы их жилища оказались сожжены. Они не всегда выражали такую же глубокую привязанность к ним, как женщины, однако дом для них был важным материальным ресурсом, а в некоторых случаях они даже сами его проектировали. С их точки зрения, армия не имела права уничтожать постройки, однако прямые конфликты между хозяевами и солдатами случались редко, поскольку многие конфедераты ушли на войну. Те немногие, кто остались, пробовали взять дело в свои руки. В 1863 году янки разрушили дом мальчика-подростка Джона Лонга из Теннесси, чтобы использовать древесину, из которой тот был построен, для возведения укреплений. Джон бегал вокруг, пытаясь защитить здание, однако солдаты его удержали. Старики принимали свою неспособность противостоять разрушениям как неизбежность. Один житель Виргинии наблюдал, как северяне кирпич за кирпичом разбирали его дом, чтобы построить себе очаги в зимних квартирах. Он сказал солдату Федерации, что «чертовы янки разобрали бы и мостовую в аду», если бы захотели[42].

При таком количестве охваченных пламенем домов опасность неминуемо подстерегала мирных жителей обоих полов. Иногда о том, что они собираются поджечь дом, офицеры предупреждали его владельцев заранее, хотя бы за несколько минут. В других случаях обходились без предупреждения. Раб по имени Моуз Кинг видел, как солдаты США сожгли в Миссисипи плантатор-

---

[41] См. [OR 1, 24, 1: 513–514; Warwick 2006: 193]. См. также письмо Анны М. Фаррар Джефферсону Дэвису от 20 июня 1863 года, архив Джефферсона Дэвиса (DU); данные федеральной переписи населения за 1860 год (раздел «Свободные»), Луизиана, приход Тензас, с. 32; данные федеральной переписи населения за 1850 год (раздел «Свободные»), Теннесси, округ Монтгомери, с. 455.

[42] См. [Spence 1993: 86]. См. также статью «Чаттануга в военное время», опубликованную в газете «Чаттануга стар» 23 ноября 1907 года, вырезка (CPL); письмо Эдварда П. Бриджмана Сидни Э. Бриджману от 24 февраля 1895 года, архив Джеймса Б. Понда (UM).

ский дом, причем хозяин и хозяйка остались внутри его и тоже сгорели заживо. Когда в Галлатине, Теннесси, горело здание, в котором находились люди, капеллан-янки ничего не сделал для их спасения, потому что, по его словам, они поддержали сецессию. Если у мирных жителей была такая возможность, они вступали с солдатами в отчаянный торг для того, чтобы спасти свое жилище. Когда в 1863 году в Теннесси янки вошли в дом торговца Чесли Уильямса, наполнили здание растопкой и приготовились поджигать, хозяин рассказал им о том, где в округе находились заставы мятежников. Этого оказалось достаточно, чтобы спасти дом от пожара[43].

В некоторых случаях в дома проникали кровь, смерть и ужасы войны. В постройках, использовавшихся в качестве лазаретов, оставались кровавые пятна. После сражений кровь в буквальном смысле пропитывала землю и стояла в канавах вокруг зданий. Солдат торопливо хоронили в одиночных или общих могилах практически там же, где они умирали. Перед домами, на задних дворах и в полях появлялось все больше неглубоких захоронений. По мере разложения тканей от трупов начинал исходить тяжелый запах. В XIX веке американцы верили, что трупное зловоние может вызывать болезни — на самом деле это не так, но мирные жители тем не менее были напуганы. Запах разложения, исходивший от тел людей и животных, мог пропитать весь дом и сделать его неподходящим для жизни[44].

---

[43] См. [Gordon 1903: 302–303; Warwick 2006: 169]. См. также проект «Рожденные в рабстве», Арканзас, интервью с Моузом Кингом, с. 208 (URL: www.loc.gov); письмо Джеймса Стиллвелла жене от 31 марта 1863 года, архив Джеймса Стиллвелла (OHC); данные федеральной переписи населения за 1850 год (раздел «Свободные»), Теннесси, округ Уильямсон, с. 129.

[44] См. письмо Юджинии Биттинг Кейду Гиллеспи, 1928 год, архив миссис Дрю Гиллеспи; письмо Джеймса П. Дотери Зеральде Худ от 13 декабря 1863 года, письма Зеральды Худ (ISL); послание М. Дж. Френча полковнику Дж. П. Лоу от 30 мая 1868 года, ящик 661, запись 225, общее собрание переписки за 1794–1915 годы, Управление генерала-интенданта, RG 92 (NARA); письмо Тобиаса К. Миллера «Дорогому брату» от 20 апреля 1863 года, дневник и письма Тобиаса К. Миллера (CHMRC). См. также [Coffin 1866: 98; Iserson 2001: 49–52].

В течение долгого времени после выхода приказов Поупа заброшенный дом по умолчанию считался домом сецессионистов. Большинство федеральных солдат по-прежнему были убеждены, что все эвакуировавшиеся мирные жители являлись сторонниками Конфедерации. Это убеждение, которому противоречило множество фактов, получало среди северян все большее распространение. Состоятельные жители Джорджии, бежавшие от вражеской армии в 1863 году, были не только сецессионистами, но и «законченными дураками», полагал капитан Джеймс Стиллвелл. Другой солдат Федерации, обнаружив, что жители Сартарии, Миссисипи, оставили свои дома, сообщил, что они наверняка были сторонниками сецессии, «иначе бы они от нас не сбежали». Брошенные дома оставались пустыми недолго. В них появлялись новые жители, поскольку в регионе становилось все больше нуждавшихся в крове бездомных. Кроме того, там селились перебравшиеся на Юг белые северяне: например, правительственные агенты, школьные учителя и жены высокопоставленных офицеров. Когда в 1862 году Джулия Дент Грант, супруга Улисса С. Гранта, приехала навестить мужа, она остановилась в заброшенном доме, при этом ей было жаль его прежних хозяев[45].

Политика конфедератов

Январь 1863 года, когда в армии Конфедерации появились собственные постановления относительно построек, не стал поворотным пунктом, разделившим военную практику на «до» и «после». Официальные документы, опубликованные в Ричмонде, всего лишь закрепили уже существующие обычаи и еще раз повторили принципы старого Военного кодекса: в частности,

---

[45] См. письмо Джеймса Стиллвелла жене от 4 июля 1863 года, архив Джеймса Стиллвелла (OHC); письмо С. Генри Иллса неизвестному адресату от 9 июня 1863 года, архив Сэмюэла Генри Иллса (LC); письмо Дж. М. Хоукса «Дорогой жене» от 15 июня 1862 года, архив докторов Дж. М. и Эстера Г. Хоуксов (LC); дневник мисс Уолкер, запись от 12 марта 1862 года, архив Сьюзен Уолкер (CHSL). См. также [Simon 1975: 105].

оттуда были позаимствованы статьи 52 и 54 с их уже прозвучавшими угрозами военного трибунала. Но в одном отношении постановления Конфедерации отличались от политики северян. В осуждении недостойного поведения солдат южане зашли на шаг дальше: с их точки зрения, любое мародерство и любой грабеж оказывались «бесчестным» и преступным деянием, заслуживавшим «сурового» наказания[46].

Некоторые офицеры-мятежники следовали новым правилам и выплачивали владельцам домов, которые они превратили в штаб-квартиры или бюро, арендную плату. Весной 1863 года майор Уильям Барнуэлл-младший снимал дом на улице Сент-Майкл в Мобиле, Алабама, и платил за это больше 30 конфедератских долларов в месяц. Иногда офицеры выплачивали компенсацию и за другие здания, принадлежавшие мирным жителям, — например, за занятые армией гостиницы. Когда некая миссис Лоеб попросила генерала Конфедерации вернуть ее жилище в Кэнтоне, Миссисипи, он не только выполнил эту ее просьбу, но и выплатил компенсацию за вред, нанесенный ее собственности. Возможно, он хотел защитить бездомную женщину; возможно, миссис Лоеб умела убеждать[47].

Другие солдаты-южане продолжали практиковать те же разрушительные действия, которые были распространены до провозглашения новой политики. Войска Конфедерации выжимали все ресурсы досуха, действуя как по приказу, так и по собственной воле. В заброшенных домах они устраивали штаб-квартиры, не особенно интересуясь политическими взглядами их бывших

---

[46] См. Постановления армии Конфедеративных Штатов, с. 77–78, 413–414.

[47] Майор Уильям Барнуэлл-младший, с. 33, раздел V, 113, реестр контрактов, 1861–1864, различные записи, Управление генерала-интенданта, собрание бумаг Конфедерации, Военное министерство, RG 109 (NARA); заявление № 2287 от Мартина Татуилера, раздел V, 44, Реестр жалоб, Управление генерала-интенданта, собрание бумаг Конфедерации, Военное министерство, RG 109 (NARA); заявление миссис Лоеб на имя генерала Джонстона от 22 ноября 1863 года, Департамент Теннесси, полученные письма, одобренные письма, часть 2, 1581/4, военные распоряжения CSA, собрание бумаг Конфедерации, Военное министерство, RG 109, NARA.

хозяев. Уходя, они оставляли здания в «крайне плохом» состоянии, как выразился инженер-топограф Джедидайя Хотчкисс. В полном соответствии с постановлениями они могли сжигать дома — как сделали это, например, в июле 1863 года с живописными постройками в окрестностях Джексона, Миссисипи, поскольку там укрывались янки и пожар мог защитить конфедератов от ночного нападения. Они нарушали границы частной жизни, без предупреждения врываясь в дома в поисках солдат Федерации[48].

На самом деле, даже после выхода постановлений мятежники продолжали притеснять тех, кто поддерживал северян. Осенью 1863 года генерал армии Юга специально разместил своих людей в поместье виргинского плантатора Джона Майнора Боттса, чтобы вызвать огонь неприятеля на принадлежащий его стороннику дом. Это было выкрашенное в белый цвет большое деревянное здание с солидным портиком. Боттс, которого считали сторонником юнионистов, отказался покидать дом, и в конце концов конфедераты сдались и отступили. Солдаты-мятежники по-прежнему поджигали дома юнионистов и участвовали в других формах их притеснения. Так, они могли отбирать у них мебель — в одном случае в 1863 году эту мебель продали, чтобы на вырученные деньги устроить «вечеринку» на берегу Миссисипи. Продажа мебели, ра́вно как и организация вечеринки, противоречила постановлениям Федерации о незаконном обогащении[49].

Все это не мешало офицерам-конфедератам обвинять неприятеля в недостойном поведении. Дэниэл Харви Хилл, ставший генерал-майором, в марте 1863 года разразился филиппикой о том, сколько домов уничтожила армия Севера. Уроженец Южной Каролины, выпускник Вест-Пойнта и ветеран Мексиканской

---

[48] См. [McDonald 1973: 187, 308, n. 31; OR 1, 25: 314; Phillips 1897: 40].

[49] См. [Neese 1911: 232; Rhodes 1991: 133; OR 1, 32, 2: 29; OR 1, 24: 494]. См. также данные федеральной переписи населения за 1850 год (раздел «Рабы»), Виргиния, округ Хенрико, с. 395; Постановления армии Конфедеративных Штатов, с. 92. Относительно противоречивых политических взглядов Боттса см. [Sutherland 1995: 380–381].

Илл. 7. Дом Джона Майнора Боттса. Библиотека Конгресса США

войны, Хилл испытывал к северянам глубокую неприязнь. В 1850-х годах он был преподавателем в университете и настолько ненавидел янки, что ухитрился высмеять их даже в написанном им учебнике по алгебре. Когда началась война, он сразу же присоединился к армии Юга и служил вместе с генералом Робертом Э. Ли, пока его не отослали в Северную Каролину. В начале 1863 года, когда Хилл находился в Нью-Берне, он получил от генерал-майора армии США Дж. Г. Фостера предложение об обмене пленными. В ответ Хилл написал, что федеральные солдаты сжигали дома богачей и бедняков, а также церкви, амбары, конюшни и целые деревни, сам же Фостер, по словам автора письма, был «самым жестоким поджигателем» в мире. При этом Хилл утверждал, что армия Конфедерации имела право сжечь бо́льшую часть Плимута, Северная Каролина, в чем его упрекнул

Фостер: «Не ваше дело, если мы решаем сжечь один из наших собственных городов». Ответ Фостера не сохранился. Генерал Хилл, очевидно, не осознал, насколько лицемерно звучали его упреки и какой вред обе армии причиняли мирному населению[50].

Другие офицеры-мятежники давали понять, что согласны с Хиллом, и открыто игнорировали действия южных судов, если те пытались привлечь их к ответственности. Как известно, судебная система Конфедерации была очень несовершенной. Правительство так и не назначило Верховный суд, который служил бы последней инстанцией в юридических разбирательствах, хотя этот орган был упомянут в Конституции, так что местным судам и судам штатов приходилось рассматривать споры между армией и мирным населением самим. В ноябре 1863 года полковник Уайетт Эйкен игнорировал постановление верховного судьи штата, согласно которому он не имел права занимать дом и таверну в Мейконе, Джорджия, для устройства лазаретов. Владелец этих зданий (мистер Маклин или Маклейн) подал на полковника в суд, и судья О. А. Локрейн принял его сторону, заключив, что закон не дает основания для использования зданий, принадлежащих частным лицам. Локрейн, иммигрант из Ирландии, поддерживал Конфедерацию, однако полагал, что полномочия армии тоже не безграничны. Эйкен наотрез отказался выполнять его решение. В ответ он напечатал в местной газете, что раненым конфедератам требовался кров и что после отбытия солдат планировалось выплатить владельцу компенсацию. Занять дом было «необходимостью», и он имел право сам решать, как и когда использовать частную собственность. Самоуправство Эйкена было всего лишь проявлением общепринятой практики. В повседневной жизни поведение армии мятежников практически ничем не ограничивалось[51].

---

[50] См. [Bridges 1961: 6, 18, 20–22, 26–27, 149, 163–172, 178; Durrill 1990: 137–139; OR 2, 5: 389–390].

[51] См. [Escott 2006: 17, 93–94; Knight L. 1917: 5, 2780]. См. также статью «Важное решение», опубликованную в газете «Мейкон уикли телеграф» 9 ноября 1863 года, с. 2, и статью «Письма в "Телеграф"», опубликованную в газете «Мейкон уикли телеграф» 11 ноября 1863 года, с. 1.

Разрушенный дом

Такое поведение было поистине шокирующим для большинства мирных жителей — в особенности для женщин, которым было крайне тяжело перенести вторжение в пространство дома. Когда весной 1863 года солдаты Конфедерации ворвались без приглашения в один луизианский дом, в котором могли скрываться уклонисты, они обложили руганью всех его жителей, включая женщин, возражавших против их присутствия. Некоторые жительницы региона неохотно признавали, что чем дольше длилась война, тем меньше значили гендерные условности. Присцилла Бонд, жена плантатора из Луизианы, описала зло, которое причиняли солдаты армии Севера — выгоняли мирных жителей на улицу, занимались мародерством, грабили под дулом пистолета, — но при этом она отдавала себе отчет в том, что жители пограничных штатов испытывали точно такой же страх по отношению к солдатам армии Юга[52].

Некоторые сторонники Конфедерации постепенно приходили к выводу, что две противостоящие друг другу армии практически не отличались друг от друга. Мало-помалу общество привыкло ассоциировать солдат-мятежников с грабежом и мародерством. Эдмунд Раффин, эксцентричный плантатор, который до 1860 года выступал за сецессию, глубоко разочаровался в армии Юга. Он родился в Виргинии и владел там обширными землями. В сражении за форт Самтер Раффин в буквальном смысле выпустил свою первую пулю. Однако после 1861 года по его виргинским владениям постоянно маршировала то одна, то другая армия. Весной 1863 года, когда несколько его домов оказались повреждены, он решил, что конфедераты оказались такими же грабителями, как и янки. К такому же выводу пришел Дэвид Дедерик, когда обе армии прошли по его плантации в Теннесси и ограбили его дом.

---

[52] См. статью «Луизиана получает свои "права"», опубликованную в газете «Чикаго трибьюн» 26 марта 1863 года, с. 2; письмо Митт (Бонд) матери от 2 сентября 1863 года, архив Присциллы Мунникхайзен Бонд, описание коллекции (LSU).

То, насколько опасными могли быть солдаты Юга, можно понять из истории У. А. Уизерса. Награжденный почетным званием «полковник» шестидесятилетний коммерсант, он не владел рабами и жил в одиночестве в богатом особняке в пригороде Джексона, Миссисипи. В июле 1863 года, когда вокруг его дома шло сражение, Уизерс погиб — скорее всего, его убила шальная пуля, — а во время своей эвакуации конфедераты сожгли его дом[53].

Этика коммунализма, составлявшая до 1861 года неотъемлемую часть культуры белого Юга, какое-то время продолжала существовать — во всяком случае, в отношении жилища. Когда, не успев достроить новый дом в Южной Каролине, отец Эдди Паттерсона присоединился к армии Конфедерации, строительство закончил его сосед. Многие мирные жители искренне жалели тех, кто остался без крова, и старались помочь своим ближним. Так, в окрестностях Рэймонда, Миссисипи, некий врач бесплатно предоставил свой комфортабельный дом друзьям, вынужденным бежать от приближающейся армии США. В мае 1863 года в Луизиане мать четырех детей пыталась спрятаться от янки и обратилась за помощью к своей соседке Ребекке Уэдли (матери Сары Уэдли). Хотя у миссис Уэдли тоже была семья, она все равно не смогла отказать той[54].

Однако у коммунализма имелись свои пределы — как в отношении провизии и древесины, так и в отношении дома. В начале военных действий местные пожарные пытались тушить подожженные солдатами постройки, однако горящих зданий было слишком много. Перед лицом разгорающейся войны великодушие

---

[53] См. [Allmendinger 1990: 162–164; Davis 1961: 79–80]. См. также Дедерик. «Дневник, или Журнал», с. 31–38, собрание Дэвида Андерсона Дедерика (LC); данные федеральной переписи населения за 1860 год (раздел «Свободные»), Миссисипи, округ Хиндс, с. 60–61; данные федеральной переписи населения за 1860 год (раздел «Свободные»), Теннесси, округ Хиндс, без нумерации страниц.

[54] Интервью с Эдди Паттерсон, с. 2 (SC), «Обычаи: истории из американской жизни» (URL: http://rs6.loc.gov); воспоминания Летиции Дэбни Миллер, с. 12, архив миссис Дрю Гиллеспи (UMIS); дневник Сары Лоис Уэдли, запись от 16 мая 1863 года, описание коллекции, архив Сары Лоис Уэдли (UNC-SHC).

быстро иссякло, то же самое случилось с доброй волей. К своему ужасу, беженцы далеко не всегда получали помощь от знакомых, друзей и даже родственников. Некоторым мирным жителям пришлось столкнуться с вездесущей жаждой наживы. Так, одна семья сначала разрешила своим друзьям жить в их доме бесплатно, а потом, чтобы иметь возможность сдавать освободившиеся комнаты за деньги, неожиданно сообщила, что они должны съехать. Как сказала миссис К. М. Стейси, одна из ненадолго получивших приют жильцов, «в наши дни едва ли можно кому-то верить». По мере того как распадались добрососедские отношения, белые южане начали разбирать не тронутые армией заброшенные дома, с тем чтобы раздобыть себе строительных материалов[55].

В ходе войны оказались уничтожены многие городки Юга, причем найти однозначно виноватых в этом невозможно. Война унесла множество крошечных поселений в Восточной Виргинии, так что весной 1863 года перед путешественником представало подобие лунного пейзажа, где на протяжении многих миль не было видно ни домов, ни людей — только размокшие дороги. В других местностях региона в руинах лежали целые города. Так, весной 1862 года Москва, штат Теннесси, была небольшим процветающим городом, но к следующей весне там практически не сохранилось целых домов. К лету 1863 года, за два года военных действий, от Сентревилла, Виргиния, осталось всего несколько зданий, за которыми возвышались брошенные армией Юга форты. В одной из газет Конфедерации уничтоженные дома назвали «делом рук Поупа», однако на самом деле в разрушениях были виноваты обе армии. 1864 год принес с собой еще больше подобных метаморфоз, доведя тем самым гражданское общество до переломного момента[56].

---

[55] См. [Neese 1911: 61; Cashin 1996: 45, 51]. См. также письмо К. М. Стейси Джеймсу Хамнеру от 2 августа 1863 года, переписка Хамнера и Стейси (UMS); Дедерик. «Дневник, или Журнал», с. 37–38, собрание Дэвида Андерсона Дедерика (LC).

[56] См. [Townsend 1950: 35; Engs, Brooks 2007: 114; Rhodes 1991: 113–114]. См. также статью «Дело рук Поупа», опубликованную в газете «Мейкон уикли телеграф» 2 сентября 1862 года, с. 2.

Глава 6
Переломный год

С началом 1864 года борьба за ресурсы между солдатами и мирными жителями достигла своего апогея. Военный конфликт тоже усилился. В наступившем году северянам предстояло начать несколько кампаний на различных театрах военных действий: Улисс С. Грант должен был попытаться взять Ричмонд и уничтожить армию Роберта Э. Ли, Филипп Шеридан отправился в Вирджинскую долину, а Уильям Т. Шерман выдвинулся в сторону Атланты. Помимо этого, в регионе полыхали сотни локальных конфликтов, и все это способствовало уничтожению огромного количества ресурсов. Никаких новых официальных постановлений больше не появлялось, но кое-что из первых лет войны нашло свое продолжение. Нейтральные мирные жители по-прежнему старались держаться подальше от конфликта и, по возможности, не помогать ни одной армии. Военные и гражданские сторонники противоборствующих сторон по-прежнему спорили о причинах войны: об этом, например, зашла речь в семье Рэйвенелов, плантаторов из Южной Каролины, когда в их доме остановился капитан армии США Эндрю Кертис. Но подобные горячие споры, которые так часто случались в начале войны, к 1864 году как будто притихли. Слишком много было пролито крови, слишком много уничтожено ресурсов[1].

Более того, в последний год войны методы обеих армий перестали отличаться друг от друга. И южане, и северяне постоянно нарушали процедуру реквизиции и все сильнее ощущали, что

---
[1] См. [Klingberg 1955: 99; Beattie et al. 1996: 219–220].

имеют на это право. Некоторые военные в обеих армиях начинали верить, что они лучше гражданских — и потому могут забирать себе все необходимое для выживания. Вместе с тем им всегда противостояли другие, пытавшиеся защитить мирных жителей или переживавшие из-за жестокого с ними обращения. Если армии и напоминали машины, то этими машинами никто не управлял. С каждым месяцем все больше и больше солдат и мирных жителей отказывались от традиционной морали. Коммунализм, сохранявшийся в ослабленной форме в первые годы войны, окончательно сошел на нет. Белые южане уже не могли удовлетворять бесконечные требования обеих армий и правительства Конфедерации.

И мирные жители, и военные становились свидетелями странных и пугающих событий, разрушающих самые базовые довоенные представления о том, как должен вести себя человек и что его связывает с окружающим миром. Доведенные до крайности тем, что постоянно требовала у них война, некоторые представители гражданского населения начали нарушать элементарные правила личной безопасности, совершая поступки, лишенные всяческого смысла. Кроме того, у них на глазах происходили страшные события с участием природных стихий — в особенности огня, — менявших ландшафт столь радикальным образом, что им едва удавалось облечь это в слова. Поля и канавы превратились в разверстые могилы: множество трупов людей и животных оставались лежать без захоронения. Пугающие, шокирующие и сюрреалистические зрелища стали в 1864 году обыденностью.

Люди

Белое гражданское население по-прежнему занималось многими видами деятельности, которые запрещал Военный кодекс, в том числе охотно принимали участие в военных конфликтах. В Конфедерации и пограничных штатах по-прежнему процветала контрабанда — как из политических соображений, так и ради получения прибыли. Список товаров, изъятых при задержании у контрабандистов обоего пола, оставался прежним: лекарства, военные припасы, провизия. Оказавшись пойманными, мирные жители утверждали, что о том, чем они занимаются, знали некоторые офицеры-северяне. Так, например, заявил некий арестованный в Луизиане мистер Торн. Офицеры федеральной армии, в свою очередь, подозревали, что в деятельность контрабандистов были вовлечены сотрудники казначейства. Федеральные СМИ громко порицали контрабанду и то, что они считали моральным разложением внутри Конфедерации, однако пресса Юга по понятным причинам преимущественно хранила молчание. Уличенных в незаконном провозе товаров мужчин и женщин арестовывали, штрафовали, сажали в тюрьму, порой казнили, однако поток контрабанды не останавливался[2].

Рассмотрим случай жены плантатора Мэри Полк Бранч. На ее примере хорошо видно, как контрабандисты ухитрялись избегать контактов с системой и каким образом перспективы личной выгоды побеждали в идеологической борьбе. Тридцатилетняя женщина с отличным образованием, миссис Бранч горячо поддерживала в начале войны идеалы Конфедерации. У ее мужа было несколько сотен рабов и земля как в Теннесси, так и в Арканзасе, а ее четверо братьев служили в армии Юга. Однако среди ее родственников были сторонники юнионистов, и она не боялась просить их об услугах. В 1864 году, когда миссис Бранч решила отправиться из Теннесси в Арканзас в гости к родственникам, брат ее мужа, федерал, каким-то образом раздобыл для нее пропуск. В свой чемодан она упаковала запрещенные товары, включая лекарства и сахар, а карманы пальто набила табаком. Важную роль в путешествии миссис Бранч сыграл некий начальник военной полиции США, имени которого мы не знаем: он опечатал ее чемодан и карманы ее пальто, чтобы в дальнейшем

---

[2] См. [OR 1, 34, 1: 125; OR 1, 26: 276–277]. См. также статью статью «Из Мемфиса и южнее», опубликованную в газете «Чикаго трибюн» 23 июля 1864 года, с. 3; статью «Женщина-контрабандистка», опубликованную в газете «Сан» 6 августа 1864 года, с. 1; и статью «Положение на Юго-Западе», опубликованную в газете «Филадельфия инкуайрер» 3 мая 1864 года, с. 4.

они не подвергались досмотру. Возможно, путешественница дала ему взятку, поскольку у ее семьи по-прежнему были деньги, и все же его мотивы до конца не ясны. В любом случае сахар, табак и лекарства прибыли в Арканзас в целости и сохранности[3].

Еще одним способом нарушить Военный кодекс была переписка с неприятелем. Как и в первые годы войны, американцы обменивались письмами через курьеров — именно так и поступил Джордж Фуллер, которого янки арестовали в Виргинии. Солдаты арестовывали любого мирного жителя, если у него имелось при себе много личной корреспонденции. Военная полиция США в Ноксвилле, Теннесси, перехватывала семейные письма, чтобы убедиться, что в них не содержится опасной информации, однако мирные жители использовали в качестве чернил луковый сок — такое письмо можно прочесть, только подержав его рядом с огнем. Пойманного курьера могло ожидать суровое наказание. Так, задержанного с письмами в Арканзасе Джозефа Ледди военный трибунал США приговорил к повешению[4].

В 1864 году мирные жители по-прежнему снабжали обе армии информацией — как они делали это в 1861, 1862 и 1863 годах. Самые обычные люди, которых в военных документах, как правило, называли «гражданами», они сообщали подробности о местонахождении и перемещениях неприятеля. Юнионисты помогали армии Севера, конфедераты — армии Юга. В Алабаме неизвестный белый мужчина незаметно передал капитану армии США Джеймсу Ф. Чэпмену клочок бумаги, предупреждавший о приближении врага. Мотивы могли быть как политическими, так и финансовыми. В Виргинии англичанин по имени мистер Сайм предоставил полезные сведения бригадному генералу армии США Дж. Г. Уилсону. По словам последнего, он выглядел

---

[3] См. [Branch 1912: 9–23, 39–40].

[4] См. дневник Джозефа Уэдделла, запись от 13 июня 1864 года (VSP); письмо Ады Торнбург Кэрри Стэйкли от 8 декабря 1864 года, архив Холл–Стэйкли (ETHS); Дедерик. «Дневник, или Журнал», с. 39, собрание Дэвида Андерсона Дедерика (LC); Джозеф Ледди, папка NN 1453, Управление начальника военно-юридической службы, архив военно-полевых судов, RG 153, NARA. См. также [Murrell 2005: 111].

«расположенным» в пользу северян и мог бы сообщить еще больше, если бы получил «достойное вознаграждение»[5].

В других случаях мирные жители занимались шпионажем систематически, и их конец мог быть печальным. В январе 1864 года в Литтл-Роке был задержан подросток по имени Дэвид Додд, собиравший информацию о войсках, укреплениях и артиллерии янки. Сын коммерсанта, он работал клерком в Капитолии, где стоял полк армии США. Вскоре после ареста его казнили. Тем не менее мирные жители продолжали собирать информацию даже перед лицом смертельной угрозы. Находясь в тюрьме в Таскеджи, Алабама, белая женщина по имени миссис Килан попыталась передать письмо не кому иному, как генералу Уильяму Т. Шерману, однако оно было перехвачено; миссис Килан совершила попытку побега, но ее схватили. Обе армии особенно внимательно следили за мирными жителями, которые могли быть шпионами. Весной 1864 года сам Шерман в своем письме из Нэшвилла писал, что многие шпионы по-прежнему остаются на свободе, и он определенно был прав. Стоит повторить, что шпионаж в пользу неприятеля был нарушением Военного кодекса[6].

Обе армии обращались со своими гражданскими служащими все более бесцеремонно. Джеймс Раслинг, интендант армии США, работавший в Теннесси, не без злорадства рассказывал о том, что в 1864 году в его распоряжении находилось порядка 12 тысяч гражданских, над которыми он имел «полную и всеобъемлющую власть». Офицеры в обеих армиях действительно могли распоряжаться гражданскими работниками, и в силу разных причин они заставляли тех перемещаться с места на место. В апреле 1864 года министр финансов Кристофер Меммингер заставил своих сотрудниц уехать из Ричмонда в Колумбию, Южная Каро-

---

[5] См. [OR 1, 32, 1: 155; OR 1, 52, 2: 767; OR 1, 36, 2: 390]. См. также «Записная книжка», запись от 23 августа 1864 года, архив Джемса Фаулера Чепмена, Сандаски, Огайо, Библиотека Центра архивных исследований.

[6] См. письмо Чарльза Г. Лэйка «Дорогому брату» от 14 января 1864 года, военное собрание Хейскелла (ASI); дневник Фрэнсис Уолфолк Уоллес, запись от 17 июня 1864 года (UNC-SHC). См. также [OR 2, 7: 18–19; Moneyhon 2015: 203–205].

лина, поскольку он опасался вторжения северян. В ответ на возмущение он заявил, что все, кто откажется ехать, будут уволены. Тем же летом в Джорджии генерал Уильям Т. Шерман объявил несколько сотен фабричных рабочих, включая женщин и детей, военнопленными и выслал их на Средний Запад[7].

Другие мирные жители по-прежнему путешествовали по стране в собственных целях, несмотря на препятствие в виде учрежденных обоими правительствами паспортных систем. Даже сражения не могли помешать тем, кто отправлялся в поездку к родственникам или ехал забирать долг в штаты Федерации, Конфедерации или Пограничья. Некоторые жившие на Юге европейцы испугались войны и решили уехать, и порой им разрешали путешествовать без паспорта. Но в случае граждан по рождению большинство федеральных чиновников все-таки настаивало на необходимости иметь паспорт — с переменным успехом в первые годы войны. Солдаты-янки принимали устаревшие паспорта: жительница Луизианы Мэри Дикинсон предположила, что они не умели читать, но, возможно, им просто было жаль женщин-путешественниц, и ее в том числе. Другие белые путешественники по-прежнему подделывали паспорта, причем иногда копии были очень хорошими[8].

Куда бы ни отправлялись обе армии, они все так же захватывали заложников, и цели таких захватов также оставались прежними: заставить неприятеля отпустить заложников, имевшихся у него, не дать ему совершить определенные действия или просто отомстить ему. Солдаты-янки не особенно руководствовались Кодексом Либера. Обе армии, и северная, и южная, забрасывали сети все шире, и выбирали заложников произвольно — жертвой такого выбора, например, оказался некий отдыхавший на берегу реки Теннесси молодой человек, имени которого мы не

---

[7] См. [Rusling 1899: 322; Putnam 1867: 173–175, 288; Hitt 1992].

[8] См. письмо Ричарда Г. Коллинза «Дорогой Мэри» от 20 января 1864 года, архив семьи Коллинз (UKL); дневник Люси Ребекки Бак, запись от 18 августа [1864 года], Университет Джона Хопкинса; [OR 1, 35, 2: 243]; дневник Мэри А. Дикинсон, запись от 20 апреля 1864 года (ETHS); письмо Чарльза Г. Лэйка «Дорогому брату» от 14 января 1864 года, военное собрание Хейскелла (ASI).

знаем. Его захватил в заложники майор армии США Льюис Стегман, причем исключительно для того, чтобы обеспечить «хорошее поведение» брата этого молодого человека, который должен был служить майору проводником. Иногда в заложники захватывали женщин, в том числе и жен высокопоставленных офицеров. В Смитленде, Кентукки, солдаты-янки захватили жену генерала Хайлана Лайона, который захватил до этого несколько заложников-северян; тактика сработала, поскольку Лайон немедленно отпустил пленных. Политики тоже могли оказаться заложниками. Среди жителей Западной Виргинии, захваченных майором армии Юга Чарльзом О'Ферраллом, было два члена Законодательного собрания штата, мистер Уит и мистер Бечтол. Вместе с другими пленными они отправились в Ричмонд, чтобы быть впоследствии обменянными на заложников-южан[9].

Либеру и присниться не могло, что мирные жители будут принимать настолько непосредственное участие в захвате заложников. В январе 1864 года солдаты-янки отправились в Винчестер, Виргиния, поскольку им было приказано арестовать мэра этого города для обмена на другого гражданского заложника. Не найдя мэра, они решили выбрать случайным образом кого-нибудь другого. Выбор пал на некоего Роберта Конрада, но тот сказался больным. Еще один белый житель Винчестера, мистер Джинн, заявил, что из-за подобной практики захвата заложников к сторонникам юнионистов, включая его самого, стали относиться враждебно. В результате солдаты уехали ни с чем. В некоторых ситуациях мирные жители сами инициировали захват заложников, и такая ситуация могла закончиться трагедией. Весной 1864 года в Файеттвилле, Алабама, сторонники Федерации схватили фермера проконфедератских взглядов по имени Друри Макминн. В отместку файеттвиллские конфедераты захватили в заложники поддерживавшего северян Лемюэла Бернетта. Окружной судья потребовал, чтобы Бернетта передали ему, однако начальник конфедератской военной полиции отказался выполнять его требование и забрал заложника к себе. Эта ситуа-

---

[9] См. [OR 1, 32, 1: 659–660; OR 1, 39, 1: 876; OR 2, 7: 70].

ция показывает, что перед лицом армии были бессильны не только гражданские лица, но и сама судебная система Юга[10]. Несколько недель спустя они обнаружили, что Макминна и еще четырех человек, включая лейтенанта армии Юга, привязали к деревьям и расстреляли.

Провизия

Поиск еды, самого необходимого ресурса, становился все более и более насущной проблемой. Солдаты армии США то и дело нарушали Военный кодекс и приказы Поупа — как если бы эти постановления были делом далекого прошлого. В 1864 году бывалый ветеран посоветовал рядовому Франку Уилксону «воровать» еду у кого угодно: нужна «еда, еда и еще больше еды». Но Юг был разорен войной, и еды оставалось все меньше. Некоторые фермеры, встревоженные и измученные постоянным присутствием поблизости армий, весной 1864 года решили не засевать поля. К этому времени в Виргинии, где после многочисленных реквизиций со стороны обеих армий было практически нечего есть, увеличивалось количество мест, которые можно было назвать продовольственными пустынями. Именно в этом регионе происходили самые ожесточенные кампании с участием тысяч солдат, отдававших войне все силы. Сержант Остин Стернс утверждал, что во время подобных кампаний солдатам особенно хочется есть и что после сражений тем летом он был голоден, как никогда[11].

Армия Севера насчитывала больше людей, и потому северяне продолжали реквизировать продовольствие и у богачей, и у бедняков, не особенно интересуясь их политическими взглядами или соблюдением официальных процедур. В округе Ганновер, Виргиния, свидетелем этому стал плантатор Ричард Гуэтми.

---

[10] См. [OR 1, 33: 400; OR 1, 32, 3: 745–748]. См. также данные федеральной переписи населения за 1860 год (раздел «Свободные»), Алабама, округ Мэрион, с. 12.

[11] См. [Wilkeson 1887: 40; Clark 1916: 192; Hurt 2015: 191, 222; Mohr, Winslow 1982: 425, 427; Kent 1976: 277, 281].

И хотя у федералов имелось больше территории и больше продовольственных складов, интенданты все же не могли обеспечить питанием каждого солдата. Янки отправлялись на поиски продовольствия, потому что их гнал голод. В Меридиане, Миссисипи, оказалось, что фургоны с провиантом остались позади, поэтому солдаты отобрали еду у мирных жителей. Случалось, что военные забирали продукты у людей для того, чтобы накормить животных. Во время сражения за Колд-Харбор Сэмюэл Кормани сообщал, что армейский паек дает ему возможность хорошо питаться, однако для своих лошадей его люди «конфисковали» у местного населения зерно[12].

Некоторые офицеры-северяне пытались предотвратить незаконные реквизиции. Как и до 1864 года, они угрожали, что каждый солдат, который отберет у мирного населения «домашнее имущество», в особенности еду, будет сурово наказан. Когда в Арканзасе военные отправились за провизией без разрешения, генерал-майор Джозеф А. Мауэр заявил, что если такое случится еще раз, то им придется ответить за причиненный вред. На какое-то время это подействовало. Среди солдат тоже были те, кто сочувствовал бедам южан. Рядовой Рубен Уикхэм заметил, что на расстоянии 100 миль вокруг Винчестера, Виргиния, не осталось ни мельниц, ни амбаров. Ему было жаль местных жителей, и он не испытывал ни малейшего желания отправляться на поиски продовольствия в этом разоренном краю[13].

Но другие солдаты-янки поступали так, как считали нужным, и офицеры не препятствовали им в этом. Когда в сентябре 1864 года Атланта сдалась северянам, пехотинцам разрешили «порезвиться вдоволь», и они, по словам капитана Теодора Аллена, разграбили поля, амбары и дома. Иногда солдаты открыто нарушали приказы офицеров. Рядовой Джон Ритланд сообщил,

---

[12] См. письмо Ричарда Гуэтми «Дорогим детям» от 14 января 1864 года, архив семьи Гуэтми (VHS); «История Гражданской войны Джона Ритланда», глава 2 (OSU). См. также [Huston 1966: 224, 234; Mohr, Winslow 1982: 427].

[13] См. [OR 1, 34, 2: 752–753]. См. также военные дневники Джона Меррильеса, записи от 11 сентября и от 5 октября 1864 года (CHMRC); письмо Рубена Уикхэма «Дорогой жене» от 11 ноября 1864 года, дар Кристен Фуллер автору.

что его голодные товарищи отбирали еду у жителей пограничного штата Миссури, хотя им было приказано этого не делать. Когда капитан пообещал вычесть в наказание деньги из их жалованья, некоторые рядовые стали угрожать ему в ответ, и он отступил. Сохранились свидетельства бессмысленной жестокости: так, на севере Джорджии янки стреляли по овцам и оставляли их умирать, корчась от боли[14].

Хотя еды становилось все меньше, в 1864 году армия Севера не пыталась ее экономить. Это относится даже к основе военного рациона — мясу, которое всегда интересовало солдат больше всего. Рядовой Джеймс Стептер рассказал жене, что они «украли» у жителей Виргинии столько говядины и домашней птицы, что бо́льшая часть украденного просто протухла в лагере. В мае 1864 года был зафиксирован пример абсолютно бессмысленной траты провианта: солдаты конфисковали еду у живших в окрестностях Малверн-Хилла, Виргиния, фермеров и объелись до рвоты, потому что весь день до этого голодали. В результате следующие сутки им пришлось провести в лагере[15].

Белые южане продолжали изо всех сил защищать от янки свои припасы. Они угоняли скот на болота или в низины у рек и прятали мясо внутри домов. Если тайник все-таки обнаруживался, мирные жители умоляли солдат оставить им еду, и порой те соглашались это сделать. В Миссисипи миссис Бретт и ее дочери встали у двери стойла и отказались отдать солдату гнедую лошадь, необходимую им для работы на ферме. По неизвестным причинам он уступил им и ушел, однако такие случаи были редкостью. Когда солдаты забрали у Генри Мака из Джорджии бо́льшую часть его домашней птицы и скота, он показал им «охранный документ», полученный в октябре 1864 года от генерала США (вероятно,

---

[14] См. дневник Теодора Аллена, запись от 17 октября 1864 года (FHS); «История Гражданской войны Джона Ритланда», глава 5 (OSU). См. также [Fletcher 1995: 140].

[15] См. [Menge, Shimrak 1989: 23; Mohr, Winslow 1982: 426]. См. также письмо Джеймса Стептера «Дорогой жене» от 15 января 1864 года, архив Джеймса Ф. Стептера (UMCP).

Джорджа Томаса). Северяне в ответ заявили, что верные Федерации мирные жители «когда-нибудь» получат компенсацию[16].

В этом контексте «марш к морю» генерала Уильяма Шермана выглядит менее шокирующим, чем это казалось современникам или историкам. В его знаменитом Приказе № 120 от 9 ноября 1864 года говорилось, что во время перехода солдаты могут «свободно реквизировать» ресурсы, и это не было чем-то новым: подобные меры практиковались в обеих армиях с первого же года войны. Ранее, во время штурма в том же году Атланты, люди генерала, несмотря на все усилия офицеров, конфисковали у мирных жителей огромное количество продовольствия, — вот и сейчас, по дороге в Саванну, они потребляли очень много еды — и снова вопреки усилиям офицеров. Свою печальную известность «марш к морю» получил отчасти в силу географических факторов, поскольку много важных событий оказались сконцентрированы в одном месте. Кроме того, он начался всего через полтора месяца после того, как Авраам Линкольн был избран президентом во второй раз. Наконец, среди мирных жителей, столкнувшихся с людьми Шермана, было много женщин. Сам генерал не давал во время марша никаких комментариев, что также возбуждало любопытство общественности. И если он действительно разорил сельскую Джорджию, как сам же и заявил в декабре 1864 года, то другие военные в том году делали в других местах то же самое[17].

Армия Конфедерации поступала ничуть не лучше. В 1864 году на ее складах оставалось какое-то количество еды, и железные дороги по большей части еще работали, однако армейское начальство не могло обеспечить поставки, и на протяжении многих дней солдаты оставались без продовольствия. В поисках съест-

---

[16] См. [Engs, Brooks 2007: 279; Graham 2013: 318–319]. См. также письмо Ч. М. Стэйси «Моим дорогим сыновьям» от 11 марта 1864 года, переписка Хамнеров и Стэйси (UMS); дневник Джейсона Найлза, запись от 1 марта 1864 года, архив Джейсона Найлза (UNC-SHC); данные федеральной переписи населения за 1860 год (раздел «Свободные»), Джорджия, округ Уолкер, с. 693.

[17] См. [Fellman 1995: 213–222; Kennett 2001: 262–276, 343–344, 352; Frank 2015: 1–18, 148–164; Hess 2012: 220, 270; Sherman 2005: 602].

ного они все чаще обращались к гражданскому населению. Власти в Ричмонде отдавали себе отчет в том, что Военное министерство «постоянно» занималось исправлением «нарушений», связанных с конфискацией частной собственности, включая продукты. Тем не менее требования военных продолжали расти. В марте 1864 года бригадный генерал армии Юга Дж. Д. Имбоден публично обратился к мирным жителям с просьбой бесплатно снабдить кавалерию зерном, хоть он и понимал, что те уже отдали армии «невероятное количество» еды[18].

Военные по-прежнему считали свои потребности самыми главными — даже сейчас, когда уже никто не мог утверждать, что запасы Юга безграничны. К 1864 году рухнули все социальные, культурные и политические ограничения, которые могли бы помешать солдатам причинять вред собственному мирному населению. Сержант Уильям У. Хартсилл знал, что, когда его братьям по оружию требовалась еда, они даже не нуждались в координации друг с другом и попросту обчищали «чье-нибудь поле». Солдаты забирали еду у мирных жителей, которые раньше были к ним добры. Рядовые-кавалеристы «украли» все, что смогли унести, с плантации в окрестностях Берзелии, Джорджия, хотя ее владелец уже пожертвовал армии часть своих продуктов. Некоторые офицеры относились к мирным жителям с презрением. Майор У. Г. Таннард и его товарищи высмеяли старика, который явился в их лагерь у Шривпорта, надеясь вернуть конфискованный у него мед. Они не дали этому старику никаких документов, несмотря на то что он утверждал, что поддерживает дело Конфедерации. Майор добавил, что голодные солдаты не интересуются «моралью» и готовы красть еду где угодно — хоть на собственных складах, хоть у мирных жителей[19].

---

[18] См. [Goff 1969: 138, 212; OR 4, 3: 2–3]. См. также «Воспоминания солдата-конфедерата», с. 171; статью «Фермерам Огасты, Рокингхэма и Шенандоа», опубликованную в газете «Стаунтон спектейтор» 8 марта 1864 года, с. 1.

[19] См. [Wiley 1953: 223; Tunnard 1866: 288–291, 342–343]. См. также дневник Джозефа Белкнапа Смита, запись от 17 июня 1864 года, архив Джозефа Белкнапа Смита (DU).

«Пожалуйста, спасите нас от наших друзей», — умолял в январе 1864 года правительство Конфедерации мистер Дж. М. Баркер. По его словам, солдаты-мятежники так бесцеремонно отбирали еду у мирных жителей округа Дрю, Арканзас, что те боялись конфедератов ничуть не меньше, чем янки. В том году, наконец, стали очевидны медленно проявлявшиеся последствия, вызванные поведением армии Юга: мирное население, даже те, кто раньше выступал за дело мятежников, больше не воспринимало солдат этой армии как «своих». Ребекка Л. Фелтон, жена работорговца, поначалу поддерживавшая Конфедерацию, заявила, что в плане реквизиции провианта генерал-майор армии Юга Джозеф Уилер ничем не отличался от генерала армии Севера Уильяма Т. Шермана, поскольку они оба без разбора отбирали еду у мирных жителей. Генерал-майор Ричард Тейлор полагал, что жители Луизианы были настолько «недовольны» реквизициями скота, что специально отогнали своих животных туда, где их смогли перехватить северяне. В конце концов поведение солдат армии Юга лишило ее общественной поддержки[20].

Белые южане возражали против реквизиции их продуктов конфедератами ничуть не меньше, чем если бы речь шла о янки. Стоит повторить, что зачастую солдаты отбирали еду у женщин. Родственница Мэри Пирр видела, как отряды мятежников прочесывали Центральный Теннесси, конфискуя все виды провизии. Она вышла в поле и взмолилась: «Оставьте нам хоть что-то», — после чего солдаты забрали лучший домашний скот ее семьи. Иногда женщины брались за оружие, окончательно разрушая довоенные гендерные установки. Так, хозяйка одного бревенчатого домика взялась за топор, когда солдат-мятежник попытался забрать с ее кухни бекон, в результате тот ретировался с пустыми руками. В 1861 году никто не мог бы и подумать, что толпа голодных женщин способна повлиять на принятие военно-тактических решений. В 1864 году в округе Пирс, Джорджия, вооруженные пистолетами белые женщины ворвались на склад армии конфедератов и увезли оттуда телеги, груженные беконом. На случай,

---

[20] См. [OR 1, 34, 2: 989–990; Felton 1919: 86–87, 89; OR 1, 34, 2: 903; Escott 1978: 111].

если эти женщины еще вернутся, генерал-майор Лафайетт Маклос посоветовал своему начальству разместить поблизости 3-й полк Южной Каролины[21].

Что касается реквизиции продовольствия, то некоторые офицеры все же следовали официальной процедуре. Молодая женщина — очевидец событий вспоминала, что, когда южане-кавалеристы встали лагерем на ферме в окрестностях Ленуара, Северная Каролина, и конфисковали у владельцев еду, они хотя бы заплатили «столько, сколько, по их мнению, это стоило». Белые мирные жители не всегда охотно принимали конфедератские доллары, однако даже обесценившаяся валюта была лучше, чем вообще ничего. Некоторые офицеры напоминали своим товарищам, что у каждого поступка есть последствия. В Арканзасе капитан У. Дж. Макартур упрекнул коллегу в том, что тот позволил солдатам «украсть» скот: по его словам, следовало уважать собственность гражданского населения, иначе мирные жители вскоре встанут на сторону федеральной армии. С этим согласился бы генерал-майор Томас Черчилл, проговорившийся как-то, что своими бесчинствами армия Юга вредит тем самым людям, которые необходимы для победы Конфедерации[22].

Те сторонники федералов, кто к 1864 году не отказался от своих прежних взглядов, время от времени предлагали помощь проходившим мимо солдатам-янки, однако они разделяли участь своих соседей-конфедератов и постоянно подвергались реквизициям со стороны обеих армий. Рядовой Джон Биллингс и другие солдаты армии США признавали, что сотни поддерживавших юнионистов семей были вынуждены расстаться со своими продуктами по причине бесконечных требований янки. А солдаты армии Юга по-прежнему охотно грабили сторонников Федера-

---

[21] См. дневник Мэри Л. Пирр, запись от 16–17 декабря 1864 года (UTK). См. также [Fletcher 1995: 111–112; OR 1, 35, 2: 544].

[22] См. письмо Мэйм «Дорогой тетушке» от 4 февраля 1864 года, архив семьи Ленуар (UNC-SHC); генерал-майор Черчилл, циркуляр от 30 декабря 1864 года, лагерь Ли, Арканзас, сборник приказов, с. 68–69, дивизия Черчилла, Конфедеративные Штаты Америки, Сборник генеральных приказов (FHS). См. также [Goff 1969: 219; OR 1, 34, 4: 690].

ции: так, они сначала забрали у Друсиллы Кэмерон из округа Мэрион, Миссисипи, всю еду, а потом обложили ее руганью и пообещали убить ее мужа. Когда отряды мятежников встали лагерем на плантации Джона Майнора Боттса, они уничтожили его сад, сожгли изгороди и забрали урожай кукурузы. По этому поводу Боттс язвительно сказал, что белым южанам не следует жаловаться на поведение армии янки[23].

Бо́льшая часть населения не испытывала к обеим армиям ничего, кроме ненависти. И потому мирные жители занялись тем, чем занимаются во время продовольственного кризиса всегда — а именно, сосредоточились на собственном выживании. Сейчас, когда на кону стояла их жизнь, они стали нападать на солдат и порой даже убивали их. На дорогах валялись изуродованные тела янки и конфедератов. Иногда гражданские угрожали другим гражданским. В 1864 году белый мужчина наставил нож на белого подростка Дж. Д. Голдмана и пригрозил, что убьет его, если тот расскажет о его тайнике, где были спрятаны хлеб и мясо[24].

Страдая от голода, мирные жители съедали даже то, что до 1861 года вообще едой не считалось. Как это происходило во время других войн, они обратились к «табуированным» видам пищи, из которых самым отвратительным были крысы. Известно, что крысы являются переносчиками бактерий, грибков, вирусов, сальмонеллы, бешенства и множества других заболеваний, однако во время голода люди из самых разных сообществ начинают смотреть на них как на мясо. Во время Гражданской войны популяция грызунов быстро росла — возможно, это было связано с увеличением количества трупов, — и некоторые отчаявшиеся мирные жители стали охотиться на крыс. Весной 1864 года в Виргинии белый подросток, известный только как Мортон, ободрал шкурки с нескольких крыс, сварил их, запек в выложен-

---

[23] См. [Rhodes 1991: 178; Billings 1993: 234; Botts 1866: 296]. См. также Друсилла Камерон, дело 19404, Миссисипи, ящик 202, документы по урегулированным делам, SCC, RG 217, NARA-II.

[24] См. [O'Grada 2009: 48–52; Billings 1993: 246; Hughes N. 1995: 276]. См. также автобиография Дж. Д. Голдмана: 9, архивы американских евреев.

ной тестом форме и проглотил получившийся «пирог» в один присест — он был счастлив, что у него была хоть какая-то еда[25].

Военные отдавали себе отчет о том, как тяжело приходилось голодающим. Похоже, солдаты армии Севера чаще задавались вопросами морального характера — или как минимум чаще проговаривали такие мысли вслух. Лейтенант Эллиотт Ф. Грэйбилл порицал поведение своих товарищей в Северной Каролине: по его словам, военные скатились до состояния «бандитов», а сам он не для того стал одним из них, чтобы отнимать последний кусок у плачущих женщин и детей. Солдаты-повстанцы, напротив, реже высказывались о вреде, причиняемом голодному населению, и, если уж об этом заходила речь, они оправдывали свои действия необходимостью выжить. Рядовой Филипп Стивенсон и его товарищи нарушили предписания и отобрали еду у мирных жителей Миссисипи, потому что их «совесть притупилась». Стивенсон понимал, что речь идет о банальной краже, и все-таки спрашивал себя: «Что нам было делать? Голодать?» Некоторые конфедераты умудрялись обвинять во всем гражданских. Рядовой Артур П. Форд заявил, что солдаты нарушили приказ и убили несколько принадлежавших частному лицу свиней, потому что хотели есть, а владельцы, бросив домашних животных на произвол судьбы, сами покинули свою ферму: типичное оправдание, которым, когда речь шла о краже имущества в отсутствие хозяев, пользовались и представители армии противника. Разумеется, многие мирные жители покинули свои дома, ибо армия Юга отныне внушала им не меньший страх, чем армия Севера[26].

В 1864 году количество сообщений о голоде многократно увеличилось. Джон М. Тайер, бригадный генерал армии Севера, обратил внимание на то, что семьи сторонников Федерации на западе Арканзаса находились на грани «настоящей голодной

---

[25] См. [Cashin 2011a: 167, 160; Massey 1993: 62–63, 71].

[26] См. письмо Э. Ф. Грэйбилла Анне Дженни от 23 января 1864 года, архив Эллиотта Ф. Грэйбилла, архивы колледжа Оберлин. См. также [Hughes N. 1995: 350–351; Ford, Ford 1905: 31].

смерти». Необходимо чем-то им помочь, утверждал он. Когда генерал-майора Дж. К. Уоррена в очередной раз обступили «голодающие женщины и дети», он обратился за помощью к другому офицеру и добавил, что «наши мародеры держат этих людей в постоянном ужасе». Однако помощи от отдельных офицеров, специальных конфедератских организаций и других институтов было недостаточно. Мирные жители, как это случалось и во время других войн, умирали от голода. В мае 1864 года жители округа Рэндольф, Алабама, написали письмо Джефферсону Дэвису, в котором сообщали, что, несмотря на «отчаянные попытки» оказать людям помощь, в их округе имелись случаи «голодных смертей»[27].

Древесина

Уничтожению лесов способствовали сложившиеся в 1864 году погодные условия. Первые месяцы года выдались необычайно холодными — настолько, что солдаты замерзали до смерти даже в Техасе. Осень 1864 года быстро уступила место зиме, и в Виргинии начались сильные морозы. Чем ниже опускалась температура, тем больше дров требовалось обеим армиям. Еще одним негативным фактором стала напряженность боевых действий. Когда в мае 1864 года вокруг Ричмонда шли ожесточенные бои, в лесах то и дело вспыхивали пожары, что вызывало у военных тревогу. Иногда лес горел всю ночь напролет, и раненые задыхались в дыму или сгорали заживо. Кроме того, на кону стояло слишком многое, и когда достижение военных целей приобретало особенно важное значение, это также негативно сказывалось на состоянии леса. Пока Уильям Т. Шерман прокладывал себе путь к Атланте через Северо-Западную Джорджию, а войска мятежников пытались его остановить, обе армии вырубали деревья на сотни ярдов вокруг себя. Куда бы ни

---

[27] См. [OR 1, 41 Part 4: 943; OR 1, 42, 2: 763; Williams et al. 1985: 61; Ritchie 1981: 175; OR 1, 52, 2: 667].

перемещались отряды, вокруг них расползалось все больше затруднявшей движение грязи[28].

Янки по-прежнему выискивали свое любимое дерево — сосну. Ее использовали и для костров, и для прочих военных нужд. Солдаты и пионеры применяли древесину сосны и других пород дерева для строительства лагерей, фортификационных сооружений, столовых, медицинских пунктов и прокладывания дорожек между зданиями. Ко всему прочему, с каждой неделей увеличивалось число погибших, в связи с чем требовалось все больше деревянных гробов и надгробий. Военные действия по-прежнему вредили деревьям, и некоторым солдатам было не по себе, когда они видели, например, изуродованный выстрелами молодой лес на реке Чикахомини, однако прагматическая точка зрения преобладала: лес был ресурсом, и без него было не обойтись. Военные продолжали разбирать изгороди на жерди, которые использовали, например, для строительства моста через Типпа-Крик в Миссисипи. В Центральном Теннесси солдаты-янки построили передвижную лесопилку и перерабатывали с ее помощью то, что один из них назвал древесиной «лучшего качества и всевозможных видов»[29].

Как и раньше, армия Союза тратила огромное количество древесины впустую — зачастую ненамеренно. Солдаты разбирали изгороди и укрепляли жердями окопы, однако неприятель так и не появлялся. В других случаях древесину уничтожали осознанно — так, северяне при любой возможности сжигали запасы противника. Генерал-майор Лавелл Руссо мимоходом отметил, что, разбирая местную железную дорогу в Оберне, Алабама, его солдаты сожгли «большое количество» дерева.

---

[28] См. статью «С фронта», опубликованную в газете «Триуикли телеграф» 6 января 1864 года; письмо неизвестного автора «Дорогой жене» от 11 октября 1864, архив семьи Джонсон (VMI). См. также [Worsham 1912: 208; OR 1, 36, 1: 218; Sherman 2005: 447; OR 1, 41, 1: 645].

[29] См. [OR 1, 35, 2: 66; Mohr, Winslow 1982: 488; Winther 1958: 140; Jaquette 1998: 49–51; Wittenberg 2000: 88; OR 1, 32, 1: 278; Hopkins 1903: 154]. См. также письмо Уильяма и А. У. Россов Саре Росс от 26 апреля 1854 года, архив Сары Эмили Росс (OHC).

Бывали ситуации, когда уничтожение древесины создавало угрозу мирным жителям. Например, покидая Мерфрисборо, Теннесси, и пытаясь ввести неприятеля в заблуждение, военные подожгли изгороди, устроив большой пожар. Когда они уходили, пламя еще не погасло[30].

Солдаты-федералы часто действовали по собственному усмотрению и, отправляясь на поиски древесины, не советовались ни с кем. Они каждый день нарушали официальные распоряжения и поступали так, как считали нужным. Зимой 1864 года они расхищали на занятой Федерацией территории запасы собственной армии: воровали со складов древесину и отрезали борта у товарных вагонов, находившихся возле Александрии, Виргиния. Рядовой Уильям Дж. Бентли признавал, что его братья по оружию жгли в Теннесси изгороди без малейших «угрызений совести», полагая по умолчанию, что все местные жители были сторонниками сецессии. Иногда деревья портили по вовсе незначительным причинам: например, в окрестностях Кингстона, Джорджия, солдаты обрубили каштану ветви, чтобы добраться до его плодов. Большинство жителей довоенной Америки, и южане, и северяне, осудили бы подобное поведение[31].

В основном такое происходило по причине слабости бюрократического аппарата армии Севера. В какой-то степени свою роль сыграло и общее моральное разложение. Мирные жители занятого федеральными войсками Виксбурга видели, как военные бюрократы обогащались за счет «государственной древесины» и других материалов. Нельзя исключить и фактор халатности. Суперинтендант железных дорог Дж. Г. Деверо писал, что офицеры знали о кражах дерева со складов в Александрии, но не считали нужным в это вмешиваться. Безразличие управленцев оставалось распространенной проблемой. Командиры были вынуждены снова и снова выдавать распоряжения своим подчиненным, чтобы попытаться удержать людей под контролем

---

[30] См. [Rhodes 1991: 179; OR 1, 38, 2: 907; Stillwell 1920: 236].

[31] См. [OR 1, 33: 377–379; Smith, Baker 2004: 85; Winther 1958: 131].

и заставить их следовать инструкциям во время конфискации древесины[32].

Офицеры-янки, как и раньше, пытались заставить солдат соблюдать правила. Бригадный генерал Дж. М. Тайер запретил сжигать изгороди в окрестностях форта Смит, Арканзас: он напомнил своим солдатам, что подобное поведение вредило армии, федеральному правительству и мирным гражданам, после чего заставил их выдавать расписки о реквизиции имущества с тем, чтобы верные Федерации мирные жители могли получить компенсацию. Если не оставалось других аргументов, командиры могли угрожать своим солдатам физической расправой. Некий офицер, известный только как Пеннингтон (возможно, речь идет о полковнике Александре Пеннингтоне из Нью-Джерси), пообещал пристрелить каждого, кто попытается вытащить жерди из изгороди в Виргинии, и подтвердил серьезность своих намерений, заняв позицию у одной такой изгороди. Как писал рядовой Роджер Ханнафорд, солдатам это решение совсем не понравилось. Иногда кого-нибудь отдавали под суд за кражу жердей из изгородей, однако в большинстве случаев их, как капрала Далласа Брустера из Иллинойса, оправдывали и отпускали на свободу. Кажется, никто не стремился взять на себя ответственность[33].

Армия Конфедерации, как этого и следовало ожидать, эксплуатировала леса своей родины с той же беспощадностью, что и ее противник. Южане по-прежнему восхищались лесными пейзажами и высокими соснами и с горечью описывали вред, который война причинила лесу — так, во время Битвы в Глуши 5–7 мая 1864 года артиллерия разносила стволы деревьев в щепки. Однако войска Юга тоже испытывали крайнюю потребность в огром-

---

[32] См. письмо «друга Союза» Монтгомери Мейгсу от 20 октября 1864 года, ящик 637, запись 225, общее собрание переписки за 1794–1915 годы, Управление генерала-интенданта, RG 92 (NARA). См. также [OR 1, 33: 377–379; OR 1, 34, 2: 577–578].

[33] См. [OR 1, 34, 2: 497; Eicher, Eicher 2001: 425]. См. также мемуары Роджера Ханнафорда, раздел 244–245, архив Роджера Ханнафорда (CHSL); Даллас Брустер, папка NN 1795, Управление начальника военно-юридической службы, архив военно-полевых судов, RG 153, NARA.

ном количестве древесины всевозможных пород для строительства фортификационных сооружений, жилых зданий и мостов. Южане выламывали жерди из изгородей — например, перед сражением у Кернстауна, Виргиния, из них сооружали баррикады. Кроме того, армии прорубали себе дорогу, уничтожив таким образом огромное количество леса по всему региону[34].

Как и янки, мятежники часто тратили дерево не по назначению, поскольку того требовала военная обстановка. Во время Кампании Ред-Ривер в Луизиане генерал-майор Ричард Тейлор хотел ввести противника в заблуждение и создать впечатление, что его армия больше, чем она была на самом деле (6 тысяч человек). Для этого он приказал разжигать побольше костров и громче шуметь, перетаскивая через обрушенные изгороди повозки. Иногда причиной бессмысленной траты ресурсов была некомпетентность. Чтобы защитить Атланту от войск Шермана, солдаты-мятежники воздвигли деревянные частоколы, от которых вскоре пришлось отказаться, потому что они оказались построены неправильно. Куда бы ни направлялась армия Юга, военные сжигали древесину, принадлежавшую частным лицам, если предполагали, что она может достаться врагу. В Теннесси, между Пуласки и Спринг-Хилл, отряды южан сожгли два дровяных склада, лесопилку и три железнодорожных моста: пожар был такой, что в ночи было светло на многие мили[35].

Офицеры-конфедераты продолжали выпускать приказы, запрещавшие солдатам самовольно поджигать изгороди и совершать другие «бесчинства» в отношении мирных жителей. Иногда они старались отстаивать справедливость. Так, в Виргинии майор Робертс Стайлс наставил револьвер на двух солдат, которые в нарушение его приказа отправились рубить дерево, и опустил оружие не раньше, чем они отказались от своего плана. Некоторые офицеры по-прежнему выдавали мирным жителям, у которых

---

[34] См. [Anderson E. 1868: 392; Neese 1911: 271; McDonald 1973: 236; Craig 2009: 152, 154; OR 1, 37, 1: 292]. См. также мемуары Роджера Ханнафорда, раздел 61, архив Роджера Ханнафорда (CHSL).

[35] См. [OR 1, 34, 1: 590; Hughes N. 1995: 204; OR 1, 39, 1: 545–547].

они реквизировали лесоматериалы, письменные свидетельства об этом: например, такой написанный от руки документ получила семья Гамильтонов из Питерсберга, Виргиния. В нем говорилось, что древесина была нужна для «общественных нужд». Документы этого типа трудно отнести к определенной категории (квитанции, расписки, свидетельства), однако не имевшие возможности рассчитаться за изъятое офицеры обещали, что в неопределенном будущем по ним будет выплачена компенсация[36].

Однако несмотря на усилия более добросовестных офицеров, южане, как и северяне, постоянно нарушали собственные распоряжения. В Теннесси солдаты-мятежники, не советуясь ни с кем, разобрали изгороди на жерди и доски и соорудили из них защитные укрепления для своих дозорных. Другие солдаты срывали с домов обшивку, которую использовали как дрова для костров. Известны и более масштабные нарушения, когда военные вредили тем, кто их поддерживал. Так, весной 1864 года в округе Мэдисон, Северная Каролина, кавалеристы-южане выломали из изгородей вдовы Джейн Гарретт около 11 тысяч досок. Когда она обратилась с жалобой к интенданту, он не предпринял в связи с этим никаких мер и не выдал ей никаких документов. Инспекционная комиссия Эшвилла обнаружила, что армия должна была выплатить миссис Гарретт за ее изгороди 8900 конфедератских долларов. Два ее сына сражались в армии Юга, однако нам неизвестно, получила ли она в конце концов какую бы то ни было компенсацию[37].

---

[36] Генеральный приказ № 4 от 12 апреля 1863 года, штаб-квартира в окрестностях Мэнсфилда, Луизиана, дивизия Черчилла, Конфедеративные Штаты Америки, Сборник генеральных приказов (FHS); Конфедеративные Штаты Оливеру Гамильтону, 30 июня 1864 года, 31 декабря 1864 года, Конфедеративные Штаты миссис О. Гамильтон, 14 октября 1864 года, собрание Вирджинии Харролд (UMCP). См. также [Stiles 1904: 314–315].

[37] См. [Warwick 2006: 61, 230]. См. также письмо Джейн Гарретт и Эдварда Севьера на имя Джона Б. Палмера от 4 апреля 1864 года, особое распоряжение № 98 от 8 мая 1864 года, «Без описания»-43, «Бумаги, связанные с преступлениями конфедератских кавалеристов в западной части Северной Каролины в мае 1864 года», Управление генерала-интенданта, собрание бумаг Конфедерации, Военное министерство, RG 109 (NARA).

Многие мирные жители оплакивали уничтоженные леса. На северо-востоке Миссисипи некий проповедник заявил, что сражение при Брайс-Кроссроудс по разрушительному эффекту можно сравнить с лесным пожаром. Луиза Лавелл, жена плантатора из Натчеса, вступила в яростную перепалку с полковником-янки, который полагал, что деревья, росшие перед ее домом, принадлежали правительству США. Этот спор она проиграла. После того как северяне срубили эти высокие дубы — «милые старые деревья» — у нее на глазах, миссис Лавелл была готова убить офицера, отдавшего приказ. Сторонники юнионистов обвиняли в уничтожении лесов других. Маргарет Линдси, дочь адвоката из Теннесси, с печалью описывала пейзаж, оставшийся после того, как армия янки вырубила деревья поблизости от ее дома. Однако она обвиняла в этом не военных как таковых, а высвобожденные войной разрушительные силы[38].

Кроме того, мирные жители предпринимали большие усилия, чтобы получить от правительства Юга компенсацию за вред, нанесенный их лесам и полям. В 1864 году они по-прежнему пытались понять, как работала эта система. Солдаты из конфедератского батальона, вставшего лагерем на ферме Б. Г. Хэкселла, сожгли его лес и уничтожили бо́льшую часть его изгородей, а потом их лошади съели весь его урожай клевера. Несколько месяцев спустя он обнаружил, что записки интенданта недостаточно для того, чтобы задокументировать нанесенный ему ущерб, и попросил у друга из правительства совета в том, чем подкрепить его жалобу. Те, кто продолжал настаивать на компенсации, обнаруживали, что офицеры Конфедерации могли как принять, так и отвергнуть их заявления, причем без видимой причины. Сэмюэл Гуд не получил ни цента за изгороди и пшеницу, которые

---

[38] См. дневник Сэмюэла А. Эгнью, запись от 29 июня 1864 года (UNC-SHC); письмо Луизы Лавелл Джозефу Лавеллу от 7 февраля 1864 года, архивы семьи Куитман (UNC-SHC); дневник Маргарет Л. Л. Рамси, записи от 3 декабря и 6 декабря 1864 года, архив Маргарет Лоуренс (Линдси) Рамси (LC); данные федеральной переписи населения за 1850 год (раздел «Свободные»), Теннесси, округ Дэвидсон, с. 593.

Илл. 8. Плантация «Фэйр Оакс», Виргиния. Библиотека Конгресса США

он потерял в течение одного-единственного дня 19 мая 1864 года, когда на его поля выпустили пастись 910 конфедератских лошадей. Некоторые мирные жители сдавались и уходили из дома куда угодно, лишь бы там было достаточно дерева, чтобы пережить зиму 1864–1865 годов[39].

---

[39] См. письмо Б. Г. Хэкселла Паулусу Пауэллу от 7 февраля 1865 года, архив Паулуса Пауэлла (VHS); заявление № 4419 от Сэмюэла Гуда, раздел V, 44, Реестр жалоб, Управление генерала-интенданта, собрание бумаг Конфедерации, Военное министерство, RG 109 (NARA); дневник Уильяма Кинга, запись от 6 сентября 1864 года, архив Уильяма Кинга (UNC-SHC). Мне не удалось обнаружить, чтобы мирные жители или солдаты ссылались на классический труд Джорджа П. Марша «Человек и природа» («Man and Nature»), опубликованный в 1864 году; см. [Lowenthal 2000].

Здания

С началом масштабных военных кампаний 1864 года военные продолжали эксплуатировать архитектурные ресурсы региона. Начнем с армии янки. Куда бы северяне ни направлялись, они описывали частные дома — богатые особняки, бревенчатые избушки, каркасные дома фермеров средней руки — и предметы их интерьера: мебель, ковры, дагерротипы на стенах. Однако в случае необходимости они все так же использовали эти здания в своих целях. Местных жителей в кратчайшие сроки выселяли из их домов, чтобы там могли расположиться солдаты, а большие кирпичные здания по-прежнему рассматривали как идеально подходящие для военных[40]. Военные по-прежнему занимались мародерством, хотя иногда перед частными домами, занятыми армией — вне зависимости от политической позиции хозяев этих домов, — выставляли часовых. Солдаты выносили из домов украшения, посуду, а иногда — даже сломанные стулья. Они, как и раньше, забирали дрова, срывали со стен обшивку, а при необходимости выносили вообще все деревянные предметы. Когда летом 1864 года во время Кампании в Джорджии умер генерал Джеймс Б. Макферсон, Уильям Т. Шерман приказал положить его тело на дверь, снятую с петель в соседнем доме[41].

Присягнуть Соединенным Штатам не всегда оказывалось достаточно для того, чтобы спасти свой дом, что бы ни думал об этом в 1862 году генерал Джон Поуп. Порой янки силой заставляли мирных жителей принести присягу, угрожая, что в против-

---

[40] См. письмо Чарльза Э. Бэйтса «Дорогим родителям» от 19 июля 1864 года, архив Чарльза Бэйтса (VHS); статью «Разрушения продолжаются», опубликованную в газете «Нью-Йорк таймс» 25 декабря 1864 года, с. 1; дневник Мэри Росон, запись от 6 сентября 1864 года, собрание семьи Росон-Колльер-Харрис, Центр истории Атланты. См. также [Howe 1995: 20; Watkins 1999: 123].

[41] См. [Rhodes 1991: 190; Fountain 1995: 157; Sherman 2005: 469]. См. также письмо Джорджа Б. Колдуэлла А. Б. Колдуэлл 1 июля 1864 года, письма Джорджа Б. Колдуэлла, Колледж Вашингтон-Джефферсон; письмо Джеймса Стиллвелла жене от 28 июля 1864 года, архив Джеймса Стиллвелла (OHC); статью «Фернандина, Флорида», опубликованную в газете «Файеттвилл обзервер» 4 января 1864 года.

ном случае тем придется покинуть свой дом. Чтобы спасти свое жилье, мирные жители в некоторых случаях соглашались поклясться в верности США. Однако так поступали не все северяне. В городке Флэт-Крик, Теннесси, солдаты армии США регулярно обыскивали дом Летиции Добсон — они подозревали, что ее муж сбежал из армии мятежников, — однако, как написала миссис Добсон дочери, ей не пришлось приносить присягу. Военное руководство не всегда настаивало на выполнении собственных опубликованных приказов. В Джексонвилле, Флорида, начальник военной полиции провозгласил, что к весне 1864 года все жители будут обязаны либо присягнуть США, либо покинуть город. Однако несколько месяцев спустя некий мистер Дорман, отказавшийся приносить присягу, по-прежнему жил в своем доме[42].

Северяне делали все возможное, чтобы защитить сторонников Союза, если тех удавалось распознать. После разведывательной операции лейтенант А. Н. Харрис начертил подробнейшую политическую карту окрестностей Бэйтсвилла, Арканзас. На основе внимательных наблюдений за местными жителями и ландшафтами он смог указать, в каких домах жили родственники офицеров США, и даже обозначил границы политических конфликтов между соседями. Выбирая здания для размещения личного состава или устройства штаб-квартир, офицеры-янки по-прежнему старались щадить жилища юнионистов. Иногда они принимали усилия для защиты их домов, даже если на практике это было сделать трудно. В мае 1864 года П. Дж. Бир, генеральный адъютант при генерал-майоре Дэвиде Хантере, приказал офицеру-кавалеристу сжечь все здания в Ньютауне, Виргиния, и все постройки в сельской местности между Ньютауном и соседним Миддлтауном, за исключением тех, которые принадлежали жителям, верным США, в особенности некоему доктору Оуэнсу, лечившему раненых янки[43].

---

[42] См. [Warwick 2006: 155, 183]. См. также «Докладная записка о событиях, имевших место в Джексонвилле, Флорида, и его окрестностях», автор неизвестен (Орлофф Дорман), 2: 246, архив Орлоффа М. Дормана (LC).

[43] См. [OR 1, 34, 2: 106–108; OR 1, 37, 1: 556–557]. См. также «Мемуары о Гражданской войне» миссис Джозеф Барретт, с. 9, Президентский центр Рутерфорда Б. Хайеса.

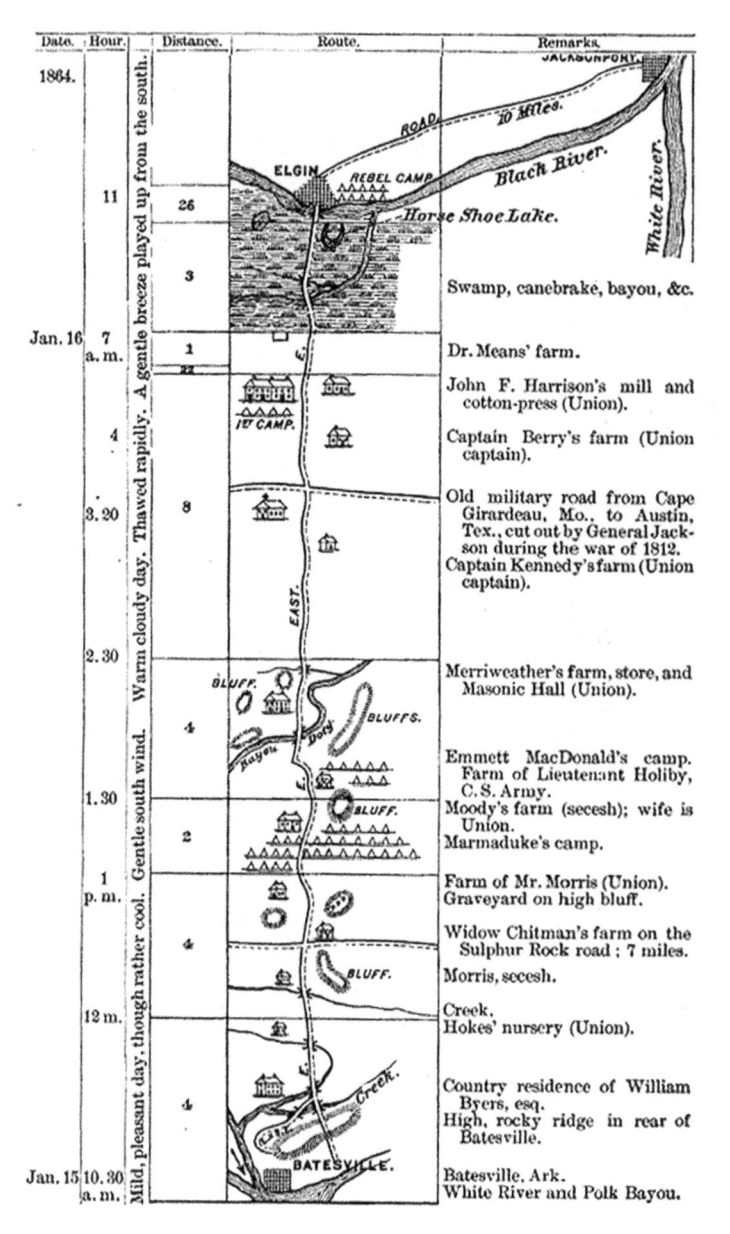

Илл. 9. Карта Бэйтсвилла, Арканзас, январь 1864 года. Из официальных отчетов о войне

При этом солдаты-южане продолжали жечь дома, особенно резиденции плантаторов. Как вспоминала бывшая рабыня Дафни Райт, в Южной Каролине они поджигали самые большие и красивые здания. Кроме того, они сжигали заброшенные дома любого размера, если внутри этих домов прятались особо меткие стрелки-шарпшутеры — так произошло, например, в Симмерспорте, Луизиана. Офицеры по-прежнему смотрели на частные дома с максимально прагматической точки зрения. В октябре 1864 года, перед тем как приступить к знаменитому «маршу к морю», Уильям Т. Шерман приказал своим людям поджигать во время движения через Джорджию «дома и заросли кустарника», чтобы отмечать тем самым местонахождение «головы» колонны. Это прозвучало так, словно дома и заросли ничем не отличались друг от друга[44].

В 1864 году бывало, что сгорали целые города, причем речь идет не только о крупных населенных пунктах, которые поджигал Шерман. Северяне уничтожали и крошечные поселения — такие, как деревня Клэрендон, расположенная в Дельте Арканзаса неподалеку от реки Миссисипи. Все 300 обитателей Клэрендона сбежали еще до того, как в 1864 году туда пришла армия США. Рядовой Леандер Стиллвелл понятия не имел, зачем его товарищи сожгли этот городок-призрак: возможно, писал он, они устали или разозлились. Он даже не знал, действовали ли они по собственной воле или по приказу. В любом случае он допускал, что конфедераты могли бы найти в брошенных домах убежище, так что действия своих товарищей полагал вполне оправданными — иными словами, солдаты опять подожгли дома просто на всякий случай. Случалось, что федеральная армия уничтожала с помощью огня дома, в которых по-прежнему жили люди: например, именно так поступили подчиненные полковника Элайши Роудса в Римс-Стейшн, Виргиния, где он незадолго до этого заметил несколько «красивых зданий». Когда они уходили, от города

---

[44] См. [Royster 1991: 344–346; OR 1, 26: 305; Sherman 2005: 538]. См. также проект «Рожденные в рабстве», Южная Каролина, интервью с Дафни Райт, с. 267 (URL: www.loc.gov).

остались только дымящиеся развалины. Позднее Роудс сам вспоминал, как сказал мирному жителю, что сначала сожжет город — на этот раз речь шла о Ньютауне, Виргиния, — а потом выпустит приказ с разрешением поджога[45].

Зрелище губительного пламени пробуждало в мирных жителях сильные чувства, чаще всего связанные с мыслями о доме. Белые мужчины оплакивали гибель жилищ, связанных с воспоминаниями детства, однако болезненнее всего это чувство утраты звучит в воспоминаниях женщин. Генриэтта Ли, жена адвоката Эдмунда Дженнингса Ли, была убита горем, когда один из офицеров Дэвида Хантера сжег ее дом в долине Шенандоа. Ее супруг, родственник Роберта Э. Ли, владел несколькими рабами, но поначалу выступал против сецессии; с началом войны семья стала поддерживать Конфедерацию. В письме Генриэтты Ли Хантеру каждое слово буквально кричит от боли. Окутанный «священными воспоминаниями» дом построил ее отец, ветеран Войны за независимость. Так почему же, спрашивала миссис Ли, Хантер сжег ее дом? Разумеется, генерал не ответил[46].

В последний военный год многими действиями янки руководила однозначная, грубая и бесхитростная мстительность. По словам Уильяма Дж. Бентли, рядового 104-го добровольческого пехотного полка Огайо, в ноябре 1864 года его товарищи разрушили здания в Теннесси, чтобы отомстить за то, что мятежники сделали годом ранее по пути в Геттисберг в Чемберсберге. У некоторых солдат, как это часто бывает, возникали дурные предчувствия. Отряд, в котором служил рядовой Чарльз Кингсли, отправился разорять виргинские деревни в отместку за то, что южане в Мэриленде сожгли дом губернатора Огастуса Брэдфорда. Бентли с товарищами также предали огню богатый дом, од-

---

[45] См. [Stillwell 1920: 206; Rhodes 1991: 166, 187].

[46] См. письмо Джона С. Тимберлейка Томасу У. Бартлетту от 1 декабря 1864 года, архив семьи Блэнтон (VHS); данные федеральной переписи населения за 1850 год (раздел «Рабы»), Виргиния, округ Джефферсон, с. 917; письмо миссис Эдмунд Дженнингс Ли Дэвиду Хантеру от 20 июля 1864 года, архив семьи Кастис-Ли (LC). См. также [Alexander 1912: 284–287, 331–332].

нако он сомневался, что это поможет одолеть Конфедерацию, потому что «мятежники тоже могут играть в эту игру». Рядовой Чонси Бартон (не приходившийся родственником Кларе или Стивену Бартонам) переживал эту проблему еще острее. Он глубоко сожалел, что его сослуживцы сожгли дом, в котором жила белая женщина с детьми, причем на глазах у его обитателей. Как писал Бартон своей сестре, он наблюдал подобные поджоги «сотни» раз и категорически их не одобрял, даже если речь шла о домах мятежников. Но такие совестливые солдаты ничего не могли поделать с безжалостной силой разрушения[47].

Отряды конфедератов, движимые тем же, поступали со зданиями точно так же, как их враги. Маршируя через страну, они так же описывали поместья плантаторов с фигурными колоннами, аккуратные коттеджи и крошечные бревенчатые домики, а еще отмечали количество в них комнат, растущие рядом с ними деревья и приблизительный возраст построек. Подобная заинтересованность редко мешала им нарушать границы частной жизни, право собственности и собственный воинский устав. При необходимости офицеры-южане занимали под штаб-квартиры частные дома, даже если они лично знали их владельцев и те были сторонниками Конфедерации. Кроме того, они могли обстраивать жилые помещения собственными постройками[48].

Что касается внутреннего пространства частных домов, то солдаты-мятежники, как и янки, занимались грабежами. В Кингспорте, Теннесси, они проникали в дома и уносили такие предметы собственности, как украшения. В Атланте и ее окрестностях они мародерствовали в брошенных домах, забирая все, что

---

[47] См. [Smith, Baker 2004: 124]. См. также письмо Чарльза Кингсли Фрэнку Кингсли от 6 августа 1864 года, письмо Чарльза Кингсли (VHS); письмо Чонси Э. Бартона «Дорогой сестре» от 14 апреля 1864 года, письмо Чонси Э. Бартона (LC).

[48] См. [Hughes N. 1995: 217, 261, 284, 341, 353; Wynne, Taylor 1993: 105]. См. также письмо Уильяма Д. Гейла неизвестному адресату от 19 января 1865 года, архив Леонидаса Полка, Университет Юга в Севани; мемуары о Гражданской войне Роберта Ч. Кардена, глава 10 (URL: http://sunsite.utk.edu/civilwar — в настоящее время ресурс недоступен).

считали нужным, и разбрасывая книги, предметы одежды и произведения искусства. Они далеко не всегда называли себя, когда мирные жители спрашивали их имена. После того как солдаты ограбили дома в округе Хендерсон, Северная Каролина, одна из домовладелиц, Рэйчел Лэннинг, поинтересовалась, как их зовут, однако они отказались говорить. После чего оскорбили ее соседку Элизабет Янгблад, вдову средних лет, которая управляла фермой сама, забрали с собой множество «мелких предметов» и наконец ушли[49].

Солдаты Конфедерации по-прежнему охотно грабили дома сторонников юнионистов. Примером может послужить история Кэролайн Муирхед, жившей в окрестностях Мерфрисборо, Теннесси. В начале войны она назвала своего новорожденного сына Авраамом Линкольном Муирхедом, что было весьма громким политическим высказыванием. Ее соседи полагали, что она может быть «опасна» для Юга, и в декабре 1864 года ее арестовали за неоднократное оказание помощи неприятелю. В процессе допросов миссис Муирхед водили по домам местных сепаратистов — конфедераты решили, что это сможет ее запугать. Тем временем ее собственный дом оказался ограблен. В конце концов миссис Муирхед отпустили, однако всего несколько недель спустя сожгли ее дом вместе с коптильней и урожаем хлопка. Общая сумма убытка составила примерно 4 тысячи долларов США[50].

Повсюду на своем пути армия Юга разоряла города и поселки. Как-то раз ночью в сентябре 1864 года кавалеристы Джозефа Уилера уничтожили в Теннесси дом семьи Старнс — причем сначала они подожгли его и только потом разбудили владельцев

---

[49] См. [OR 1, 32: 849–850; Wynne, Taylor 1993: 105–106; заявления Рэйчел Лэннинг от 10 мая 1864 года, Элизабет Янгблад от 10 мая 1864 года, «Без описания»-43, «Бумаги, связанные с преступлениями конфедератских кавалеристов в западной части Северной Каролины в мае 1864 года», Управление генерала-интенданта, собрание бумаг Конфедерации, Военное министерство, RG 109 (NARA); см. также данные федеральной переписи населения за 1860 год (раздел «Свободные»), Северная Каролина, округ Хендерсон, с. 60.

[50] См. Кэролайн Муирхед, папка NN 3336, Управление начальника военно-юридической службы, архив военно-полевых судов, RG 153, NARA.

здания, чтобы сообщить, что оно охвачено пламенем. Перед декабрьским сражением при Нэшвилле солдаты Конфедерации сровняли с землей несколько пригородных поместий, потому что те помешали бы вести артиллерийский огонь. (Янки сделали то же самое.) Повстанцы не щадили и общественные здания: например, именно в мае 1864 года разрушение ожидало все муниципальные учреждения в Мартинсберге, Виргиния. Иногда конфедераты уничтожали целые города. Городок Болдуин в штате Флорида несколько раз переходил из рук в руки. Наконец южане подожгли его и ушли, оставив после себя груды обугленного дерева, трупы лошадей и мулов и невыносимое зловоние[51].

Некоторым мирным жителям пришлось узнать о том, что ошибки военных может быть достаточно для того, чтобы их дом навсегда исчез в одной-единственной слепящей вспышке. Именно это случилось с жилищем Лоуренса Дж. Мессерри, почтмейстера из городка Рэнтаулз-Стейшн, Южная Каролина. Мессерри, сторонник Конфедерации, жил в старом двухэтажном доме с кирпичным фундаментом, кирпичными трубами, черепичной крышей и крыльцом. Его семья состояла из десяти человек. Лейтенант армии Юга Джон Н. Эдвардс, не спросив у хозяина разрешения, поместил в подвал его дома запасы пороха и артиллерийских снарядов с ближайшего склада. Когда Мессерри возмутился подобным самоуправством, лейтенант сослался на «военную необходимость»: по его словам, ему нужно было куда-то переместить свои запасы, поскольку именно в то время инженеры перестраивали склад. Тем не менее офицер не выдал хозяину дома никаких документов. По причине вылетевшей из камина искры в доме начался пожар, и здание взорвалось так, что кирпичи разлетелись во все стороны. Мессерри утверждал, что присутствовавшие при этом солдаты не стали помогать ему и его младшему сыну тушить огонь; по приказу лейтенанта двое солдат все-таки пришли на

---

[51] См. [Warwick 2006: 35; Emerson, Stokes 2013: 56]. См. также дневник Маргарет Л. Л. Рамси, запись от 3 декабря 1864 года, архив Маргарет Лоуренс (Линдси) Рамси (LC); дневник Джона Бриза, запись от 17 мая 1864 года, архив семьи Бриз, округ Аллен, Огайо, Историческое общество, Лима.

помощь. Остальные постройки тоже сгорели дотла. Чудесным образом происшествие обошлось без человеческих жертв, однако владелец дома получил контузию и написал генералу П. Г. Борегару письмо с просьбой предоставить его семье кров. Борегар выписал порицание лейтенанту и его командиру, однако не сохранилось никаких свидетельств того, Мессерри получил извинения или был обеспечен новым жильем[52].

Как солдаты-южане могли допускать подобное? Разумеется, свою роль сыграли военная необходимость, несчастный случай, ошибочные суждения и халатность, как мы видим на примере Мессерри. Кроме того, имел место мотив личного обогащения. Роберт Хадсон, плантатор из Эдинбурга, Миссисипи, стал свидетелем того, как разведывательные отряды и независимые формирования грабили дома его соседей, наживаясь на имуществе «собственного народа». Некоторые словно сходили с ума от ужасов войны и той власти, которую они имели над мирными жителями. Кавалеристы из Техаса ограбили ферму Дэвида Моррелла в Северной Каролине, забрав его кукурузу и не выдав взамен ни компенсации, ни документов. После этого один из техасцев верхом заехал в его дом и застрелил собаку. Полковник Джон Б. Палмер отправил своего капитана, чтобы тот расследовал эту историю, однако не сохранилось никаких свидетельств того, что кавалеристы были наказаны[53].

Как мы уже видели, солдаты армии Юга чувствовали некоторые угрызения совести из-за вреда, наносимого ими жилищам местных жителей. Во время обороны Атланты рядовой Филипп Стивенсон не хотел заходить в дом, в котором ему приходилось бывать

---

[52] См. запись «Лоуренс Дж. Мессерри», 1843–1874, район Коллтон, Южная Каролина (URL: www.carolana.com/SC/Towns/All.htm — в настоящее время ресурс недоступен). См. также [OR 1, 35, 1: 637–639].

[53] См. [OR 1, 45, 1: 1246–1248; Adams, Living Hell: 166–172]; письмо Джона Б. Палмера Дж. Харрису от 16 мая 1864 года, заявление Дэвида Моррелла от 9 мая 1864 года, «Без описания»-43, «Бумаги, связанные с преступлениями конфедератских кавалеристов в западной части Северной Каролины в мае 1864 года», Управление генерала-интенданта, собрание бумаг Конфедерации, Военное министерство, RG 109 (NARA).

раньше (когда началось противостояние двух армий, хозяева этого дома бежали). Теперь вокруг «огромной кирпичной коробки, пустой и одинокой» бушевала ярость, и, глядя на это, Стивенсон чувствовал тошноту. Чаще всего южане обвиняли во всех своих бедах северян. Так, артиллерист Джордж М. Низ решил, что дом Эдмунда Раффина разрушили янки, хотя сам Раффин сообщил, что в этом поучаствовали обе армии. Некоторые повстанцы возлагали вину за происходившее на самих мирных жителей, бросивших свои дома, и в этом их позиция совпадала с мнением противника. Дом, покинутый его хозяевами, писал капрал Уильям У. Чемберлен, будет стираться с лица земли обеими армиями[54].

Офицеры-мятежники пытались удерживать своих солдат в рамках. В апреле 1864 года была высказана угроза, что каждый, кто войдет в дома по дороге на Шривпорт, Луизина, будет арестован. И действительно, несколько человек попали под арест. Лейтенант Джеймс Кидд, которого один из офицеров назвал «прожженным злодеем», был арестован вместе с еще несколькими кавалеристами за ограбление мирных жителей и их домов в Теннесси. Бригадный генерал Брэдли Т. Джонсон пришел в ярость от «возмутительного» поведения другого бригадного генерала Джона Маккоусланда, в особенности когда тот в 1864 году сжег Чемберсберг, Пенсильвания. Что еще хуже, по возвращении в Конфедерацию люди Маккоусланда активно занялись грабежом. Таких солдат нельзя было призвать к порядку, заявил Джонсон, поэтому их следовало привлечь к суду. Очевидно, никакого суда не состоялось, а Маккоусланд продолжал утверждать, что сжег Чемберсберг по приказу Джубала Эрли в отместку за действия федеральной армии. Грабежи на территории Конфедерации он оправдывать не стал[55].

---

[54] См. [Hughes N. 1995: 229; Neese 1911: 294; Allmendinger 1990: 164; Chamberlaine 1912: 92].

[55] См. Генеральный приказ № 17 от 17 апреля 1863 года, штаб-квартира в окрестностях Мэнсфилда, Луизиана, дивизия Черчилла, Конфедеративные Штаты Америки, Сборник генеральных приказов (FHS). См. также [OR 1, 32, 3: 849–850; OR 1, 43, 1: 7–8; Pauley 1992: 53–64].

В 1864 году армия мятежников окончательно утратила свои социальные устои: конфедератам не раз случалось самым шокирующим образом нарушать самые основополагающие правила. К таким правилам, например, относилась обязанность хоронить своих сограждан. В Виргинии конфедераты забрали коня из погребальной процессии прямо на глазах у друзей и родственников почившей женщины. Иногда военные откровенно выказывали пренебрежение к материальным символам семьи и общины. На кладбище в Кэссвилле, Джорджия, они опрокинули надгробия, чтобы те не мешали им строить укрепления. Ни один общественный институт не мог считать себя в безопасности. В Северной Каролине конфедераты обокрали церковь и оставили на стенах неприличные надписи — очевидно, предназначение здания для них уже ничего не значило[56].

Многие мирные жители пришли к выводу, что в своем отношении к материальным ресурсам обе армии больше ничем не отличались друг от друга. Уильям Питт Чемберс, старший сержант армии Юга, в 1864 году с беспокойством отмечал, что действия его товарищей, без разбора уничтожавших имущество гражданских, только «расширяют пропасть» между армиями и белым населением Юга. Как он и предполагал, эта пропасть стала непреодолимой. В феврале 1864 года в окрестностях Уоррена, Арканзас, белые жители сообщили рядовому-кавалеристу Конфедерации Джорджу Бодди, что обе армии одинаково опасны. Ему пришлось признать, что, разоряя «собственный народ», военные сами делали мирных жителей своими врагами. Мирные жители пришли к мысли, что об их интересах никто не заботится. В феврале 1864 года местный суд округа Аппоматтокс, Виргиния, попытал-

---

[56] См. «Воспоминания» Анны Клейтон Логан, с. 48 (VHS), «История 25-го Алабамского пехотного полка» Дрискелла, весна-лето 1864 года (URL: https://sites.google.com/site/25thalabamaHome — в настоящее время ресурс недоступен); заявление капитана М. Э. Картера от 12 мая 1864 года, «Без описания»-43, «Документы, связанные с преступлениями конфедератских кавалеристов в западной части Северной Каролины в мае 1864 года», Управление генерала-интенданта, собрание бумаг Конфедерации, Военное министерство, RG 109 (NARA).

ся завладеть продовольствием, захваченным в этом округе армией Юга, однако правительство в Ричмонде пригрозило привлечь к ответственности любого гражданского чиновника, который отберет у военных провизию. Военный министр Джеймс Седдон поклялся, что это наказание будет применено и в отношении прочих гражданских лиц. Пропасть между армией Конфедерации и белым населением Юга становилась все шире[57].

Ужасы войны

В условиях нарастающего стресса некоторые мирные жители начинали вести себя все более безрассудно. В мае 1864 года высокий прилично одетый священник ворвался в самую гущу битвы при Йеллоу-Таверн, выкрикивая: «Где мой сын? Я хочу видеть моего сына». Так, под крики военных, которые приказывали ему уходить, он пересек все поле боя и, не получив ни единой царапины, скрылся в лесу. В других случаях скорбь полностью затмевала человеку рассудок. Во время похода на Атланту рядовой-южанин Сэм Уоткинс заметил белую женщину, которая металась от одной сосны к другой в поисках могилы своего мужа. Ей было известно только то, что его похоронили возле сосны, поэтому она кидалась и металась в разные стороны и выглядела «почти безумной». Иногда потрясение оказывалось слишком сильным. Когда отряды северян шли через долину Шенандоа, у двери одного из домов солдаты увидели белую девушку, смотревшую, как горят дворовые постройки, принадлежавшие ее семье. Девушка рвала волосы у себя на голове, повторяла ругательства, которые услышала от идущих мимо солдат, и хохотала, как сумасшедшая[58].

---

[57] См. [Baumgartner 1994: 130–131; Fountain 1995: 174]. См. также циркуляр министра Седдона от 10 февраля 1864 года, собрание Джозефа Клойда (CMLS-VHS).

[58] См. [McCarthy 1882: 108–109; Watkins 1999: 168–169; Douglas: 315–316]. О научных дискуссиях относительно того, насколько сильно долина Шенандоа пострадала от войны, см. [Brady 2012: 90–92].

Многим казалось, что трещит по швам сам материальный мир. Ни та ни другая армия не могла справиться с пожарами, и пламя распространялось во все стороны со сверхъестественной быстротой. В мае 1864 года, когда янки подожгли у дамбы в Александрии, Луизиана, тысячи тюков хлопка, его горящие куски разнесло ветром по всему городу. Над охваченными огнем улицами всходило солнце, и город был залит каким-то потусторонним сиянием. Иногда солдаты находили исторические аналогии для тех сцен, которые разворачивались у них перед глазами. В октябре 1864 года капрал армии Севера Джордж Говард в изумлении смотрел в Виргинии на пылающие здания. Сквозь густой дым светило солнце, слышались крики женщин и детей, проклятия стариков. Это зрелище напомнило ему о том, как Наполеон приказал поджечь Москву. Мирные жители тоже боялись пожаров и их последствий. Когда на границе Теннесси и Виргинии янки подожгли склад боеприпасов, горящие обломки падали во двор Гарриет Э. Джонсон, жительницы Бристоля. Густой черный дым, страшнее которого она ничего не видела, напомнил ей о Страшном суде и конце света[59].

Чем больше погибало солдат, тем чаще в полях и лесах Юга находили человеческие тела, части тел и скелеты. В рассказах мирных жителей и солдат есть описания, которые нелегко читать даже сейчас. Смотреть на это, надо полагать, было еще тяжелее. К 1864 году те места, где велись сражения, были покрыты человеческими останками. Год спустя после битвы при Чикамоге из земли, особенно после дождя, все еще торчали скелеты. В 1864 году в Ризаке, Джорджия, из наскоро вырытых могил выступали человеческие кости. Солдатам случалось наблюдать ужасные картины. Когда во время осады Атланты произошел очередной взрыв, солдат-южанин Фил Стивенсон увидел повисшие на деревьях человеческие внутренности. Земля словно не могла принять в себя такое количество тел. Был случай, когда из огромной лужи грязи вдруг поднялось тело солдата-янки, причем

---

[59] См. дневник Джона Э. Уилкинса, запись от 13 мая 1864 года (LMRL); мемуары Гарриет Э. Джонсон, с. 40 (CMLS-VHS). См. также [Marshall 1999: 265].

сначала на поверхности показалась его нога. Изумленные сослуживцы сразу же вытащили его наружу[60]. Как ни странно, он был еще жив.

Как бы чудовищно ни выглядела человеческая нога, торчащая из лужи с грязью, гораздо чаще современники с ужасом описывали неглубокие могилы, в которых из-под земли проступала рука мертвеца. На протяжении всей войны это случалось наблюдать и мирным жителям, и солдатам. Возможно, они видели в этом желание умершего дотянуться до живых — и потому эта мрачная картина закрепилась в коллективной памяти. В любом случае, с ростом числа погибших люди все чаще сталкивались с таким проявлением смерти, и само повторение этого уже способствовало притуплению чувств. Сэмюэл Эгнью, священник в округе Типпа, Миссисипи, в июне 1864 года, гуляя по проселочной дороге недалеко от своего дома, наткнулся на могилу янки, из которой торчала окоченевшая рука (*rigor mortis* наступает через три-четыре часа после смерти). Вокруг дома Эгнью вовсю шли бои, и во дворе у него уже имелось несколько могил. Вдумчивый и серьезный человек, ответственно относившийся к своим обязанностям священника, на этот раз Эгнью не стал рассуждать о душе покойного. Он с отвращением описал почерневшую от разложения руку. Единственное, что его беспокоило, — чтобы от трупного запаха не заболели живые, и он даже не вспомнил о долге пастыря. К этому моменту он уже видел слишком много мертвецов[61].

---

[60] См. [Willett 1994: 49; Graham 2013: 160; Hughes N. 1995: 215; Gallagher 1989: 379].

[61] См. [Gordon 1903: 71; Richardson 2000: 19; Ash 2004: 12–16]. См. также дневник Альберта М. Кука, запись от 18 октября 1862 года, Университет Сиракуз; дневник Сэмюэла А. Эгнью, запись от 16 июня 1864 года (UNC-SHC).

Глава 7
1865 год и то, что было потом

Начало 1865 года

Борьба за человеческие ресурсы Юга продолжалась и в первые месяцы нового 1865 года, поскольку мирные жители по-прежнему принимали активное участие в войне. Так, они переправляли контрабанду через реку Потомак в другие регионы Конфедерации, причем по подозрению в контрабанде и шпионаже арестовывали как мужчин, так и женщин. Мирные жители передавали военным информацию о перемещениях неприятеля. Одни белые жители Юга работали в армии янки плотниками, жестянщиками, клерками и поварами, другие помогали вооруженным силам Конфедерации в качестве курьеров и конторских служащих. Как и до этого, мирные жители не подчинялись попыткам офицеров контролировать свободу перемещения: чтобы путешествовать между Соединенными Штатами и Конфедерацией, они использовали поддельные паспорта[1].

Вплоть до самого конца войны обе армии продолжали практиковать один из самых жестоких методов обращения с мирны-

---

[1] См. [Hughes T. 1835: 41; Browning, Smith 2001: 256–257; OR 1, 46, 2: 1154; OR 1, 47, 1: 933; OR 1, 5: 499]. См. также «Журнал записи людей и объектов, привлеченных к транспортировке интендантской службой армии США, Литтл-Рок», с. 63, данные за март 1865 года (ASI); данные о возвратах собственности, ящик 1, запись 27, инженерное подразделение Конфедерации, различные конфедератские документы, 1862–1865, RG 109, NARA.

ми жителями — захватывали их в заложники. И хотя в выпущенном еще в 1863 году Кодексе Либера захват заложников был запрещен, мирные жители оказывались в заточении даже весной 1865 года, причем некоторые из них там и умирали. Некий мистер Смит, сторонник юнионистов, взятый в заложники генерал-лейтенантом армии Юга Джоном Б. Гудом, который держал его вместе с бригадным генералом США Г. П. ван Кливом для возможного обмена, скончался в Мерсфрисборо, Теннесси, в марте 1865 года. 12 апреля 1865 года лейтенант-северянин, чей полк стоял в окрестностях Нового Орлеана, предложил взять в заложники некоего мистера Уитакера с тем, чтобы его сын не стал помогать конфедератам; очевидно, этот лейтенант еще не знал, что за несколько дней до этого генерал Ли сложил оружие в Виргинии. Перспектива оказаться заложниками пугала многих мирных жителей. Возможно, нет ничего удивительного в том, что, по словам солдата-мятежника, в последние месяцы войны обитатели Центрального Теннесси «словно пытались съежиться и спрятаться от нас»[2].

С точки зрения бюрократии, в отношении обеих армий к мирным жителям прослеживается прежнее безразличие — или некомпетентность. Иногда последних спасала непоследовательность военных. В январе 1865 года солдаты-янки не стали настаивать на том, чтобы некий мистер Хиггинботэм, клерк округа Нассау, Флорида, принес присягу, поскольку он боялся, что в таком случае соседи сожгут его дом. Однако гораздо чаще нежелание следовать распоряжениям вредило интересам мирных жителей. В марте 1865 года рядовой-кавалерист армии США Эдвин Финч написал, что, если ему хотелось чего-нибудь съесть или выпить, пока они были в Виргинии, он мог «просто пойти и взять это». По-прежнему складывалось впечатление, что в обеих армиях никто ни за что не отвечал. 18 апреля 1865 года генерал-майор Томас Черчилл приказал не выпускать солдат из лагеря в окрестностях Маршалла, Техас, потому что они уже совершили «расхищения» у местных жителей. Однако приказом пренебрегли, и для

---

[2] См. [OR 2, 8: 425; OR 1, 48, 2: 77–78; Watkins 1999: 209].

того, чтобы задержать нарушителей, генерал отправил кавалерийский патруль. Видимо, он тоже не знал о капитуляции Ли при Аппоматтоксе[3].

В обеих армиях находились отдельные солдаты и офицеры, которые, несмотря ни на что, старались защитить гражданских. Некоторые из них пытались делать это на протяжении всей войны. Их пример позволяет увидеть сохранившиеся представления о морали и чувстве долга перед мирным населением, которые никогда не исчезали полностью. Некий офицер-янки заставил солдат вернуть вещи, украденные из дома Сары Джейн Сэмс, жительницы Южной Каролины. В феврале 1865 года во Флориде, неподалеку от реки Сент-Джонс, кавалеристы-южане захватили в плен отряд янки и заставили их вернуть местным жителям угнанный у тех скот. Одновременно с этим в Абердине, Миссисипи, чиновники Конфедерации объявили об учреждении третейского суда, в котором будут рассматриваться споры о компенсации за реквизированный провиант, однако никаких свидетельств подобных заседаний не сохранилось[4].

Материальные потребности военных нисколько не изменились. Мятежники по-прежнему забирали без разрешения офицеров продукты с мельниц, из амбаров и магазинов и по-прежнему сжигали склады, чтобы провизия не досталась неприятелю. Чтобы замедлить продвижение янки, они перегораживали спиленными деревьями дороги в Северной и Южной Каролине и тратили таким образом понапрасну огромное количество древесины. В марте 1865 года армия Северной Виргинии построила часовню из дерева, захваченного в Старом Доминионе, однако два дня спустя началось отступление, и часовню пришлось оставить. Девочка-подросток Молли Мэлли, дочь экономки из

---

[3] См. [OR 1, 16: 165]. См. также письмо Эдвина Финча Ричмонду Финчу (?) от 23 марта 1865 года, транскрипты писем и дневника Тирзы Финч (UM); генеральный приказ № 27 от 18 апреля 1865 года, дивизия Черчилла (Конфедеративные Штаты Америки), сборник генеральных приказов (FHS).

[4] См. письмо Сары Джейн Сэмс Рэндольфу Сэмсу от 3 февраля — 25 марта 1865 года, письмо Сары Джейн Сэмс (USC). См. также [OR 1, 49, 1: 43; OR 4, 3: 1050–1053].

Кентукки, не заметила большой разницы между солдатами Севера и Юга, которые в начале 1865 года прошли мимо ее дома. И те и другие изымали все виды ресурсов, и «от этово (sic) все страдают»[5].

Армия Севера отличалась все той же ненасытностью. Солдаты продолжали конфисковывать скот у мирных жителей — в январе 1865 года, например, их жертвой стала сторонница Федерации Элиза Кливленд, бедная вдова, жившая на ферме в округе Клейборн, Теннесси. По словам янки, им была «нужна» ее каурая лошадь, без которой миссис Кливленд не могла вырастить урожай, и они ее реквизировали. Мартовским вечером 1865 года солдаты подожгли, чтобы согреться, изгороди в окрестностях Шарлоттсвилла, Виргиния. Продвигаясь вперед, они поджигали все новые и новые фрагменты изгородей, так что за их спинами оставалась заметная на многие мили полоса горящего дерева. Как и раньше, военные использовали в своих целях здания. В начале 1865 года армия генерала Уильяма Т. Шермана следовала маршем через Северную и Южную Каролину. Шли проливные дожди, и солдаты разобрали двадцать пять брошенных домов, чтобы из полученных материалов построить мосты через реку Сокхатчи. В обеих армиях люди были твердо уверены, что их потребности значительнее, чем нужды гражданских[6].

Вплоть до конца войны продолжалась отчаянная борьба за еду — возможно, самый необходимый ресурс. В начале 1865 года голод подталкивал солдат все чаще отправляться на поиски провизии, и во многих поселениях не оставалось после них ничего съестного, даже когда страдавшие от голода мирные жители

---

[5] См. [Pryor 1905: 333; Wills 1906: 357; McKim 1910: 250]. См. также дневник Джеймса А. Конглтона, запись от 11 апреля 1865 года (LC); письмо Молли Т. Мэлли тете от 8 января 1865 года, письмо Молли Т. Мэлли (FHS); данные федеральной переписи населения за 1860 год (раздел «Свободные»), Кентукки, округ Дэвис, с. 111.

[6] См. Элиза Кливленда, дело 20032, Теннесси, ящик 258, документы по урегулированным делам, SCC, RG 217, NARA-II; данные федеральной переписи населения за 1860 год (раздел «Свободные»), Теннесси, округ Клейборн, с. 195; мемуары Роджера Ханнафорда, раздел 275, архив Роджера Ханнафорда (CHSL). См. также [Brady 2012: 112–113; Wills 1906: 341].

умоляли военных о пощаде. Иногда они стреляли по солдатам, и в Файеттвилле, Северная Каролина, несколько янки были убиты. В последние недели войны мирным жителям случалось умирать не от пуль. По словам мэра Колумбии, Новая Каролина, после февральского пожара более 150 горожан умерли от голода[7].

Неудивительно, что многие мирные жители отказались от довоенного коммунализма в пользу корысти холодного расчета. Бывшие сторонники Конфедерации теперь вели с армией янки бизнес и покупали на аукционах брошенные дома, в которых раньше жили их соседи. Сосед воровал у соседа, даже если до войны они были друзьями. Многие южане утратили желание продолжать войну. В феврале 1865 года «даже в Миссисипи», как выразился старший сержант Питт Чемберс, мирные жители стали устраивать общественные собрания, требуя снова заключить союз с Севером. В первую неделю апреля жители Линчбурга, Виргиния, высказали желание сдать город федеральным войскам, однако их отговорил только что прибывший туда генерал-майор Лансфорд Л. Ломакс. Были и те, кто оставался нейтрален или аполитичен: они думали о своих фермах и о том, чтобы выжить[8].

И мирным жителям, и солдатам все чаще приходилось видеть странные, зловещие и ужасающие картины. В марте 1865 года по реке Камберленд в Теннесси проплыл совершенно не поврежденный снаружи дом, внутри которого можно было увидеть тела мужчины, женщины и нескольких детей. В регионе по-прежнему полыхали страшные пожары. Когда янки подожгли в окрестностях Голдсборо, Северная Каролина, несколько скипидарных фабрик, расплавленная смола стекла в речку и с шипением рас-

---

[7] См. также дневник Джеймса А. Конглтона, запись от 18 февраля 1865 года (LC); письмо Роберта Уинна Марте Уинн от 13 марта 1865 года, архивы семьи Уинн-Кук (FHS). См. также [Gates 1965: 124; Wills 1906: 361; Trowbridge 1969: 563].

[8] См. «Докладная записка о событиях, имевших место в Джексонвилле, Флорида, и его окрестностях», автор неизвестен (Орлофф Дорман), 3: 112–115, архив Орлоффа М. Дормана (LC); письма Лорентизы «Дорогому брату» от 24, 30 и 31 января 1865 года, архив Кристиана Д. Коха и его семьи (LSU). См. также [Baumgartner 1994: 202; OR 1, 46, 1: 520; OR 1, 48, 1: 1008].

плылась по поверхности воды на многие сотни ярдов. Постоянно происходило множество пугающих событий. В последние дни войны по реке Джеймс в Виргинии плыли горящие лодки и телеги, подожженные отступающими конфедератами на дорогах у Питерсберга[9].

Последний акт этой драмы разыгрался в доме рабовладельца Уилмера Маклина. В 1861 году прямо во дворе его плантации «Йоркшир», расположенной в окрестностях Манассаса, Виргиния, началось первое сражение при Булл-Ран. Маклин бежал в Аппоматтокс, тихую деревушку, находившуюся приблизительно в 200 милях к западу. Отчасти это решение было продиктовано соображениями безопасности. Он поселился в трехэтажном кирпичном особняке с большим деревянным крыльцом; это было одно из самых представительных зданий в округе, и именно там 9 апреля 1865 года прошла процедура капитуляции с участием генералов Роберта Э. Ли и Улисса С. Гранта. «Охотники за сувенирами» из числа северян забрали из этого дома немало вещей, включая тот стол, за которым была подписана капитуляция. Он переходил из рук в руки, пока в конце концов не очутился в Историческом музее Чикаго. Однако Маклин был недоволен обеими армиями, из-за действий которых он потерял один дом и едва не потерял второй. 9 апреля он заявил помощнику Ли, бригадному генералу Э. П. Александеру, что в 1861 году армия Юга «уничтожила» его плантацию и он надеялся никогда больше не увидеть ни одного военного — ни южанина, ни северянина. Теперь, по словам Маклина, война подобралась к нему настолько близко, что солдаты обеих армий разламывают его изгороди, чтобы развести костры. И если бы Ли не успел подписать капитуляцию в его гостиной, вероятнее всего, Маклина бы ограбили, потому что в его доме было много материальных ценностей, в которых нуждались обе армии[10].

---

[9] См. [Lyon, Lyon 1907: 201; Gallagher 1989: 519; Longstreet 1992: 620]. См. также письмо Джеймса Стиллвелла жене от 29 марта 1865 года, архив Джеймса Стиллвелла (OHC).

[10] См. [Varon 2014: 53–54; Gallagher 1989: 46–47, 544]. См. также нормативный файл к каталогу CHMRC, экспонат 1920.750, стол Уилмера Маклина.

После войны: люди

В апреле и мае 1865 года, когда новость о капитуляции Ли распространилась практически по всему Югу, большинство мирных жителей решили, что война закончена. Для них ее завершение оказалось связано именно с подписанием документов в Аппоматтоксе, а не со сдачей Ричмонда 3 апреля, убийством Авраама Линкольна 14 апреля, арестом Джефферсона Дэвиса 10 мая или капитуляцией любого другого офицера-конфедерата. В обеих армиях командиры без громких заявлений отпустили на свободу большинство заложников — мирных жителей. Некоторым из них, поддерживавшим Конфедерацию, пришлось принести присягу Соединенным Штатам, но очевидно, что это требование распространялось не на всех. Джеймс П. Крейн, работавший проводником на железной дороге, оставался в конфедератской тюрьме в Солсбери, Северная Каролина, до конца апреля; он считался «особым заложником» — возможно потому, что поддерживал северян. Неясно, как Крейн приобрел этот особый статус, однако его тоже в конце концов отпустили. Ни на уровне штатов, ни на уровне государства не существовало какого бы то ни было руководства по обращению с оказавшимися заложниками мирными жителями. Вопрос компенсации также не обсуждался публично. В других странах заложникам могли вынести благодарность от лица всего общества или же предложить помощь от правительства и благотворительных организаций — именно это произошло с мирными жителями Германии, интернированными в Англию во время Первой мировой войны. Однако мирные американцы в 1865 году могли рассчитывать только на себя. Этот опыт наложил на них свой отпечаток, будь то сохранявшийся в течение длительного времени посттравматический синдром или чувство триумфа, вызванное тем, что они пережили тяжелое испытание[11].

---

[11] См. статью «Из Чарльстона», опубликованную в газете «Нью-Йорк дейли трибьюн» 18 апреля 1865 года, с. 5; статью «Из Солсбери, Северная Каролина», опубликованную в газете «Сакраменто дейли юнион» 26 апреля 1865 года, с. 4; «Смерть доктора Смита», архив семьи Брайон, UMCP. См. также [Kosto 2012: 200; Panayi 2012: 284–285].

Илл. 10. Дом Уилмера Маклина, Аппоматтокс, Виргиния. Библиотека Конгресса США

Поддерживавшие Конфедерацию белые южане были потрясены, когда узнали о капитуляции Ли. Юнионисты между тем выражали несказанное счастье, когда получили о ней известия — «славные новости», как воскликнул один из них. (Чернокожие южане радовались еще больше, поскольку конец Конфедерации означал для них конец рабства, вспоминает бывшая рабыня Фанни Берри.) Многие белые, даже те, кто выступал за Конфедерацию, просто-напросто ощутили облегчение. Люди всех политических взглядов испытывали потребность рассказать о своей жизни во время войны. В мае 1865 года жительница Тайлера, Техас, Кейт Стоун постоянно принимала гостей — к ней шли все, кому было «слишком тяжело сидеть дома». Она считала, что им «нужно с кем-то это обговорить». К началу лета в большинстве округов возобновила работу почтовая служба, и мирные жители начали писать своим близким, чтобы узнать о судьбе родственников, которых война раскидала по всему региону[12].

На протяжении нескольких месяцев после официального завершения войны Юг оставался опасным местом. Во многих поселениях правовая система больше не действовала. По сельской местности бродили независимые отряды бывших солдат из обеих армий. В Честере, Южная Каролина, весной 1865 года не действовал ни один суд, поэтому фермер Джон Г. Симпсон сам охранял свой дом и свои стада от наводнивших округу грабителей. Другие мирные жители воспользовались хаосом, чтобы захватить то, что раньше было военными припасами. В начале лета 1865 года они ворвались в интендантский склад Конфедерации в округе Андерсон, Техас, и забрали все, что сочли нужным, пока интендант в одиночку пытался помешать им[13].

Даже после Аппоматтокса военные предъявляли к мирным жителям все больше требований. В апреле, мае и июне армии Юга расформировывались одна за другой — как правило, это происходило, как только офицеры узнавали о капитуляции Ли. Наступило время, как выразился Уильям Питт Чемберс, подумать о «материальных проблемах» мирной жизни — для начала, вернуться домой. Сельскую местность наводнили бывшие солдаты, которые спали по ночам в заброшенных зданиях. Они просили у мирных жителей еды, и порой те выполняли их просьбы, хотя бывшая хозяйка плантации Долли Бердж заперла дверь и опустила ставни, чтобы не привлекать к своему дому никого. Армия Севера раздавала еду и отбирала ее одновременно. Оккупационные войска раздавали провизию принесшим присягу Федерации мирным жителям, при этом некоторые янки продолжали рекви-

---

[12] См. воспоминания Марии Саутгейт Хоуз, с. 51, OCM; письмо Маргарет сестре от 10 апреля 1865 года, архив семьи Холл-Стэйкли (ETHS); письмо неизвестного отправителя «Дорогому родичу» от 31 октября 1865 года, архив Карнота Беллингера (ALA). См. также [Litwack 1980: 171–172; J. Anderson J. K. 1995: 342–344].

[13] См. [Houghton, Houghton 1912: 54; OR 1, 48, 2: 966–967]. См. также дневник Джона Хемфилла Симпсона, записи от 30 апреля, 3 мая и 24 мая 1865 года (SCHS).

зировать продукты у населения. 25 апреля старший лейтенант Сэмюэл Кормани написал, что его оголодавшие солдаты «забирали все, что требовалось», в сельской местности Виргинии. На протяжении всей войны армии США плохо удавалось поддерживать военную дисциплину, но после окончания боевых действий в 1865 году положение, похоже, стало еще хуже[14].

Провизия

Борьба между военными и гражданскими за право распоряжаться материальными ресурсами продолжалась еще несколько месяцев после капитуляции Ли. Мирные жители ожидали, что теперь реквизиции прекратятся, и были вне себя от ярости, когда некоторые отряды продолжили отбирать и уничтожать их продукты. Через неделю после Аппоматтокса некая миссис Стейн из Спринг-Хилла, Алабама, пригрозила пристрелить двух федералов, которые зашли в ее дом в поисках еды. Некоторые мирные жители — и среди них Салли Клейтон, дочь банкира, — не представляли себе, какого поведения ожидать от солдат обеих армий весной 1865 года, однако вскоре им предстояло это выяснить. В мае 1865 года в Вашингтоне, Джорджия, бывшие солдаты Конфедерации, возвращавшиеся домой, отобрали у местных жителей провиант и домашний скот. Среди пострадавших были и плантаторы. Один ветеран был замечен уводящим мула у хозяина, который шел за ним и осыпал его «пустыми упреками», как это часто случалось во время войны[15].

На Юге по-прежнему сохранилось несколько анклавов изобилия — одним из них был город Монтгомери, Алабама, вокруг которого не велось серьезных боевых действий. Луиза Уигфолл Райт, дочь сенатора Конфедерации, была рада, что весной 1865 го-

---

[14] См. [Baumgartner 1994: 225; McCarthy 1882: 164; Burge 1918: 49; Dana 1898: 266; Mohr, Winslow 1982: 554; Ramold 2010: 386–390].

[15] См. мемуары Маргарет Стэнли Беквит, с. 31 (VHS); письмо Джеймса Р. Слэка Энн Слэк от 19 апреля 1865 года, письма Джеймса Р. Слэка (ISL). См. также [Davis 1999: 4, 155; Andrews 1908: 199, 258].

да в городе оказалось достаточно еды, чтобы накормить всех странников. Однако 1864 год был отмечен падением сельскохозяйственного производства: урожай осенью этого года оказался очень маленьким. Когда наступил мир, многим по-прежнему приходилось перебиваться с хлеба на воду, и эти люди, как и во время войны, продолжали обменивать товары на еду. Осенью 1865 года урожай тоже оказался небогатым, так что нехватка продуктов ощущалась и в следующие месяцы[16].

Многим мирным жителям по-прежнему угрожала голодная смерть. В июне 1865 года временный генерал-майор Дж. Г. Уилсон заявил, что 30 тысяч жителей Центральной Джорджии страдали от нехватки продовольствия, причем некоторые из них находились на грани смерти. В 1866 году в округе Рэндольф, Алабама, белые женщины и дети ходили от дома к дому, умоляя дать им немножко еды. В военное время в этом округе случались бунты. Конгресс получил столько сообщений на эту тему, что в 1867 году был принят Закон по борьбе с голодом на Юге, благодаря которому федеральное правительство смогло выдавать еду непосредственно голодающим. Однако во многих уголках региона производство продуктов возобновилось только в 1870-х годах. Полное восстановление сельского хозяйства произошло уже при жизни следующего поколения[17].

Древесина

В регионе сохранилось какое-то количество леса, не поврежденного во время военных действий. Однако даже после официального завершения войны солдаты продолжали эксплуатировать этот вид ресурса. Весной 1865 года янки все так же руби-

---

[16] См. [Wright 1905: 244–245]. См. также письмо Г. Томпсона Анне от 26 июля 1865 года, дар Барбары Джойс автору; дневник Джона Хемфилла Симпсона, запись от 8 мая 1865 года (SCHS); письмо Сьюзан К. Уильямс «Дорогой сестре» от 30 мая 1866 года, собрание Хэксворта (OSU).

[17] См. [OR 1, 49, 2: 1002; Trowbridge 1969: 445; Giesberg 2009: 185–193; McKenzie 1997: 206–210, 214; Hurt 2015: 287].

ли деревья и уничтожали изгороди. Возвращавшимся домой конфедератам тоже требовалось дерево, и на привалах они разводили костры из обломков жердей, принадлежавших фермерам и плантаторам. Когда жительница Южной Каролины вернулась к себе домой на реку Эшли, она обнаружила, что все ее деревья, «плод многолетнего труда и заботы», были уничтожены неизвестными лицами. Другие мирные жители с облегчением обнаружили, что дорогие им рощи остались целы. Так, жительница Джорджии упомянула «величественные старые деревья», на которых были вырезаны сотни имен, — материальное свидетельство процветавшей довоенной эпохи[18].

Однако значительная часть лесных богатств Юга была уничтожена, и на их месте остались только голые безжизненные пустоши. К маю 1865 года в Северной Каролине оказалось уничтожено множество сосновых лесов, а на полях не было видно ни единой изгороди: «тяжелое» зрелище, как выразился один журналист-северянин. В 1866 году Мэри Джонс из Джорджии навестила Нэшвилл; по ее словам, после окончания боевых действий в городе еще оставалось множество траншей и укреплений. Бо́льшая часть деревьев исчезла, и теперь ничто не защищало «раскаленный добела» город от солнечных лучей. Уничтожение лесов означало, что местным жителям не сразу удалось заново отстроить изгороди. Путешественник, проезжавший в 1866 году окрестности Галлатина, Теннесси, не заметил ни единого забора на протяжении многих миль[19].

Восстановление леса началось сразу после окончания боевых действий, когда на пустошах стали прорастать новые побеги, а местные фермеры принялись высаживать деревья взамен

---

[18] См. [Rhodes 1991: 235; Andrews 1908: 258; Smith et al. 1950: 195]. См. также письмо Генри М. Буллитта «Дорогой Салли» от 3 июля 1865 года, архив семьи Буллитт, собрание Оксмура (FHS); письмо Юджинии Биттинг Кейду Гиллеспи, 1928 год, архивы миссис Кейд Дрю Гиллеспи (UMIS).

[19] См. статью «Ужасающее положение Северной Каролины», опубликованную в газете «Цинциннати дейли инкуайрер» 31 мая 1865 года; письмо Харви Мурхеда Лавинии Ньютона от 6 февраля 1866 года, письма Лавинии Мердок (Грэм) Ньютон (CHSL). См. также [Myers 1984: 603].

уничтоженных. Никакой централизованной политики на уровне штата или государства не проводилось, хотя правительство США снова заявило свои права на общественные земли Юга и приняло в 1866 году закон о гомстеде, благодаря которому белым южанам из рабочего класса и чернокожим стало проще покупать небольшие участки земли. Восстановление лесного массива всегда зависит от конкретных условий — таких, как видовое разнообразие (в условиях монокультуры процесс проистекает медленнее), уровень эрозии почвы и количество людей, перемещающихся по этому участку леса. На Юге леса возрождались медленно. В 1867 году регион посетил натуралист Джон Муир, который назвал их «истерзанными». Однако раны все-таки затянулись: у большинства пород дерева на это ушло приблизительно двадцать лет. К 1890-м годам южные леса восстановились настолько, чтобы ими горячо заинтересовались американские лесозаготовительные компании[20].

Здания

В некоторых уголках Юга здания и сооружения практически не пострадали. В августе 1865 года в Хантсвилле, Алабама, уцелели несколько особняков и здание суда, построенное в неогреческом стиле, однако многие городки Старой Конфедерации были полностью уничтожены. К лету 1865 года в Боливаре, Миссисипи, от всей инфраструктуры осталась одна-единственная каминная труба. В Сельме, Алабама, были разрушены все значимые постройки, а вокруг них все еще стояли укрепления, возведенные во время войны. Поскольку ни штаты, ни федеральное правительство так и не выпустили официального предписания по уничтожению фортов, в 1866 году жившие под Ричмондом фермеры принялись разбирать то, что оставили после себя сол-

---

[20] См. статью «Поездка в Калпепер», опубликованную в газете «Александрия газетт» 8 июня 1866 года, с. 4. См. также [Berger 2008: 123–124, 128, 161; Lillard 1947: 184; Muir 1916: 313; Williams M. 1989: 81, 238–239, 240, 272–273].

даты. Некоторые форты при этом не тронули, и они понемногу разрушались под воздействием стихий[21].

В сельской местности также было повреждено множество домов. В мае 1865 года бывший солдат армии Юга Джон Портер, повторив путь генерала Шермана, проехал через Северо-Западную Джорджию и на протяжении примерно сотни миль не увидел ни одного жилого строения. Месяцем позже неизвестный мирный житель указал, что на многие мили вокруг Джексонвилла, Флорида, дома практически отсутствовали. Сохранившимся зданиям по-прежнему угрожала опасность, поскольку отряды янки, остававшиеся в регионе в первые месяцы после завершения войны, часто отправлялись на поиски топлива. Иногда в заброшенных домах жили бездомные белые южане — до тех пор, пока не появлялись прежние хозяева этих домов[22].

Разумеется, мирные жители понемногу восстанавливали разрушенное, но этот процесс тоже не был быстрым. Как отметил солдат-янки, к осени 1865 года жителям Джексона, Теннесси, едва удалось восстановить половину сгоревшего во время войны города. Нехватка зданий означала, что белые южане — например, бывшие рабовладельцы из семейства Бэйтс, жившие в Миссури, — поселились в тех домах, где раньше жили рабы. Многие белые, в особенности женщины, очень тосковали по своим прежним жилищам, и это чувство тоски оставалось с ними на долгие годы. С другой стороны, некоторые беженцы с восторгом обнаруживали по возвращении, что их дом уцелел. В июне 1865 года Эльвира Скотт вернулась в округ Сэлин, Миссисипи, и выяснила, что ее особняк, который использовался в качестве

---

[21] См. статью «Юг как он есть», опубликованную в газете «Нью-Йорк таймс» от 30 августа 1865 года; дневник Эдвина Нокса, запись от 14 мая 1865 года (WIU); статью «Укрепления вокруг Ричмонда», опубликованную в газете «Ричмонд диспетч» от 11 июля 1866 года. См. также [Reid 292].

[22] См. дневник Джона М. Портера, с. 66, Октагон-Холл и конфедератские архивы Кентукки, Франклин, Кентукки; «Докладная записка о событиях, имевших место в Джексонвилле, Флорида, и его окрестностях», автор неизвестен (Орлофф Дорман), 3: 504–505, архив Орлоффа М. Дормана (LC). См. также [Frobel 1992: 227; Brown 1963: 73]. Ср. [Paskoff 2008: 35–62], где автор утверждает, что ущерб, причиненный городам Юга во время войны, был преувеличен.

военного госпиталя, стоит, как стоял. Она отчистила в нем пятна крови, и когда коммерческие дела ее мужа пошли в гору, супруги смогли расширить здание и заново его обставить. Миссис Скотт очень гордилась своим «воскресшим» домом[23].

Многие частные дома находились рядом с кладбищами — и живые в буквальном смысле оказались в окружении мертвых. Вдоль дорог в окрестностях Нэшвилла виднелись ряды могил, писал Харви Мурхед, белый северянин, оказавшийся в 1866 году проездом в Теннесси. Между Чаттанугой и Атлантой тоже имелись сотни захоронений. На то, чтобы опознать и перезахоронить тела, потребовалось несколько лет, причем мертвыми конфедератами занимались частные общества, а мертвыми солдатами Севера — Интендантское управление США. Федеральные чиновники расспрашивали местных жителей, солдаты каких подразделений были похоронены на том или ином кладбище, и иногда им даже давали ответ. Мирные жители тоже были вынуждены иметь дело с проблемой человеческих останков — вот откуда пугающий образ мертвеца, протягивающего из могилы руку к живым. Одна такая могила находилась под окном у жительницы Виргинии Сары Агнес Прайор. Весной 1865 года после сильного дождя из-под земли появилась рука мертвеца. Муж миссис Прайор до 1861 года был сенатором Конгресса США, а потом присоединился к армии Конфедерации; на тот момент он все еще не вернулся домой. Она наскоро забросала могилу землей, и личность солдата так и не была установлена[24].

---

[23] См. [Engs, Brooks 2007: 380–381]. См. также интервью с Джоном Франклином Смитом, округ Бэйтс, Миссури, с. 10, проект «Истории из жизни американцев», LC (URL: http://rs6.loc.gov — дата обращения: 13.02.2023); дневник Маргарет Бартон Крозье Рамси, с. 8, 16 (UTK); дневник Эльвиры Эссенит Скотт, с. 228–233, собрание исторических рукописей Запада, Университет Миссури, Колумбия.

[24] См. письмо Харви Мурхеда Лавинии Ньютон от 2 февраля 1866 года, письма Лавинии Мердок (Грэм) Ньютон (CHSL); дневник Джона М. Портера, с. 66, Октагон-Холл и конфедератские архивы Кентукки, Франклин, Кентукки; письмо М. Дж. Френча полковнику Дж. П. Лоу от 30 мая 1868 года, ящик 661, запись 225, общее собрание переписки за 1794–1915 годы, Управление генерала-интенданта, RG 92, NARA. См. также [Janney 2013: 92; Neff 2005: 126–130, 134; Pryor 1905: 39, 131, 373, 385].

Память

Коллективная память послевоенного Юга оказалась столь же непростой, как и сама война. Те, кто придерживался нейтралитета, обвиняли в уничтожении ресурсов некую могущественную и безличную силу, известную как «война», — так ее описывает Джон Г. Биллс из Теннесси. Бывшие конфедераты, пока их боль от поражения была еще свежа, выражались более прямо. Некоторые даже озвучивали еретическую мысль о том, что цель не стоила таких страшных усилий. Принадлежавшая к кругам старых плантаторских элит миссис Э. М. Изард из Южной Каролины с болью писала о том, что невероятное количество человеческих и материальных потерь было «впустую, впустую, впустую». Другие южане, в том числе и плантаторы, озвучивали то, что вскоре стало немыслимым произнести вслух. Измученная многочисленными смертями, бывшая хозяйка плантации Долли Берг проклинала политиков, «ослепленных» неприязнью к Аврааму Линкольну, настаивавшему на том, что ради сецессии не стоит проливать кровь: из-за них Юг превратился в руины. Менее состоятельные люди тоже не скрывали своих взглядов. В 1865 и 1866 годах журналист Джон Троубридж разговаривал с белыми южанами из рабочего класса, которые горячо ненавидели Джефферсона Дэвиса и других лидеров Конфедерации[25].

Что касается поведения обеих армий, сразу после войны некоторые белые южане признавали, что солдатам в сером случалось вредить мирным жителям. Уилмер Маклин оказался не единственным, кто обвинял армию Конфедерации в причинении вреда частной собственности, — случались и другие моменты откровенности. Вдова некоего виргинского сенатора (точное его имя мы не знаем) рассказывала в 1865 году журналисту о том, как солдаты обеих армий забирали у мирных жителей все, что считали нужным. Другие южане — например, Анна Хаселл Томас

---

[25] См. дневник Джона Хьюстона Биллса, запись от 26 августа 1865 года (UNC-SHC). См. также [Smith et al. 1950: 200; Burge 1918: 47–48; Trowbridge 1969: 157–158].

из Южной Каролины — утверждали, что солдаты-мятежники не брезговали грабежом; особенно требовательными, добавила она, были разведчики. Летом 1865 года неизвестный южанин вырезал на стволе дуба, росшего недалеко от реки Джеймс, строки из оды Сэмюэла Тейлора Кольриджа «Франция». В этом стихотворении, написанном в 1798 году, его автор выражает свое разочарование в Великой французской революции и описывает, как безрассудная вера в политические убеждения привела к хаосу и кровопролитию. Увидевший эти строки на дереве журналист из «Нью-Йорк геральд» так и не смог понять, кто поместил их туда — конфедерат или сторонник Федерации[26].

Белые южане-юнионисты, разумеется, вспоминали войну иначе — такое часто случается с теми современниками гражданских войн, кто не разделял позиции большинства. С исчезновением Конфедерации они почувствовали себя отомщенными, и им хотелось рассказать об испытаниях, через которые они прошли. В 1866 году Джон Майнор Боттс из Виргинии опубликовал свои мемуары. Книга называлась «Великое восстание» («The Great Rebellion»), и он посвятил ее Улиссу С. Гранту. Боттс осуждал сторонников сецессии и политиков-конфедератов, которые защищали интересы плантаторских элит и ради этого заставили своих сограждан пережить все ужасы войны. После заключения мира жители Атланты, поддерживавшие северян, попытались воздвигнуть памятник Аврааму Линкольну, однако им не удалось собрать достаточно денег. Тем не менее сторонница Федерации Элиза Кливланд с готовностью заявила, что солдаты-янки делали ровно то же самое, что и их противники, — самовольно отбирали запасы у мирных жителей, а порой и причиняли им вред[27].

---

[26] См. статью «Положение на Юге», опубликованную в газете «Нью-Йорк геральд» 14 июля 1865 года, с. 5; дневник Анны Хэйзелл Томас, с. 18–19 (SCHS); статью «Положение на Юге», опубликованную в газете «Нью-Йорк геральд» 14 июля 1865 года, с. 5. Журналист приводит неверное название стихотворения («Ода к свободе»).

[27] См. [Dolan 2003: 3; Botts 1866: viii, ix, 70, 114–116; Link 2013: 87–89]. См. также Элиза Кливланд, дело 20032, Теннесси, ящик 258, документы по урегулированным делам, SCC, RG 217, NARA-II.

Вскоре сторонники Конфедерации уже не желали об этом вспоминать. Когда момент искренности остался в прошлом, все преступления армии Юга оказались забыты. Этот загадочный процесс начался сразу после того, как южанам удалось оправиться от начального потрясения, и его результатом стало формирование категорически неточного нарратива о Гражданской войне. Объяснить этот феномен непросто, даже если учесть, что подобные ложные толкования имели место и после других конфликтов и войн, как в Америке, так и в прочих странах. Может быть, мирным жителям было стыдно за собственную армию? Или они не хотели порицать своих родственников, друзей и соседей за совершенные теми проступки? Или речь идет о перенаправлении гнева — с армии Конфедерации на армию Союза? В конце концов, достаточно было оглядеться вокруг, чтобы увидеть множество свидетельств вреда, причиненного мирным жителям армией Юга, и некоторые ветераны сами признавали, что им случалось притеснять своих же сограждан. Одним из первых офицеров-конфедератов, опубликовавших свои воспоминания, был Уильям Г. Таннард. В книге, изданной в 1866 году, он упомянул, как его голодные солдаты самовольно отбирали еду у гражданского населения, однако не стал развивать эту тему, завершив сюжет риторическим вопросом: кому захочется «размышлять над этой мрачной картиной». Другие ветераны, например бывший генерал Ричард Тейлор, искренне сожалели о том, как армия мятежников вела себя с мирными жителями. Он прямо заявил, что чиновники Конфедерации забирали у собственных граждан продукты, словно у средневековых крестьян. Сэм Уоткинс, получивший в последний год войны звание капрала, привел несколько примеров того, как солдаты Юга унижали, эксплуатировали и обманывали мирных жителей. Когда он говорит, что те оказались беспомощны перед солдатами обеих армий, в его словах чувствуется некоторое раскаяние[28].

---

[28] См. [Bodnar 2010: 235–242; Lair 2011: 4–5, 8–9; Faber 2017; Tunnard 1866: 125, 342–343; Taylor 1879: 60, 208–209; Watkins 1999: 41].

Многие ветераны-конфедераты полностью обходили вопрос ответственности, предпочитая не обсуждать такие сложные темы — по крайней мере, на бумаге. Были и те, кто возлагал вину за все на одного конкретного полководца армии США. В 1865 году ветераны и сторонники Конфедерации уже называли Уильяма Т. Шермана тем злодеем, который сеял разрушение повсюду. Другие не ограничивались только Шерманом — с их точки зрения, за нанесенный региону ущерб якобы отвечала вся армия янки, а солдаты Конфедерации были благородными защитниками южан и пользовались их единогласной поддержкой. И бывшие военные, и мирные жители постарались утаить тот вред, который причинила населению и ресурсам Юга армия мятежников. Истории о бесчинствах солдат быстро исчезли, погребенные под трюизмами об «утраченной цели»[29].

Что касается обещанной мирным жителям компенсации за материальный ущерб, власти придерживались тех же принципов децентрализации и спонтанности, которые можно было наблюдать в процессе самого конфликта. В июле 1865 года капитан-янки спросил, как ему поступать с мирными жителями Алабамы, предъявлявшими расписки от армии Севера. И действительно, что же должно было быть сделано? И генерал Поуп в своих приказах, и военный министр Эдвин Стэнтон однажды пообещали, что все убытки будут компенсированы. В 1865 году некоторые белые южане действительно получили от армии США выплаты наличными возмещения стоимости собственности, изъятой у них в тот год. Однако таких случаев было немного. Аналогичный децентрализованный подход прослеживался и в отношении собственности, которая до этого принадлежала правительству Конфедерации. Интендант армии Юга Дж. Дж. Басби приобрел в Техасе 640 акров земли и построил на ней большое здание, мельницы, бревенчатые и каркасные домики. Однако правительство так и не компенсировало ему расходы. В июне 1865 года Басби все еще был в долгах, в связи с чем он обратился к находив-

---

[29] См. [French 1901: 320; Rable 2015: 131–141; Campbell 2003: 103; Janney 2013: 84, 147; Ott 2008: 131–137, 141].

шемуся неподалеку генерал-майору армии США Ф. Дж. Херрону с вопросом, что ему делать с этой собственностью[30].

И все мирные жители Юга по-прежнему надеялись, что правительство сдержит обещания, залогом которых были все эти квитанции, расписки, свидетельства, договоры, обязательства о защите и прочие документы. Многие обращались в Интендантское управление США, некоторые писали в Военное министерство в Вашингтоне и пробовали получить свои деньги при помощи юристов. В 1867 году адвокат Р. Дж. Аткинсон пытался добиться выплат от имени шести клиентов, у которых имелось то, что он называл «стандартными сертифицированными расписками» за аренду зданий в Теннесси, в которых размещались солдаты армии США. Аткинсон написал самому министру Стэнтону, однако мы не знаем, добился ли он успеха. В 1868 году Законодательное собрание штата Теннесси позволило гражданам обращаться за компенсацией, если их имущество было реквизировано какой-либо из противоборствовавших армий. По неизвестным причинам штат так и не выплатил деньги по большинству таких обращений, однако несколько сторонников Севера все же получили на уровне округа скромные выплаты за свои ресурсы, конфискованные армией Конфедерации[31].

Создание в 1871 году Комиссии по требованиям южан стало наиболее заметным проявлением политики США, направленной на возмещение убытков, причиненных юнионистам федеральной армией. В юрисдикцию этого органа входили штаты бывшей

---

[30] См. письмо капитана Чарльза Г. Дина бригадному генерал-майору Дж. С. Дональдсону от 21 июля 1865 года, ящик 14, запись 225, общее собрание переписки за 1794–1915 годы, Управление генерала-интенданта, RG 92, NARA; письмо Нелл Ки «Дорогой Салли», архив семьи Буллитт, собрание Оксмура (FHS). См. также [OR 1, 48, 2: 966–967].

[31] См. [Wilson 2006: 196–197]. См. также письмо Р. Дж. Аткинсона Эдвину Стэнтону от 9 июля 1867 года, ящик 324, запись 225, общее собрание переписки за 1794–1915 годы, Управление генерала-интенданта, RG 92, NARA; «В поисках помощи», Генеральная комиссия Теннесси по рассмотрению жалоб, 1868 год (TSLA); обращения мятежников, 1860–1869 годы (LCTA).

Конфедерации, а также Западная Виргиния; для прочих пограничных штатов Конгресс разработал отдельный закон. Всего было рассмотрено около 16 тысяч жалоб, и к моменту завершения своей работы без малого десять лет спустя Комиссия выплатила примерно семи тысячам заявителей четыре миллиона долларов, причем средняя сумма компенсации составила приблизительно 571 доллар. Жалобы могли касаться любого периода войны, как до выхода приказов Поупа в 1862 году, так и после. Сторонники Конфедерации, ра́вно как и те, кто придерживался нейтральных взглядов, не могли рассчитывать на компенсацию, даже если у них были документы, выданные офицером-янки. Бремя доказательства наличия убытков лежало на заявителях: им требовалось предоставить документы, подтверждающие материальный ущерб, и пройти собеседование у себя дома на Юге или в Вашингтоне. Постфактум Комиссия ввела новые, более жесткие стандарты, продолжив тем самым бюрократическую неразбериху, проявившуюся во время войны: теперь под сторонниками Федерации понимали только тех, кто поддерживал северян с самого начала военных действий (хотя Поуп утверждал, что верность юнионистам нужно было хранить только с момента получения расписки), а верность подразумевала активное сопротивление Конфедерации[32].

Следуя этим уточненным стандартам, Комиссия выдавала компенсацию как бывшим рабовладельцам, так и тем, у кого не было рабов, мужчинам и женщинам, эмигрантам из Европы и нескольким афроамериканцам. Однако многие при этом оказались за бортом: юнионисты, уехавшие из штатов Старой Конфедерации; те, кто не посмел признаться в своих симпатиях к федералам; те, кто не мог позволить себе связанные с процессом издержки; те, кто не предоставил все бумаги; и те, кто не сопротивлялся Конфедерации изо всех сил с самого начала войны. Кроме того, важно помнить, что лишь малая часть подвергшихся реквизициям мирных жителей получила от федеральной армии хоть какие-то документы. И потому количество юнионистов,

---

[32] См. [Klingberg 1955: 17, 25, 55, 73, 77, 84–85, 89, 92, 102–103, 157].

которым национальное правительство выплатило какую бы то ни было компенсацию, оказалось крайне незначительным[33].

Верные Северу белые южане еще долго пытались получить возмещение ущерба и по завершении работы Комиссии. В 1883 году Конгресс США разрешил частным лицам подавать жалобы альтернативными способами. Тогда некоторые граждане начали обращаться напрямую в Сенат. В 1898 году наследники Анны Фицхью, хозяйки плантации «Рэйвенсворт» в Виргинии, подали в этот орган просьбу о компенсации стоимости 100 тысяч вязанок дров, реквизированных армией во время войны. И хотя Фицхью была сторонницей юнионистов и Сенат официально это признал, она арендовала землю у жены Роберта Э. Ли, поэтому любая выплаченная ей компенсация досталась бы его наследникам. (В 1890-е годы Джон Вашингтон Кастис Ли, сын Роберта Э. Ли, удалился в свои владения на пенсию.) И потому, заключил Сенат, наследники Фицхью не должны ничего получить. С течением времени большинство американцев во всех регионах страны забыли о самóм существовании таких людей, как Фицхью, рáвно как и о тех, кто не придерживался никаких политических взглядов и просто пытался выжить. Помимо многих других мифов, культура «утраченной цели» распространяет еще и убежденность в том, что якобы все белые южане поддерживали сецессию и войну[34].

Отдельные ветераны-янки понимали моральную дилемму войны и пытались как-то примириться с тем, что они и их товарищи сделали с материальными ресурсами Юга. Бóльшая их часть разделяла сложившуюся после 1865 года точку зрения — якобы все солдаты-северяне сражались отважно и достойно. Именно

---

[33] См. [Klingberg 1955: 18, 76, 157–159; Lee 2014: 67–89, 90–112; Sinisi 2003: 34–85, 86–131]. Когда штаты Миссури и Кентукки обратились в правительство США за компенсацией повреждений и убытков, процесс оказался таким же непредсказуемым.

[34] См. [Klingberg 1955: 185; Gaughan 2011: 190; Bynum 2010: 148; Storey 2004: 235; Current 1991: 195; Marshall 2010: 20, 94, 117]. См. также 55-й Конгресс США, вторая сессия, отчет Сената № 435, наследники Рэйвенсворт, 12 января 1898 года, архив Мэри Кастис Ли (VHS). О судебном иске семьи Ли, касавшемся плантации «Арлингтон», см. [Gaughan 2011].

так большинство ветеранов и хотело запомнить эту войну. Некоторые из них пытались оправдать поведение армии. Рядовой Джон Биллингс неохотно рассказал, как именно армия США помогла региону — например, военные инженеры-янки укрепили там некоторые мосты. Другие оправдывали себя тем, что южане-мужчины могли вынести многое. По словам генерала Джона Поупа, они принимали ущерб, причиненный их постройкам во время войны, и безмолвно переносили утрату своих «старинных домов». Поуп восхищался их стоицизмом. Мы не можем знать, обсуждал ли генерал эту проблему хоть с кем-то из южан-мужчин, но, похоже, с женщинами Юга ему случалось разговаривать нечасто. Через шестьдесят три года после окончания войны Юджиния Биттинг ясно помнила «голый пустырь», открывшийся перед ней, когда она вернулась домой и обнаружила, что от ее дома и дворовых построек ничего не осталось. Супруга богатого фермера, в 1928 году она сказала своей подруге: «Ты можешь понять, что мы тогда почувствовали»[35].

Белые южане — сторонники Конфедерации безуспешно старались найти решение проблемы общей ответственности. В послевоенной Джорджии Джон Муир встречал выглядевших старше своего возраста и страдавших от эмоциональных травм людей, на которых война навсегда наложила свой отпечаток. Этот вежливый пацифист из Висконсина не испытывал ни малейшего стыда за то, что не пошел в армию, и сочувствовал белому населению Юга, однако от ожесточенности этих людей ему было не по себе. Он надеялся, что следующее поколение будет более счастливо. Тем не менее многие бывшие конфедераты стремились воспитать в молодежи враждебное отношение к янки. Уильям Д. Гейл, ветеран из Теннесси, заявил в 1865 году, что они с женой намеренно учили своего сына ненавидеть северян. Он использовал кулинарную метафору: по его словам, ненависть к Северу

---

[35] См. [Gordon 2014: 206–219, 228; Billings 1993: 380; Cozzens, Girardi 1998: 132–133]. См. также письмо Юджинии Биттинг Кейду Гиллеспи, 1928 год, архивы миссис Кейд Дрю Гиллеспи (UMIS); данные федеральной переписи населения за 1860 год (раздел «Свободные»), Джорджия, округ Уитфилд, с. 69.

стала тем «маслом», которое его сын намазывал на хлеб. И вскоре в памяти Юга закрепилось представление о бесчинствующих янки. Так было проще, чем взглянуть в лицо фактам и признать весь тот вред, который армия белых южан причинила другим белым южанам и стране, в которой все они жили[36].

И действительно, война нанесла огромный вред человеческим ресурсам белого населения Юга — в особенности таким нематериальным ценностям, как способность здраво определять приоритеты и творчески подходить к решению политических, экономических и социальных проблем. После любой катастрофы, идет ли речь об антропогенном или природном катаклизме, выжившие опираются на крепкие связи внутри общины, однако в ходе Гражданской войны бо́льшая часть таких связей оказалась разорвана. В определенном смысле эта потеря оказалась катастрофой в той же мере, в какой ею было уничтожение материальных ресурсов. Сторонники Конфедерации утратили способность честно рассказать обо всем, что случилось, — а именно, о том, что армия Юга ничуть не уступала армии Севера, когда речь шла об эксплуатации мирного населения, и что многие белые южане с самого начала противостояли Конфедерации и раз за разом помогали армии США. Эта неспособность к правдивости прослеживается как у ветеранов войны, так и у мирных жителей. Казавшиеся неоспоримыми задокументированные факты начисто исчезли из общественной памяти. В течение долгого времени не шло даже речи о том, что армия мятежников могла иметь проблемы с этикой или нарушать устав. Прошел целый век, прежде чем большинство белых южан смогло беспристрастно рассмотреть факты, имевшие место в их регионе с 1861 по 1865 год. Историки же продолжают изучать этот сложный феномен — жизнь на Юге во время Гражданской войны[37].

---

[36] См. [Worcester 2008: 13, 35, 68, 81–103, 121; Muir 1916: 313; Campbell 2003: 103, 106]. См. также письмо Уильяма Д. Гейла Уильяму Полку от 25 августа 1865 года, архив Леонидаса Полка, Университет Юга в Севани; письмо Мэри А. Хьюстон сестре, 5 января (1866 года), письмо Мэри А. Хьюстон (WIU).

[37] См. [Aldrich 2012: 2, 150].

Источники

Архивы и собрания рукописей

Аллегейни-Колледж, Мидвилл, Пенсильвания
Архив Иды Тарбелл

Американский еврейский архив, Колледж еврейского союза
Автобиография Дж. Д. Гольдмана
Автобиография Филиппа Сарториуса

Архив Оберлинского колледжа
Документы Эллиота Ф. Грэбилла

Архивы округа Мори, Теннесси
Устный исторический проект «Рассказы о Гражданской войне», 1976 год

Библиотека Исторического общества Цинциннати
Архив Роджера Ханнафорда
Архив Сьюзан Уолкер
Письма Лавинии Мердок (Грэм) Ньютон

Библиотека Конгресса, отдел рукописей
Архив Джозефа Кристмаса Айвза
Архив Сэмюэля Даунинга («Различные рукописи»)
Архив докторов Дж. М. и Эстера Г. Хокс
Архив Орлоффа М. Дормана
Архив семьи Денби
Архив семьи Кастис-Ли
Архив Роберта Ливингстона
Архив Уильяма Макаду

Архив Джона Синглтона Мосби
Архив Маргарет Лоуренс (Линдсли) Рамси
Архив Сэмюэля Генри Эллса
Письмо Чонси Э. Бартона («Различные рукописи»)
Дневник Джеймса А. Конглтона
Дневник миссис У. У. Лорд
Дневник Джозефины Форней Роудил («Различные рукописи»)
Дневник Джона Ньютона Фергюсона
Дневник Фанни Пейдж Хьюм
Дневник Гражданской войны и воспоминания Томаса Эванса («Различные рукописи»)
Письмо Джозефа Э. Джонстона Роберту Э. Ли от 28 мая 1861 года («Различные рукописи»)
Собрание Дэвида Андерсона Дедерика

Библиотека Метро в Дайтоне, Огайо
Архив полковника Хирама Стронга

Библиотека Сандаски, Огайо, Архивно-исследовательский центр
Архив Джеймса Фаулера Чепмена
Письма Хораса Харпера Билла

Военный институт Виргинии
Архив семьи Джонсон
Архив семьи Фулкерсон
Военные письма Генри Г. Дедрика о Гражданской войне
Военный архив Майкла Г. Хармана

Геттисбергский колледж, специальные коллекции и архивы колледжа
Архив Джона К. Тидболла
Переписка конфедератов
Письма Г. У. Дэвисона
Рукопись Стивена Аллена Осборна

Государственная библиотека Виргинии
Книги завещаний, округ Поухатан
Книги завещаний, округ Принс-Эдвард

Государственная библиотека и архив Теннесси
Архив семьи Дугласс-Мейни
«В поисках помощи», Комиссия по общим претензиям штата Теннесси, 1868 год

Государственная библиотека Индианы, Индианаполис
Письма Джеймса Р. Слака
Письма и дневники Генри К. Марша
Письма к Зеральде Худ
Отрывки из дневника и письма Франклина П. Ваггонера

Государственный архив Пенсильвании
Дневник Сэмюэля А. Мюррея

Государственный архив Северной Каролины
Записи о завещаниях и наследствах, 1842–1848, округ Ричмонд, Северная Каролина

Государственный университет Индианы в Терр-От
Письма Эйсы У. Марина

Государственный университет Луизианы, Мемориальная библиотека Хилла
Архив Присциллы Мунникхайзен Бонд
Архив Кристиана Д. Коха и его семьи

Департамент архивов и истории Алабамы
Архив Карнота Беллинджера
Архив Харди Викерса Вутена
Архив семьи Мэттью П. Блу
Архив семьи Израэля Пикенса

«Дом Ф. Брук Уайтинга», Камберленд, Мэриленд
Джеймс Уайтинг. «Плантация и ферма: руководство, управление, ведение записей»

Исследовательский центр Музея истории Чикаго
Военные дневники Джона Меррильеса
Воспоминания Франселии Колби

Дневник Сайласа С. Хантли
Дневник и письма Тобиаса К. Миллера
Нормативный файл к каталогу, экспонат 1920.750, стол Уилмера Маклина

Институт изучения Арканзаса, Центр истории и культуры Арканзаса
Военное собрание Дж. Н. Хейскелла
Журнал регистрации людей и объектов, привлеченных к транспортировке интендантской службой армии США, Литтл-Рок
Заявление граждан округа Миссисипи, Арканзас, от 27 сентября 1862 года
Милан У. Серл. «Жизнь и приключения на Юге с 1860 года по 1862 год»
Собрание Генри Ч. Лэя
Собрание различных писем

Историческая комиссия Арканзаса
Архив Джеймса Л. Клементса

Исторический музей округа Оттава, Огайо
Солдатская жизнь Фило Пирса

Исторический центр Атланты
Архив преподобного Джона Уэсли Стайпа
Собрание семьи Росон-Колльер-Харрис

Историческое общество, округ Аллен, Огайо
Военный дневник лейтенанта Роберта Сэмпла Дилворта под ред. Кэрол Рэйдбо
Письма семьи Бриз

Историческое общество Виргинии
Архив Чарльза Бэйтса
Архив Джеймса Х. Гарднера
Архив Мэри Кастис Ли
Архив Паулуса Пауэлла
Архив семьи Блантон
Архив семьи Гуэтми
Архив семьи Грей

Архив семьи Кристиана Кларка
Архив семьи Манфорд
Архив семьи Тинсли Томпкинса
Воспоминания Маргарет Стэнли Беквит
Воспоминания Анны Клейтон Логан
Дневник Энн Уэбстер
Лиззи Джексон Манн. «Воспоминания о Гражданской войне с 1861 года по 1865 год»
Мемуары Фанни В. Гейнс
Письмо Чарльза Кингсли

Историческое общество Висконсина
Дневник ван Беннетта, архив ван Беннетта

Историческое общество Восточного Теннесси, Ноксвилл
Архив Салли Макдауэлл Моффетт
Архив Холл-Стейкли
Дневник Мэри А. Дикинсон

Историческое общество Далласа
Архив семьи Джона Т. Койта
Письма Уильяма Г. Килпатрика

Историческое общество Западного заповедника
Дневник Коррела Смита
Архив Сайруса Х. Стоквелла
Архив Франклина А. Уайза

Историческое общество Западной Пенсильвании
Архив подполковника Джона И. Невина

Историческое общество Кентукки, Франкфорт
Дневник Эллен Кентон Макгоги Уоллес
Дневники семьи Уоллес-Старлинг
Письма Скроджина и Хэвиленда

Историческое общество «Форт-Уэйн», округ Аллен, Индиана
Дневники Дж. М. Годоуна

Историческое общество Южной Каролины, Чарльстон
Дневники Джона Хемфилла Симпсона
Дневник Анны Хаселл Томас
Различные письма конфедератов

Историческое объединение Огайо, Коламбус
Архив Джейн Хибберд Кифер
Воспоминания Джеймса Митчелла о Гражданской войне
Переписка Уильяма Оглеви
Архив Уильяма М. Паркинсона
Архив Сары Эмили Росс
Архив Джеймса Стиллвелла
Дневник Джорджа Л. Вуда

Колледж Вашингтона и Джефферсона, Вашингтон, Пенсильвания
Рукопись Джорджа Б. Колдуэлла

Колледж Рэдклифф
Архив семей Сомервилл и Хауарт

Комиссия по библиотекам и архивам штата Техас
Записи Методистской епископальной церкви, Квартальная конференция, округ Монтгомери

Мемориально-литературное общество Конфедерации под управлением Виргинского исторического общества
Гарриет Э. Джонсон. «Написано для моих внуков», том 40 // Исторические записи о дочерях Конфедерации и женщинах Конфедерации / сост. Милдред Льюис Разерфорд
Письмо генерал-лейтенанта Юэлла бригадному генералу Джорджу Стюарту от 14–15 сентября 1863 года, А. С. Пендлтон
Собрание Джозефа Клойда
Собрание Чарльза Д. Хилла

Музей Октагон-Холла / Архив исследований Конфедерации Кентукки, Франклин, Кентукки
Дневник Джона М. Портера

Музей «Старая ратуша», Виксбург, Миссисипи
Архив семьи Чемпион
Военный дневник Доры Ричардс Миллер
Воспоминания Марии Саутгейт Хоуз

Научная библиотека при Музее Линкольна, Форт-Уэйн, Индиана
(в настоящее время закрыта)
Военный дневник Джона Э. Уилкинса
Переписка Айзека Бевьера

Национальное управление архивов и документации, Вашингтон, Колумбия
Документы службы генерал-интенданта, группа записей № 92
Коллекция конфедератских документов Военного министерства, группа записей № 109
Документы службы генерального прокурора, архив военно-полевых судов, группа записей № 153

Национальное управление архивов и документации — II, Колледж-Парк, Мэриленд
Комиссия по требованиям южан, группа записей № 217

Национальный военный парк Фредериксберга и Спотсильвании
Требования мирных жителей о выплате компенсаций, оригиналы документов в собрании исторических судебных бумаг, Фредериксберг, Виргиния

Национальный музей Гражданской войны, Харрисбург, Пенсильвания
Письмо о хлебном бунте

Округ Ланкастер, Пенсильвания, Историческое общество
Письма Уильяма Г. Кендрика, сост. Дэвид В. Баш

Округ Лоуренс, Теннесси, архив, Леома
Собрание Гражданской войны — обращения мятежников, 1860–1869 годы

Политехнический институт и Государственный университет Виргинии
Воспоминания Арчибальда Аткинсона-младшего

Президентский центр Рутерфорда Б. Хайеса, Фримонт, Огайо
Миссис Джозеф Барретт. «Воспоминания о Гражданской войне»

Публичная библиотека Нью-Йорка
Письма семьи Элай

Публичная библиотека округа Толедо-Лукас, секция краеведения
Собрание Хирама Рута

Публичная библиотека Чаттануги, секция краеведения
Архив Тимоти Ч. Чени
Дневник У. Ч. Брауна
Дневник Майры Аделаиды Инман Картер
Вырезка

Рукописи, полученные автором в дар
Письма Гибонни, получено в дар от Марка Болдуина
Письма семьи Доук, получено в дар от Доминики Лидс
Письмо Г. Томпсона Анне от 26 июля 1865 года, получено в дар от Барбары Джойс
Письмо Рубена Уикхэма «Дорогой жене» от 11 ноября 1864 года, получено в дар от Кристен Фуллер

Университет Брэдли, Пеория, Иллинойс
Военные письма Дэниэла Бурхарда Аллена
Военный дневник Дэниэла Бурхарда Аллена

Университет Виргинии, Библиотека специальных коллекций Альберта и Ширли Смолл
Архив семьи Карр
Архив семьи Меррелл

Университет Джонса Хопкинса, Библиотека Милтона С. Эйзенхауэра
Дневник Люси Ребекки Бак

Университет Джорджии, Библиотека редких книг и рукописей Харгретта
Архив семьи Хауэлла Кобба
Воспоминания Эллен Бьюкенен Скревен

Университет Дьюк, Библиотека редких книг и рукописей Дэвида М. Рубинштейна
Архив Джефферсона Дэвиса
Архив Дункана Маклорина
Архив семьи Персон
Архив Джозефа Белкнапа Смита
Архив Джеймса Гордона Хэккетта

Университет Западного Иллинойса, Мейком, Иллинойс, архивы и специальные собрания
Дневник Эдвина Нокса
Письмо Мэри А. Хьюстон

Университет Западного Кентукки, Боулинг-Грин
Дневник Джоанны Луизы Андервуд Назро
Письма Беви Кейн

Университет Индианы, Библиотека Лилли
Рукописи Хаузера

Университет Кентукки Лексингтон
Архив семьи Коллинз

Университет Мемфиса, специальные коллекции
Переписка Хамнер-Стейси
Архив семьи Портер-Райс

Университет Миссисипи, специальные коллекции
Документы миссис Кейд Дрю Гиллеспи

Университет Миссури Колумбия, собрание исторических рукописей Запада
Дневник Эльвиры Эссенит Скотт

Университет Мичигана, Библиотека Уильяма Л. Клементса
Архив Джеймса Б. Понда
Архив семьи Эплин
Дневник Тирзы Финч и расшифровки писем

Университет Мэриленда Колледж-Парк, Библиотека Хорнбейка
Архив Уиллиса А. Помероя
Архив семьи Байрон
Архив семьи Бурхауз
Архив Джеймса Ф. Стептера
Собрание Вирджинии Харролд

Университет Нотр-Дам, Библиотека Хесбурга, отдел редких книг и специальных коллекций
Переписка семьи Рид

Университет Райт, Дейтон, Огайо
Дневник Оливера Г. Протсмана

Университет Северной Каролины Чепел-Хилл, собрание по истории Юга, Библиотека Луиса Раунда Уилсона
Архив Джона Хьюстона Биллса
Архив Уильяма Гастона
Архив Джона Кимберли
Архив Уильяма Кинга
Архив Дж. Ф. Г. Клейборна
Архив Джейсона Найлса
Архив Джона Перкинса
Архив семей Гейл и Полк
Архив семьи Куитман
Архив семьи Леа
Архив семьи Ленуар
Архив Абрахама Ренчера
Архив Элизы Энн Марш Робертсон
Архив Сары Лоис Уэдли
Архив Уоллеса Бенджамина К. Янси
Дневник Фрэнсис Уолфолк
Дневник и автобиография Уильяма Г. Холкомба

Дневник Кейт С. Карни
Дневник Аниты Дуайер Уизерс
Дневник Сэмюэля А. Эгнью

Университет Сиракуз, зал рукописей
Дневник Альберта М. Кука

Университет Теннесси в Ноксвилле
Дневник Жозефины Х. Хук
Дневник Мэри Л. Пирр
Дневник Маргарет Бартон Крозье Рамси
Дневник Чарльза Генри Шрайнера
Личный дневник Роберта Хьюстона Армстронга

Университет Техаса в Остине, Центр американской истории Дольфа Бриско
Архив семьи Ричарда Т. Арчера, собрание Натчес — Трейс
Миссис Джон У. Уэйд. «Воспоминания восьмидесятилетней женщины»

Университет Толедо, Огайо, Центр Кэнедей
Дневник Сайруса Хассли

Университет Юга, Севани, Теннесси, Библиотека Джесси Болл Дюпон
Архив Леонидаса Полка

Университет Южного Иллинойса Эдвардсвилл
Дневник Уильяма Р. Таунсенда

Университет Южной Каролины, Библиотека «Южная Каролиниана»
Архив Макси Грегга
Архив Сэмюэла Уэллса Лиланда
Архив семьи Маклюр
Архив Мабры Мэддена
Архив семей Кокс и Чеснат
Архив семьи Палмер

Дневник Микаджи Адольфуса Кларка
Письмо Сары Джейн Сэмс
Мэри Бойкин Уильямс Харрисон Эймс. «Воспоминания о детстве»

Университет Южного Миссисипи
Письма Белчера

Филсоновское историческое общество, Луисвилл
Архив семьи Уинн-Кук
Архив Сэмюэла Т. Уэллса
Дивизия Черчилла, Конфедеративные Штаты Америки, Собрание основных приказов
Дневник Теодора Аллена
Дневник Мэри Элизабет Шрусбери ван Метер
Дневник Джеймса Пьюзарда
Дневник Томаса Д. Филлипа
Документы семьи Буллитт — коллекция Оксмура
Письмо Молли Т. Мэлли
Письмо Энселя Бемента
Собрание Григсби

Фонд Динсмор-Хомстед, Берлингтон, Кентукки
Кулинарная книга Марты М. Динсмор, 1829–1857

Первичные источники онлайн

«Гражданская война в Америке», военные воспоминания Роберта Ч. Кардена (батальон Б, 16-й пехотный полк Теннесси), URL: http://sunsite.utk.edu/civil-war (в настоящее время ресурс недоступен).

«Истории из американской жизни: рукописи из федерального литературного проекта, 1936–1940 годы», Библиотека Конгресса, URL: http://rs6.loc.gov (в настоящее время ресурс недоступен).

Письма рядового Ньютона Роберта Скотта («Письма Гражданской войны»), URL: www.civilwarletters.com/letters_toc.html (дата обращения: 16.02.2023).

Письма Сенеки Тролла (архив Гражданского войны), URL: www.civilwararchive.com/LETTERS/thrall1.htm (дата обращения: 16.02.2023).

«Рожденные в рабстве: рассказы рабов, записанные в рамках федерального литературного проекта, 1936–1938», Библиотека Конгресса, URL: www.loc.gov (дата обращения: 16.02.2023).

Университет штата Огайо, исторический факультет, eHistory
URL: ehistory.osu.edu (дата обращения: 16.02.2023)
Военные письма Уильяма Сэмюэла Крейга
Военный дневник Франклина Элдриджа
Дневник Мелвилла Кокса Фоллетта
«История Гражданской войны» Джона Ритланда
Собрание Хэксворта

Анкеты ветеранов Гражданской войны из Теннесси
URL: www.tngenweb.org/bledsoe/bdocs/htm (в настоящее время ресурс недоступен).
URL: http://tn-roots.com/tncrockett/mililtary/quest/quest-index.html (дата обращения: 16.02.2023).

Военный кодекс Соединенных Штатов
URL: www.freepages.military.rootsweb.com (в настоящее время ресурс недоступен).

Проект «Долина теней», Университет Виргинии
(URL: valley.lib.virginia.edu — дата обращения: 16.02.2023)
Архив семьи Керш
Архив семьи Макфарланд
Архив семьи Маккью
Архив семьи Эванс-Сиберт
Дневник Джозефа Уэдделла
Письма Александра Г. Г. Стюарта

Газеты
«Александрия газетт»
«Арканзас уикли газетт»
«Бруклин игл»
«Висконсин пэтриот»
«Даллас геральд»
«Дебаус ревью»

«Дейли Дельта»
«Дейли Коламбус инкуайрер»
«Дейли тру Дельта»
«Джорджия уикли телеграф»
«Ивнинг бюллетин»
«Ивнинг пост»
«Мейкон дейли телеграф»
«Мейкон телеграф»
«Мейкон уикли телеграф»
«Мобил реджистер»
«Норвич морнинг бюллетин»
«Нью-Гемпшир сентинел»
«Нью-Йорк геральд»
«Нью-Йорк дейли трибьюн»
«Нью-Йорк таймс»
«Огаста кроникл»
«Провиденс ивнинг пресс»
«Ричмонд дейли диспетч»
«Ричмонд диспетч»
«Ричмонд уиг»
«Ричмонд экзамайнер»
«Сакраменто дейли юнион»
«Сан-Франциско бюллетин»
«Сан»
«Саузерн иллюстрейтед ньюс»
«Саузерн Конфедераси»
«Стаунтон спектейтор»
«Триуикли телеграф»
«Уикли Миссисипиан»
«Файеттвилл обзервер»
«Филадельфия инкуайрер»
«Харперс уикли»
«Хиллсборо рекордес»
«Цинциннати дейли инкуайрер»
«Чарльстон Меркьюри»
«Чаттануга дейли ребел»
«Чикаго трибьюн»

Печатные первичные источники

Adams 1916 — Adams C. F. Charles Frances Adams: 1835–1915: An Autobiography, with a Memorial Address Delivered November 17, 1915, by Henry Cabot Lodge. Boston, MA: Houghton Mifflin, 1916.

Anderson D. 2008 — Anderson D., ed. When War Becomes Personal: Soldiers' Accounts from the Civil War to Iraq. Iowa City, IA: University of Iowa Press, 2008.

Anderson E. 1868 — Anderson E. McD. Memoirs Historical and Personal; Including the Campaigns of the First Missouri Confederate Brigade. St. Louis, MO: Times Printing Co., 1868.

Anderson J. Q. 1995 — Anderson J. Q., ed. Brokenburn: The Journal of Kate Stone, 1861–1868. With a New Introduction by Drew Gilpin Faust. Baton Rouge, LA: Louisiana State University Press, 1995.

Andrews 1908 — Andrews E. F. The War-Time Journal of a Georgia Girl, 1864–1865. New York, NY: D. Appleton & Company, 1908.

Armstrong 1931 — Armstrong O. K. Old Massa's People: The Old Slaves Tell Their Story. Indianapolis, IN: The Bobbs-Merrill Company, Publishers, 1931.

Aughey 1905 — Aughey J. H. T. Chicago, IL: Rhodes & McClure, 1905.

Avirett 1901 — Avirett J. B. The Old Plantation: How We Lived in Great House and Cabin before the War. New York, NY: F. Tennyson Neely Co., 1901.

Barber 1894 — Barber L. W. Army Memoirs of Lucius W. Barber, Company D, 15th Illinois Volunteer Infantry: May 24, 1861, to September 30, 1865. Chicago, IL: J. M. W. Jones Stationery & Printing Company, 1894.

Baumgartner 1994 — Baumgartner R. A., ed. Blood and Sacrifice: The Civil War Journal of a Confederate Soldier. Huntington, WV: Blue Acorn Press, 1994.

Beattie et al. 1996 — Beattie D. W., Cole R. M., Waugh C. G. eds. A Distant War Comes Home: Maine in the Civil War Era. Camden, ME: Down East Books, 1996.

Becker, Thomas 1988 — Becker C. M., Thomas R., eds. Hearth and Knapsack: The Ladley Letters, 1857–1880. Athens, OH: Ohio University Press, 1988.

Berlin et al. 1998 — Berlin I., Favreau M., Miller S. F., eds. Remembering Slavery: African Americans Talk about Their Personal Experiences of Slavery and Freedom. New York, NY: The New Press in Association with the Library of Congress, 1998.

Berlin 1994 — Berlin J. V., ed. A Confederate Nurse: The Diary of Ada W. Bacot, 1860–1863. Columbia, SC: University of South Carolina Press, 1994.

Billings 1993 — Billings J. D. Hardtack and Coffee: The Unwritten Story of Army Life. Lincoln, NE: University of Nebraska Press, 1993.

Blackford 1993 — Blackford W. W. War Years with Jeb Stuart. Baton Rouge, LA: Louisiana State University Press, 1993.

Bloodgood 1893 — Bloodgood J. D. Personal Reminiscences of the War. New York, NY: Hunt & Eaton, 1893.

Bonner 2006 — Bonner R. E. The Soldier's Pen: Firsthand Impressions of the Civil War. New York, NY: Hill & Wang, 2006.

Botkin 1945 — Botkin B. A., ed. Lay My Burden Down: A Folk History of Slavery. Chicago, IL: University of Chicago Press, 1945.

Botts 1866 — Botts, John Minor. The Great Rebellion: Its Secret History, Rise, Progress, and Disastrous Failure. New York, NY: Harper & Brothers, Publishers, 1866.

Branch 1912 — Branch M. P. Memoirs of a Southern Woman "Within the Lines," and a Genealogical Record. Chicago, IL: Joseph G. Branch, 1912.

Brown 1963 — Brown C. H., ed. The Reminiscences of Sergeant Newton Cannon, from Holograph Material Provided by His Grandson, Samuel M. Fleming, Jr. Franklin, TN: Carter House Association, 1963.

Browning, Smith 2001 — Browning J., Smith M. T., eds. Letters from a North Carolina Unionist: John A. Hedrick to Benjamin S. Hedrick, 1862–1865. Raleigh, NC: Division of Archives and History, North Carolina Department of Cultural Resources, 2001.

Burge 1918 — Burge D. S. A Woman's Wartime Journal: An Account of the Passage over a Georgia Plantation of Sherman's Army on the March to the Sea... New York, NY: The Century Company, 1918.

Burke 1941 — Burke P. W. Emily Donelson of Tennessee. Vol. I. Richmond, VA: Garrette & Massie, Incorporated, 1941.

Calhoun 1990 — Calhoun R. J., ed. Witness to Sorrow: The Antebellum Autobiography of William J. Grayson. Columbia, SC: University of South Carolina Press, 1990.

Cash, Howorth 1971 — Cash W. M., Howorth L. S., eds. My Dear Nellie: The Civil War Letters of William L. Nugent to Eleanor Smith Nugent. Jackson, MS: University Press of Mississippi, 1977.

Cashin 1996 — Cashin J. E., ed. Our Common Affairs: Texts from Women in the Old South. Baltimore, MD: Johns Hopkins University Press, 1996.

Chamberlaine 1912 — Chamberlaine W. W. Memoirs of the Civil War between the Northern and Southern Sections of the United States of America, 1861 to 1865. Washington, DC: Press of Byron S. Adams, 1912.

Chapman 1923 — Chapman R. D. A Georgia Soldier in the Civil War, 1861–1865. Houston, TX: By the Author, 1923.

Clark 1916 — Clark O. B., ed. Alexander G. Downing's Civil War Diary. Des Moines, IA: The Historical Department of Iowa, 1916.

Coffin 1866 — Coffin C. C. Four Years of Fighting: A Volume of Personal Observation with the Army and Navy. Boston, MA: Ticknor & Fields, 1866.

Confederate Receipt Book: A Compilation of Over One Hundred Receipts Adapted to the Times. Richmond, VA: West and Johnson, 1863.

Cooper-Hopley 1863 — Cooper-Hopley C. Life in the South: From the Commencement of the War by a Blockaded British Subject. Vol. I. London: Chapman & Hall, 1863.

Cox 1900 — Cox, Jacob Dolson. Military Reminiscences of the Civil War, Vol. I: April 1861 — November 1863. New York, NY: Charles Scribner's Sons, 1900.

Cozzens, Girardi 1998 — Cozzens P., Girardi R. I., eds. The Military Memoirs of General John Pope. Chapel Hill, NC: University of North Carolina Press, 1998.

Craig 2009 — Craig T. M., ed. Upcountry South Carolina Goes to War: Letters of the Anderson, Brockman, and Moore Families, 1853–1865. Columbia, SC: University of South Carolina Press, 2009.

Dana 1898 — Dana C. A. Recollections of the Civil War, with the Leaders at Washington and in the Field in the Sixties. New York, NY: D. Appleton & Company, 1898.

Davis 1999 — Davis R. S., ed. Requiem for a Lost City: A Memoir of Civil War Atlanta and the Old South, by Sarah "Sallie" Conley Clayton. Macon, GA: Mercer University Press, 1999.

Davis 1990 — Davis W., ed. Diary of a Confederate Soldier: John S. Jackman of the Orphan Brigade. Columbia, SC: University of South Carolina Press, 1990.

Dayton 1961 — Dayton R. W., ed. The Diary of a Confederate Soldier, James E. Hall. N.p., Mrs. Elizabeth Teter Phillips, 1961.

Donald 1975 — Donald D. H., ed. Gone for a Soldier: The Civil War Memoirs of Private Alfred Bellard, from the Alec Thomas Archives. Boston, MA: Little, Brown & Company, 1975.

Doubleday 1994 — Doubleday A. Campaigns of the Civil War: Chancellorsville and Gettysburg. With a New Introduction by Gary W. Gallagher. New York, NY: Da Capo Press, 1994.

East 1991 — East C., ed. The Civil War Diary of Sarah Morgan. Athens, GA: University of Georgia Press, 1991.

Eggleston 1875 — Eggleston G. C. A Rebel's Recollections. New York, NY: Hurd & Houghton, 1875.

Emerson, Stokes 2013 — Emerson W. E., Stokes K., eds. A Confederate Englishman: The Civil War Letters of Henry Wemyss Feilden. Columbia, SC: University of South Carolina Press, 2013.

Engs, Brooks 2007 — Engs R. F., Brooks C. M., eds. Their Patriotic Duty: The Civil War Letters of the Evans Family of Brown County, Ohio. New York, NY: Fordham University Press, 2007.

Eppes 1968 — Eppes S. B. Through Some Eventful Years. Gainesville, FL: University of Florida Press, 1968.

Everson, Simpson 1994 — Everson G. R., Simpson E. H., eds. Far, Far from Home: The Wartime Letters of Dick and Tally Simpson, Third South Carolina Volunteers. Oxford: Oxford University Press, 1994.

Felton 1919 — Felton R. L. Country Life in Georgia in the Days of My Youth. Atlanta, GA: Index Printing Company, 1919.

Fletcher 1995 — Fletcher W. A. Rebel Private: Front and Rear, Memoirs of a Confederate Soldier / Introduction by Richard Wheeler. Afterword by Vallie Fletcher Taylor. New York, NY: Dutton, 1995.

Ford, Ford 1905 — Ford A. P., Ford M. J. Life in the Confederate Army: Being Personal Experiences of a Private Soldier in the Confederate Army, and Some Experiences and Sketches of Southern Life. New York, NY: The Neale Publishing Company, 1905.

Foroughi 2008 — Foroughi A. R., ed. Go If You Think It Your Duty: A Minnesota Couple's Civil War Letters. St. Paul, MN: Minnesota Historical Society Press, 2008.

Fountain 1995 — Fountain S. M., ed. Sisters, Seeds, and Cedars: Rediscovering Nineteenth-Century Life through Correspondence from Rural Arkansas and Alabama. Conway, AR: VCA Press, 1995.

Fremantle 1864 — Fremantle A. J. L. Three Months in the Southern States, April–June 1863. Mobile, AL: S. H. Goetzel, 1864.

French 1901 — French S. G. Two Wars: An Autobiography of Gen. Samuel G. French. Nashville, TN: Confederate Veteran, 1901.

Frobel 1992 — Frobel A. S. The Civil War Diary of Anne S. Frobel. McLean, VA: EPM Publications, 1992.

Fry 1908 — Fry A. M. G. Memories of Old Cahaba. Nashville, TN: Publishing House of the ME Church, South, 1908.

Gallagher 1989 — Gallagher G. W., ed. Fighting for the Confederacy: The Personal Recollections of General Edward Porter Alexander. Chapel Hill, NC: University of North Carolina Press, 1989.

Geer 1863 — Geer J. J. Beyond the Lines; or, A Yankee Prisoner Loose in Dixie. Philadelphia, PA: J. W. Daughaday, Publishers, 1863.

Gienapp 2001 — Gienapp W. E., ed. The Civil War and Reconstruction: A Documentary Collection. New York, NY: W. W. Norton & Company, 2001.

Goodloe 1907 — Goodloe A. T. Confederate Echoes: A Voice from the South in the Days of Secession and of the Southern Confederacy. Nashville, TN: Smith & Lamar, 1907.

Relics 1893 — Some Rebel Relics from the Seat of War. Nashville, TN: Printed for the Author, 1893.

Gordon 1903 — Gordon J. B. Reminiscences of the Civil War. New York, NY: Charles Scribner's Sons, 1903.

Graham 2013 — Graham, C. R., ed. Under Both Flags: A Panorama of the Great Civil War as Represented in Story, Anecdote, Adventure, and the Romance of Reality. New York, NY: Skyhorse Publishing, 2013.

Grant 1990 — Grant U. S. Memoirs and Selected Letters: Personal Memoirs of U. S. Grant and Selected Letters, 1839–1865. New York, NY: The Library of America, 1990.

Green 1952 — Green F. M., ed. The Lides Go South... and West: The Records of a Planter Migration in 1835. Columbia, SC: University of South Carolina Press, 1952.

Green 1921 — Green R. M., ed. Memoirs of Mary A. Maverick, Arranged by Mary A. Maverick and Her Son George Madison Maverick. San Antonio, TX: Alamo Printing Co., 1921.

Gwin 1992 — Gwin M. C. Editor and Author of Introduction. Cornelia Peake McDonald, A Woman's Civil War: A Diary, with Reminiscences of the War, from March 1862. Madison, WI: University of Wisconsin Press, 1992.

Hassler 1965 — Hassler W. W., ed. The General to His Lady: The Civil War Letters of William Dorsey Pender to Fanny Pender. Chapel Hill, NC: University of North Carolina Press, 1965.

Hopkins 1903 — Hopkins W. P. The Seventh Regiment: Rhode Island Volunteers in the Civil War, 1862–1865. Providence, RI: The Providence Press, 1903.

Houghton, Houghton 1912 — Houghton W. R., Houghton M. B. Two Boys in the Civil War and After. Montgomery, AL: The Paragon Press, 1912.

Howe 1995 — Howe M. A. D., ed. Marching with Sherman: Passages from the Letters and Campaign Diaries of Henry Hitchcock, Major and Assistant

Adjutant General of Volunteers, November 1864 — May 1865. Lincoln, NE: University of Nebraska Press, 1995.

Hughes N. 1995 — Hughes N. C., Jr., ed. The Civil War Memoir of Philip Daingerfield Stephenson, DD, Private, Company K, 13th Arkansas Volunteer Infantry and Loader, Piece No. 4, 5th Company, Washington Artillery, Army of the Tennessee, CSA. Conway, AR: University of Central Arkansas Press, 1995.

Hughes T. 1835 — Hughes T. A Boy's Experience in the Civil War, 1860–1865. N.p., 1904. Ingraham, J. H. The South-west. Vol. 2. New York, NY: Harper & Brothers, 1835.

Jaquette 1998 — Jaquette H. S., ed. Letters of a Civil War Nurse: Cornelia Hancock, 1863–1865. Lincoln, NE: University of Nebraska Press, 1998.

Kemble 1864 — Kemble F. A. Journal of a Residence on a Georgian Plantation in 1838–1839. New York, NY: Harper & Brothers, Publishers, 1864.

Kent 1976 — Kent A. A., ed. Three Years with Company K: Sergeant Austin C. Stearns, Company K, 13th Massachusetts Infantry (Deceased). Rutherford, NJ: Fairleigh Dickinson University Press, 1976.

King 1899 — King C. From School to Battle-Field: A Story of the War Days. Philadelphia, PA: J. B. Lippincott Company, 1899.

Knox 1865 — Knox T. W. Camp-Fire and Cotton-Field: Southern Adventure in Time of War. New York, NY: Blelock & Company. 1865.

Le Duc 2004 — Le Duc W. G. This Business of War: Recollections of a Civil War Quartermaster / Foreword by Adam E. Scher. St. Paul, MN: Minnesota Historical Society Press, 2004.

Leib 1862 — Leib C. Nine Months in the Quartermaster's Department, or, The Chances for Making a Million. Cincinnati, OH: Moore, Wilstach, Keys, 1862.

Leon 1913 — Leon L. Diary of a Tar Heel Confederate Soldier. Charlotte, NC: Stone Publishing Company, 1913.

Livermore 1889 — Livermore M. A. My Story of the War: A Woman's Narrative of Four Years Personal Experience. Hartford, CT: A. D. Worthington & Company, 1889.

Livermore 1897 — Livermore M. A. The Story of My Life, Or, The Sunshine and Shadow of Seventy Years. Hartford, CT: A. D. Worthington & Co., 1897.

Longstreet 1992 — Longstreet J. From Manassas to Appomattox: Memoirs of the Civil War in America. New York, NY: Konecky & Konecky, 1992.

Looby 2000 — Looby C., ed. The Complete Civil War Journal and Selected Letters of Thomas Wentworth Higginson. Chicago, IL: University of Chicago Press, 2000.

Loughborough 1990 — Loughborough M. W. My Cave Life in Vicksburg, with Letters of Trial and Travel. Vicksburg, MS: Vicksburg and Warren County Historical Society, 1990.

Lynch 1915 — Lynch C. H. The Civil War Diary 1862–1865 of Charles H. Lynch, 18th Conn. Vols. Hartford, CT: Privately Printed, 1915.

Lyon, Lyon 1907 — Lyon W. P., Lyon A. C. D. Reminiscences of the Civil War. San Jose, CA: Press of Muirson & Wright, 1907.

Marshall 1999 — Marshall J. D., ed. A War of the People: Vermont Civil War Letters. Foreword by Edwin C. Bearss. Hanover, NH: University Press of New England, 1999.

Martineau 1838 — Martineau, Harriet. Retrospect of Western Travel. Vol. 2. London: Saunders & Otley, 1838.

McCarthy 1882 — McCarthy C. Detailed Minutiae of Soldier Life in the Army of Northern Virginia, 1861–1865. Richmond, VA: Carlton McCarthy and Company, 1882.

McClellan 1887 — McClellan G. B. McClellan's Own Story: The War for the Union, the Soldiers Who Fought It, and His Relations to It and Them. New York, NY: Charles L. Webster & Company, 1887.

McDonald 1973 — McDonald A. P., ed. Make Me a Map of the Valley: The Civil War Journal of Stonewall Jackson's Topographer. Dallas, TX: Southern Methodist University Press, 1973.

McFadden 1991 — McFadden J. B. R., comp. Aunt and the Soldier Boys from Cross Creek Village, Pennsylvania, 1856–1867. Wooster, OH: By the Compiler, 1991.

McGuire 1868 — McGuire J. W. Diary of a Southern Refugee during the War, by a Lady of Virginia. 2nd edn. New York, NY: E. J. Hale & Son, 1868.

McKim 1910 — McKim R. H. A Soldier's Recollections: Leaves from the Diary of a Young Confederate. London: Longman's, Green, & Co., 1910.

Menge, Shimrak 1989 — Menge W. S., Shimrak J. A., eds. The Civil War Notebook of Daniel Chisholm: A Chronicle of Daily Life in the Union Army 1864–1865. New York, NY: Ballantine Books, 1989.

Mitchel 1916 — Mitchel C. Reminiscences of the Civil War. Providence, RI: Snow & Farnham Co., 1916.

Mohr, Winslow 1982 — Mohr J. C., Winslow R. E., eds. The Cormany Diaries: A Northern Family in the Civil War. Pittsburgh, PA: University of Pittsburgh Press, 1982.

Moore 1910 — Moore E. A. The Story of a Cannoneer under Stonewall Jackson, in Which Is Told the Part Taken by the Rockbridge Artillery in the Army of Northern Virginia. Lynchburg, VA: J. P. Bell Company, Inc., 1910.

Moore 1993 — Moore J. H., ed. A Plantation Mistress on the Eve of the Civil War: The Diary of Keziah Goodwyn Hopkins Brevard. Columbia, SC: University of South Carolina Press, 1993.

Muir 1916 — Muir J. The Story of My Boyhood and Youth, and a Thousand-Mile Walk to the Gulf. Boston, MA: Houghton Mifflin Company, 1916.

Murfree 1884 — Murfree M. N. Where the Battle Was Fought: A Novel. Boston, MA: Houghton Mifflin & Company, 1884.

Murr 2001 — Murr E. L., ed. A Rebel Wife in Texas: The Diary and Letters of Elizabeth Scott Neblett, 1852–1864. Baton Rouge, LA: Louisiana State University Press, 2001.

Myers 1984 — Myers R. M., ed. The Children of Pride: Selected Letters of the Family of the Rev. Dr. Charles Colcock Joes from the years 1860–1868, with the Addition of Several Previously Unpublished Letters. New Abridged Edn. New Haven, CT: Yale University Press, 1984.

Neese 1911 — Neese G. M. Three Years in the Confederate Horse Artillery. New York, NY: The Neale Publishing Company, 1911.

Paxton 1907 — Paxton J. G. Memoir and Memorials: Elisha Franklin Paxton, Brigadier-General, CSA: Composed of His Letters from Camp and Field While an Officer in the Confederate Army, with an Introductory and Connecting Narrative Collected and Arranged by his Son, John Gallatin Paxton. New York, NY: The Neale Publishing Company, 1907.

Perdue et al. 1976 — Perdue C. L., Barden T. E., Phillips R. K., eds. Weevils in the Wheat: Interviews with Virginia Ex-Slaves. Charlottesville, VA: University Press of Virginia, 1976.

Phillips 1923 — Phillips, J. R. The Story of My Life. Tuscaloosa, AL: n.p., 1923.

Plake 1868 — Plake K. The Southern Husband Outwitted by His Union Wife. Philadelphia, PA: Printed for the Authoress by Moore and Brother, 1868.

Porcher 1863 — Porcher F. P. Resources of the Southern Fields and Forests, Medical, Economical, and Agricultural. Charleston, SC: n.p., 1863.

Pringle 1922 — Pringle E. W. A. Chronicles of Chicora Wood. New York, NY: Charles Scribner's Sons, 1922.

Pryor 1905 — Pryor R. A. Reminiscences of Peace and War. Rev. and enlarged edn. New York, NY: The Macmillan Company, 1905.

Putnam 1867 — Putnam S. A. B. Richmond During the War: Four Years of Personal Observation. New York, NY: G. W. Carleton & Co., Publishers, 1867.

Radigan 1999 — Radigan E. N., ed. Desolating This Fair Country: The Civil War Diary and Letters of Lt. Henry C. Lyon, 34th New York. Foreword by Michael Radigan. Jefferson, NC: McFarland & Company, Inc., Publishers, 1999.

Reyburn, Wilson 1999 — Reyburn P. J., Wilson T. L., eds. "Jottings from Dixie": The Civil War Dispatches of Sergeant Major Stephen F. Fleharty, USA. Baton Rouge, LA: Louisiana State University Press, 1999.

Rhodes 1991 — Rhodes R. H., ed. All for the Union: The Civil War Diary and Letters of Elisha Hunt Rhodes. Foreword by Geoffrey C. Ward. New York, NY: Orion Books, 1991.

Robertson 1994 — Robertson M. D., ed. Lucy Breckinridge of Grove Hill: The Journal of a Virginia Girl, 1862–1864. Columbia, SC: University of South Carolina Press, 1994.

Robson 1898 — Robson J. S. How a One-Legged Rebel Lives: Reminiscences of the Civil War. Durham, NC: Educator Company Printers and Binders, 1898.

Rosengarten 1986 — Rosengarten T., ed. Tombee: Portrait of a Cotton Planter, with the Journal of Thomas B. Chaplin (1822–1890). New York, NY: William Morrow & Company, Inc., 1986.

Saxon 1905 — Saxon E. L. A Southern Woman's War Time Reminiscences. Memphis, TN: Pilcher Printing Co., 1905.

Schlesinger 1984 — Schlesinger A. M., ed. The Cotton Kingdom: A Traveller's Observations on Cotton and Slavery in the American Slave States, by Frederick Law Olmsted / Introduction by Lawrence N. Powell. New York, NY: The Modern Library, 1984.

Sheridan 1992 — Sheridan P. H. Personal Memoirs of P. H. Sheridan, General United States Army / Introduction by Jeffry Wert. New York, NY: Da Capo Press, 1992.

Sherman 2005 — Sherman W. T. Memoirs. Introduction by Ian M. Cuthbertson. New York, NY: Barnes & Noble, 2005.

Simon 1975 — Simon J. Y., ed. The Personal Memoirs of Julia Dent Grant. With an Introduction by Bruce Catton, and "The First Lady as an Author," by Ralph G. Newman. New York, NY: G. P. Putnam's Sons, 1975.

Simons 1848 — Simons J. H. The Planter's Guide and Family Book of Medicine. Charleston, SC: M'Carter and Allen, 1848.

Small 2000 — Small A. R. The Road to Richmond: The Civil War Memoirs of Major Abner R. Small of the Sixteenth Maine Volunteers, Together with the Diary Which He Kept When He Was a Prisoner of War. New York, NY: Fordham University Press, 2000.

Smedes 1887 — Smedes S. D. Memorials of a Southern Planter. Baltimore, MD: Cushings & Bailey, 1887.

Smith, Baker 1986 — Smith B. B., Baker N. B., eds. "Burning Rails as We Please": The Civil War Letters of William Garrigues Bentley, 104th Ohio Volunteer Infantry. Jefferson, NC: McFarland & Company, Inc., Publishers, 2004.

Smith et al. 1950 — Smith D. E. H., Smith A. R. H., Childs A. R., eds. Mason Smith Family Letters, 1860–1868. Columbia, SC: University of South Carolina Press, 1950.

Smith 1906 — Smith G. G. Leaves from a Soldier's Diary: The Personal Record of Lieutenant George G. Smith, Co. C, 1st Louisiana [US] Regiment Infantry. Putnam, CT: George G. Smith, 1906.

Spence 1993 — Spence J. C. A Diary of the Civil War. Murfreesboro, TN: The Rutherford County Historical Society, 1993.

Stiles 1904 — Stiles R. Four Years under Marse Robert. New York, NY: The Neale Publishing Company, 1904.

Stillwell 1920 — Stillwell L. The Story of a Common Soldier of Army Life in the Civil War, 1861–1865. 2nd edn. N.p.: Franklin Hudson, 1920.

Strother 1866 — Strother D. H. Personal Recollections of the War // Harper's New Monthly Magazine. 1866. № 33. P. 409–428.

Strother 1860 — Strother D. H. Rural Pictures // Harper's Magazine. 1860. № 20. P. 166–180.

Taulbert 1995 — Taulbert C. T. Once Upon a Time When We Were Colored. New York, NY: Penguin Books, 1995.

Taylor 1879 — Taylor R. Destruction and Reconstruction: Personal Experiences of the Late War. New York, NY: D. Appleton & Company, 1879.

Townsend 1950 — Townsend G. A. Rustics in Rebellion: A Yankee Reporter on the Road to Richmond, 1861–1865. With an Introduction by Lida Mayo. Chapel Hill, NC: University of North Carolina Press, 1950.

Trowbridge 1969 — Trowbridge J. T. The South: A Tour of Its Battle-Fields and Ruined Cities. New York, NY: Arno Press and The New York Times, 1969.

Tunnard 1866 — Tunnard W. H. A Southern Record: The History of the Third Regiment, Louisiana Infantry. Baton Rouge, LA: Printed for the Author, 1866.

Veterans 1907 — United Confederate Veterans of Arkansas. Confederate Women of Arkansas in the Civil War, 1861–1865, Memorial Reminiscences. Little Rock, AR: H. G. Pugh Printing Co., 1907.

Venet 2009 — Venet W. H., ed. Sam Richards's Civil War Diary: A Chronicle of the Atlanta Home Front. Athens, GA: University of Georgia Press, 2009.

Warwick 2009 — Warwick R., comp. Williamson County: The Civil War Years Revealed through Letters, Diaries, and Memoirs. Franklin, TN: The Heritage Foundation of Franklin and Williamson County, 2006.

Watkins 1999 — Watkins Sam. Company Aytch, or, A Side Show of the Big Show and Other Sketches. Edited and with an Introduction by M. Thomas Inge. New York, NY: Plume, 1999.

Wiley 1953 — Wiley B. I., ed. Fourteen Hundred and Ninety-One Days in the Confederate Army: A Journal Kept by W. W. Heartsill. Jackson, TN: McCowat-Mercer Press, 1953.

Wilkeson 1887 — Wilkeson F. Recollections of a Private Soldier in the Army of the Potomac. New York, NY: G. P. Putnam's Sons, 1887.

Willett 1994 — Willett C. E., ed. A Union Soldier Returns South: The Civil War Letters and Diary of Alfred C. Willett, 113th Ohio Volunteer Infantry. Johnson City, TN: The Overmountain Press, 1994.

Wills 1906 — Wills C. W. Army Life of an Illinois Soldier. Washington, DC: Globe Printing Company, 1906.

Winn, б.д. — Winn S. K., ed. The Civil War Diary of Mrs. Henrietta Fitzhugh Barr, 1862–1863, Ravenswood, Virginia (West Virginia). Marietta, OH: Hyde Brothers Printing Company, n.d.

Winther 1958 — Winther O. O. Editor and Author of Introduction. With Sherman to the Sea: The Civil War Letters, Diaries, and Reminiscences of Theodore F. Upson. Bloomington, IN: Indiana University Press, 1958.

Wittenberg 2000 — Wittenberg E. J., ed. One of Custer's Wolverines: The Civil War Letters of Brevet Brigadier General James H. Kidd, 6th Michigan Cavalry. Kent, OH: Kent State University Press, 2000.

Worsham 1912 — Worsham J. W. One of Jackson's Foot Cavalry: His Experience and What He Saw during the War, 1861–1865. New York, NY: The Neale Publishing Company, 1912.

Wright 1905 — Wright L. W. A Southern Girl in '61: The War-Time Memories of a Confederate Senator's Daughter. New York, NY: Doubleday, Page & Company, 1905.

Wyeth 1914 — Wyeth J. A. With Sabre and Scalpel: The Autobiography of a Soldier and Surgeon. New York, NY: Harper & Brothers, 1914.

Wynne, Taylor 1993 — Wynne L. N., Taylor R. A., eds. This War So Horrible: The Civil War Diary of Hiram Smith Williams. Tuscaloosa, AL: University of Alabama Press, 1993.

Правительственные документы и публикации

Военное министерство Соединенных Штатов. Война мятежников: собрание официальных документов армий Союза и Конфедерации: в 128 т. Вашингтон: Государственная типография США, 1880–1901.

Военные постановления, принятые к использованию в армии Конфедеративных Штатов в соответствии с недавними актами Конгресса. Ричмонд, Виргиния: West and Johnston, 1861.

Кеннеди Дж. Г. Сельское хозяйство Соединенных Штатов в 1860 году. Собрано на основе данных восьмой переписи населения и под руководством министра внутренних дел. Вашингтон: Правительственная типография США, 1864.

Мэтьюс Дж. М. Общие законы Конфедеративных Штатов Америки, принятые на первом заседании Первого Конгресса, 1862 год. Ричмонд, Виргиния: R. M. Smith, 1862.

Мэтьюс Дж. М. Общие законы Конфедеративных Штатов Америки, Первый Конгресс, 1862–1864. Ричмонд, Виргиния: R. M. Smith, 1862–1864.

Мэтьюс Дж. М. Свод законов Конфедеративных Штатов Америки с 8 февраля 1861 года по 18 февраля 1862 года. Ричмонд, Виргиния: R. M. Smith, 1864.

Обновленные постановления армии Соединенных Штатов Америки, 1861 год, с Приложением, включающим в себя поправки и законы, влияющие на военные постановления и Военный кодекс, по 25 июля 1863 год. Вашингтон: Правительственная типография США, 1863.

Постановления армии Конфедеративных Штатов Америки, 1863 год, с полным оглавлением. Ричмонд, Виргиния: West and Johnston, 1863.

Скотт Г. Л. Военный словарь. Нью-Йорк: D. Van Nostrand, 1861.

Федеральная перепись населения, данные по свободным гражданам и рабам. URL: ancestry.com (в настоящее время ресурс недоступен).

Библиография

Adams 2014 — Adams M. C. C. Living Hell: The Dark Side of the Civil War. Baltimore, MD: Johns Hopkins University Press, 2014.

Akhtar 2005 — Akhtar S. Objects of Our Desire: Exploring Our Intimate Connections with the Things around Us. New York, NY: Harmony Books, 2005.

Aldrich 2012 — Aldrich D. P. Building Resilience: Social Capital in Post-Disaster Recovery. Chicago, IL: University of Chicago Press, 2012.

Alexander 1912 — Alexander F. W. Stratford Hall and the Lees Connected with Its History. Oak Grove, VA: By the Author, 1912.

Allmendinger 1990 — Allmendinger D. F. Ruffin: Family and Reform in the Old South. Oxford: Oxford University Press, 1990.

Alotta 1989 — Alotta R. I. Civil War Justice: Union Army Executions under Lincoln. Shippensburg, PA: White Mane Publishing Co., Inc., 1989.

Altschuler, Blumin 2000 — Altschuler G. C., Blumin S. M. Rude Republic: Americans and Their Politics in the Nineteenth Century. Princeton, NJ: Princeton University Press, 2000.

Alvesson 2002 — Alvesson M. Understanding Organizational Culture. London: Sage, 2002.

Anderson J. 2012 — Anderson J. L. Mahogany: The Costs of Luxury in Early America. Cambridge, MA: Harvard University Press, 2012.

Anderson M. 2015 — Anderson M. The American Census: A Social History. 2nd edn. New Haven, CT: Yale University Press, 2015.

Ash 1995 — Ash S. V. When the Yankees Came: Conflict and Chaos in the Occupied South, 1861–1865. Chapel Hill, NC: University of North Carolina Press, 1995.

Ash 2004 — Ash S. V. A Year in the South, 1865: The True Story of Four Ordinary People Who Lived through the Most Tumultuous Twelve Months in American History. New York, NY: Perennial, 2004.

Baggett 2003 — Baggett J. A. The Scalawags: Southern Dissenters in the Civil War and Reconstruction. Baton Rouge, LA: Louisiana State University Press, 2003.

Barton 1981 — Barton M. Goodmen: The Character of Civil War Soldiers. University Park, PA: Pennsylvania State University Press, 1981.

Batchelor, Kaplan 2004 — Batchelor J., Kaplan C. Introduction // Women and Material Culture / eds. Batchelor J., Kaplan C. New York, NY: Palgrave Macmillan, 2007. P. 2–7.

Becker 1996 — Becker, Jason. Hungry Ghosts: Mao's Secret Famine. New York, NY: Free Press, 1996.

Bensel 1990 — Bensel R. F. Yankee Leviathan: The Origins of Central State Authority in America, 1859–1877. Cambridge: Cambridge University Press, 1990.

Berger 2008 — Berger J. J. Forests Forever: Their Ecology, Restoration, and Protection. With a Foreword by Charles E. Little. San Francisco, CA: The Center for American Places at Columbia College Chicago in Association with Forests Forever Foundation, 2008.

Beringer et al. 1986 — Beringer R. E., Herman Hattaway, Archer Jones, and William N. Still, Jr. Why the South Lost the Civil War. Athens, GA: University of Georgia Press, 1986.

Berry 1997 — Berry W. The Unsettling of America: Culture and Agriculture. San Francisco, CA: Sierra Club Books, 1977.

Bishir 2006 — Bishir C. W. Southern Built: American Architecture, Regional Practice. Charlottesville, VA: University of Virginia Press, 2006.

Blanton, Cook 2005 — Blanton D., Cook L. M. They Fought Like Demons: Women Soldiers in the American Civil War. Stroud: Sutton Publishing, 2005.

Bledsoe 2015 — Bledsoe A. S. Citizen-Officers: The Union and Confederate Volunteer Junior Officer Corps in the American Civil War. Baton Rouge, LA: Louisiana State University Press, 2015.

Bodnar 2010 — Bodnar J. The "Good War" in American Memory. Baltimore, MD: Johns Hopkins University Press, 2010.

Bollnow 2011 — Bollnow O. F. Human Space / Translated by Christine Shuttleworth; edited by Joseph Kohlmaier. London: Hyphen Press, 2011.

Bonds 2007 — Bonds R. S. Stealing the General: The Great Locomotive Chase and the First Medal of Honor. Yardley, PA: Westholme Publishing, 2007.

Bonner 2016 — Bonner M. Confederate Political Economy: Creating and Managing a Southern Corporatist Nation. Baton Rouge, LA: Louisiana State University Press, 2016.

Borch 2016 — Borch F. L. Lore of the Corps: The First Manual for Courts-Martial // The Army Lawyer. 2016. P. 1–3.

Brady 2012 — Brady L. M. War upon the Land: Military Strategy and the Transformation of Southern Landscapes during the American Civil War. Athens, GA: University of Georgia Press, 2012.

Bray 2016 — Bray C. Court-Martial: How Military Justice Has Shaped America from the Revolution to 9/11 and Beyond. New York, NY: W. W. Norton & Company, 2016.

Bridges 1961 — Bridges H. Lee's Maverick General: Daniel Harvey Hill. New York, NY: McGraw-Hill, 1961.

Brooke et al. 2018 — Brooke J., Strauss J. C., Anderson G., eds. State Formations: Global Histories and Cultures of Statehood. Cambridge: Cambridge University Press, 2018.

Burke 2010 — Burke D. M. On Slavery's Border: Missouri's Small-Slaveholding Households, 1815–1865. Athens, GA: University of Georgia Press, 2010.

Burton 1985 — Burton O. V. In My Father's House Are Many Mansions: Family and Community in Edgefield, South Carolina. Chapel Hill, NC: University of North Carolina Press, 1985.

Bynum 2001 — Bynum V. E. The Free State of Jones: Mississippi's Longest Civil War. Chapel Hill, NC: University of North Carolina Press, 2001.

Bynum 2010 — Bynum V. E. The Long Shadow of the Civil War: Southern Dissent and Its Legacies. Chapel Hill, NC: University of North Carolina Press, 2010.

Camp 2004 — Camp S. M. H. Closer to Freedom: Enslaved Women and Everyday Resistance in the Plantation South. Chapel Hill, NC: University of North Carolina Press, 2004.

Campbell 2003 — Campbell, J. G. When Sherman Marched North from the Sea: Resistance on the Confederate Home Front. Chapel Hill, NC: University of North Carolina Press, 2003.

Campbell, Pryce 2003 — Campbell J. W. P., Pryce W. Brick: A World History. London: Thames & Hudson, 2003.

Capers 1965 — Capers G. M. Occupied City: New Orleans under the Federals, 1862–1865. Lexington, KY: University of Kentucky Press, 1965.

Carnahan 2010 — Carnahan, Burrus M. Lincoln on Trial: Southern Civilians and the Law of War. Louisville, KY: University Press of Kentucky, 2010.

Carter et al. 2010 — Carter M. C., Kellison R. C., Wallinger R. S. Forestry in the US South: A History / Foreword by Steven Anderson. Baton Rouge, LA: Louisiana State University Press, 2016.

Casdorph 1996 — Casdorph P. D. Prince John Magruder: His Life and Campaigns. New York, NY: John Wiley & Sons, Inc., 1996.

Cashin 1996 — Cashin J. E. Into the Trackless Wilderness: The Refugee Experience in the Civil War // A Woman's War: Southern Women, Civil War, and the Confederate Legacy / eds. Campbell E. D. C., Rice K. S. Richmond, VA: Museum of the Confederacy and the University Press of Virginia, 1996. P. 29–53.

Cashin 2006 — Cashin J. E. First Lady of the Confederacy: Varina Davis's Civil War. Cambridge, MA: Harvard University Press, 2006.

Cashin 2011a — Cashin J. E. Hungry People in the Wartime South: Civilians, Armies, and the Food Supply // Weirding the War: Stories from the Civil War's Ragged Edges / ed. Berry S. Athens, GA: University of Georgia Press, 2011. P. 160–175.

Cashin 2011b — Cashin J. E. Trophies of War: Material Culture in the Civil War Era // Journal of the Civil War Era. 2011. № 1. P. 339–367.

Cecelski 2012 — Cecelski D. S. The Fire of Freedom: Abraham Galloway and the Slaves' Civil War. Chapel Hill, NC: University of North Carolina Press, 2012.

Cecil-Fronsman 2010 — Cecil-Fronsman B. Common Whites: Class and Culture in Antebellum North Carolina. Lexington, KY: University Press of Kentucky, 1992.

Chetail, Haggenmacher 2011 — Chetail V., Haggenmacher P., eds. Vattel's International Law in a 21st Century Perspective. Leiden: Martinus Nijhoff Publishers, 2011.

Coffman 1986 — Coffman E. M. The Old Army: A Portrait of the American Army in Peacetime, 1784–1898. Oxford: Oxford University Press, 1986.

Counihan 1998 — Counihan C. M. Introduction // Food and Gender: Identity and Power / eds. Counihan C. M., Kaplan S. L. New York, NY: Harwood Academic Publishers, 1998. P. 4–7.

Cozzens 2000 — Cozzens P. General John Pope: A Life for the Nation. Urbana, IL: University of Illinois Press, 2000.

Craigie, Halbert 1968 — Craigie W. A., Halbert J. R., eds. A Dictionary of American English on Historical Principles. Vol. 3. Chicago, IL: University of Chicago Press, 1968.

Crofts 1992 — Crofts D. W. Old Southampton: Politics and Society in a Virginia County, 1834–1869. Charlottesville, VA: University Press of Virginia, 1992.

Crofts 1989 — Crofts D. W. Reluctant Confederates: Upper South Unionists in the Secession Crisis. Chapel Hill, NC: University of North Carolina Press, 1989.

Cunningham 1958 — Cunningham H. H. Doctors in Gray: The Confederate Medical Service. Baton Rouge, LA: Louisiana State University Press, 1958.

Current 1991 — Current R. N. Lincoln's Loyalists: Union Soldiers from the Confederacy. Oxford: Oxford University Press, 1991.

Davis 1991 — Davis W. C. Jefferson Davis: The Man and His Hour. New York, NY: HarperCollins Publishers, 1991.

Degler 1974 — Degler C. N. The Other South: Southern Dissenters in the Nineteenth Century. New York, NY: Harper & Row, Publishers, 1974.

DeGruccio 2011 — DeGruccio M. Letting the War Slip through our Hands: Material Culture and the Weakness of Words in the Civil War Era // Weirding the War: Stories from the War's Ragged Edges / ed. Berry S. Athens, GA: University of Georgia Press, 2011. P. 15–35.

Diaz 2015 — Diaz G. T. Border Contraband: A History of Smuggling across the Rio Grande. Austin, TX: University of Texas Press, 2015.

Dilbeck 2016 — Dilbeck D. H. A More Civil War: How the Union Waged a Just War. Chapel Hill, NC: University of North Carolina Press, 2016.

Dolan 2003 — Dolan A. Commemorating the Irish Civil War: History and Memory, 1923–2000. Cambridge: Cambridge University Press, 2003.

Donald 1995 — Donald D. H. Lincoln. New York, NY: Simon & Schuster, 1995.

Downs 2012 — Downs J. Sick from Freedom: African-American Illness and Suffering during the Civil War and Reconstruction. Oxford: Oxford University Press, 2012.

Doyle 2010 — Doyle D. H., ed. Secession as an International Phenomenon: From America's Civil War to Contemporary Separatist Movements. Athens, GA: University of Georgia Press, 2010.

Drake 2015 — Drake B. A, ed. The Blue, the Gray, and the Green: Toward an Environmental History of the Civil War. Athens, GA: University of Georgia Press, 2015.

Durrill 1990 — Durrill W. K. War of Another Kind: A Southern Community in the Great Rebellion. Oxford: Oxford University Press, 1990.

Dyer 1985 — Dyer G. War. New York, NY: Crown Publishers, Inc., 1985.

Dyer 1995 — Dyer T. G. Secret Yankees: The Union Circle in Confederate Atlanta. Baltimore, MD: Johns Hopkins University Press, 1999.

Eby 1998 — Eby C. D. Hungary at War: Civilians and Soldiers in World War II. University Park, PA: Pennsylvania State University Press, 1998.

Eckert 1989 — Eckert R. L. John Brown Gordon: Soldier, Southerner, American. Baton Rouge, LA: Louisiana State University Press, 1989.

Edwards 2009 — Edwards L. F. The People and Their Peace: Legal Culture and the Transformation of Inequality in the Post-Revolutionary South. Chapel Hill, NC: University of North Carolina Press, 2009.

Edwards 2000 — Edwards L. F. Scarlett Doesn't Live Here Anymore: Southern Women in the Civil War Era. Urbana, IL: University of Illinois Press, 2000.

Eicher, Eicher 2001 — Eicher J. H., Eicher D. J. Civil War High Commands / foreword by John Y. Simon. Palo Alto, CA: Stanford University Press, 2001.

Elshtain 1995 — Elshtain J. B. Women and War. Chicago, IL: University of Chicago Press, 1995.

Escott 1978 — Escott P. D. After Secession: Jefferson Davis and the Failure of Confederate Nationalism. Baton Rouge, LA: Louisiana State University Press, 1978.

Escott 2006 — Escott P. D. Military Necessity: Civil-Military Relations in the Confederacy. Westport, CT: Praeger Security International, 2006.

Faber 2017 — Faber S. Memory Battles of the Spanish Civil War: History, Fiction, Photography. Nashville, TN: Vanderbilt University Press, 2017.

Faust 1988 — Faust D. G. The Creation of Confederate Nationalism: Ideology and Identity in the Civil War South. Baton Rouge, LA: Louisiana State University Press, 1988.

Faust 1996 — Faust D. G. Mothers of Invention: Women of the Slaveholding South in the American Civil War. Chapel Hill, NC: University of North Carolina Press, 1996.

Feis 2002 — Feis W. B. Grant's Secret Service: The Intelligence War from Belmont to Appomattox. Lincoln, NE: University of Nebraska Press, 2002.

Fellman 1995 — Fellman M. Citizen Sherman: A Life of William Tecumseh Sherman. New York, NY: Random House, 1995.

Fellman 1989 — Fellman M. Inside War: The Guerilla Conflict in Missouri during the American Civil War. Oxford: Oxford University Press, 1989.

Fett 2002 — Fett S. M. Working Cures: Healing, Health, and Power on Southern Slave Plantations. Chapel Hill, NC: University of North Carolina Press, 2002.

Fickle 2014 — Fickle J. E. Green Gold: Alabama's Forests and Forest Industries. Tuscaloosa, AL: University of Alabama Press, co-published with the Alabama Forestry Foundation, 2014.

Fiege 2012 — Fiege M. The Republic of Nature: An Environmental History of the United States. Seattle, WA: University of Washington Press, 2012.

Fishel 1996 — Fishel, Edwin C. The Secret War for the Union: The Untold Story of Military Intelligence in the Civil War. Boston, MA: Houghton Mifflin Company, 1996.

Fisher, Fisher 2011 — Fisher J. C., Fisher C. Food in the American Military: A History. Jefferson, NC: McFarland and Company, Inc., Publishers, 2011.

Fisher 1997 — Fisher N. C. War at Every Door: Partisan Politics and Guerrilla Violence in East Tennessee, 1860–1869. Chapel Hill, NC: University of North Carolina Press, 1997.

Fladeland 1995 — Fladeland B. James Gillespie Birney: Slaveholder to Abolitionist. Ithaca, NY: Cornell University Press, 1955.

Fletcher 2004 — Fletcher N. Charlemagne's Tablecloth: A Piquant History of Feasting. New York, NY: St. Martin's Press, 2004.

Foner 2010 — Foner E. The Fiery Trial: Abraham Lincoln and American Slavery. New York, NY: W. W. Norton & Company, 2010.

Frank 2015 — Frank L. T. The Civilian War: Confederate Women and Union Soldiers during Sherman's March. Baton Rouge, LA: Louisiana State University Press, 2015.

Frankel 1999 — Frankel N. Freedom's Women: Black Women and Families in Civil War Era Mississippi. Bloomington, IN: Indiana University Press, 1999.

Freehling 2001 — Freehling W. W. The South vs. The South: How Anti-Confederate Southerners Shaped the Course of the Civil War. Oxford: Oxford University Press, 2001.

Freidel 1947 — Freidel F. Francis Lieber, Nineteenth-Century Liberal. Baton Rouge, LA: Louisiana State University Press, 1947.

Fuller 2012 — Fuller A. J. The Last True Whig: John Bell and the Politics of Compromise in 1860 // The Election of 1860 Reconsidered / ed. Fuller A. J. Kent, OH: Kent State University Press, 2012. P. 103–139.

Gallagher 1997 — Gallagher G. W. The Confederate War: How Popular Will, Nationalism, and Military Strategy Could Not Stave Off Defeat. Cambridge, MA: Harvard University Press, 1997.

Gardner 2004 — Gardner S. E. Blood and Irony: Southern White Women's Narratives of the Civil War, 1861–1937. Chapel Hill, NC: University of North Carolina Press, 2004.

Garrett 1990 — Garrett E. D. At Home: The American Family, 1750–1870. New York, NY: Harry N. Abrams, Inc., 1990.

Gates 1965 — Gates P. W. Agriculture and the Civil War. New York, NY: Alfred A. Knopf, 1965.

Gaughan 2011 — Gaughan A. J. The Last Battle of the Civil War: United States versus Lee, 1861–1883. Baton Rouge, LA: Louisiana State University Press, 2011.

Gelernter 2001 — Gelernter M. A History of American Architecture: Buildings in Their Cultural and Technological Context. Manchester: Manchester University Press, 2001.

Gibson 2014 — Gibson C. Behind the Front: British Soldiers and French Civilians, 1914–1918. Cambridge: Cambridge University Press, 2014.

Giesberg 2009 — Giesberg J. The Fortieth Congress, Southern Women, and the Gender Politics of Postwar Occupation // Occupied Women: Gender, Military Occupation, and the American Civil War / eds. Whites L., Long A. P. Baton Rouge, LA: Louisiana State University Press, 2009. P. 185–193.

Glassie 2000 — Glassie H. Vernacular Architecture. Bloomington, IN: Indiana University Press, 2000.

Glatthaar 2008 — Glatthaar, Joseph T. General Lee's Army: From Victory to Collapse. New York, NY: Free Press, 2008.

Glover 2007 — Glover L. Southern Sons: Becoming Men in the New Nation. Baltimore, MD: Johns Hopkins University Press, 2007.

Goff 1969 — Goff R. D. Confederate Supply. Durham, NC: Duke University Press, 1969.

Gordon 2014 — Gordon L. J. A Broken Regiment: The 16th Connecticut's Civil War. Baton Rouge, LA: Louisiana State University Press, 2014.

Green 2006 — Green H. Wood: Craft, Culture, History. New York, NY: Viking, 2006.

Griffith, Rowe 1964 — Griffith L., Rowe G. H. C. Fredericksburg's Political Hostages: The Old Capitol Journal of George Henry Clay Rowe // Virginia Magazine of History and Biography. 1964. № 72. P. 395–429.

Grimsley 1995 — Grimsley M. The Hard Hand of War: Union Military Policy toward Southern Civilians, 1861–1865. Cambridge: Cambridge University Press, 1995.

Grimsley 1995 — Grimsley M. Success and Failure in Civil War Armies: Clues from Organizational Culture // Warfare and Culture in World History / ed. Lee W. E. New York, NY: New York University Press, 2011. P. 115–141.

Gudmestad 2011 — Gudmestad R. H. Steamboats and the Rise of the Cotton Kingdom. Baton Rouge, LA: Louisiana State University Press, 2011.

Hagerman 1988 — Hagerman E. The American Civil War and the Origins of Modern Warfare: Ideas, Organization, and Field Command. Bloomington, IN: Indiana University Press, 1988.

Hahn 2003 — Hahn S. A Nation under Our Feet: Black Political Struggles in the Rural South from Slavery to the Great Migration. Cambridge, MA: Harvard University Press, 2003.

Hain 2005 — Hain P. C. A Confederate Chronicle: The Life of a Civil War Survivor. Columbia, MO: University of Missouri Press, 2005.

Hajdinjak 2002 — Hajdinjak M. Smuggling in Southeast Europe: The Yugoslav Wars and the Development of Regional Criminal Networks in the Balkans. Sofia: Center for the Study of Democracy, 2002.

Hansen 1994 — Hansen K. V. A Very Social Time: Crafting Community in Antebellum New England. Berkeley, CA: University of California Press, 1994.

Harris 1985 — Harris J. W. Plain Folk and Gentry in a Slave Society: White Liberty and Black Slavery in Augusta's Hinterlands. Middletown, CT: Wesleyan University Press, 1985.

Harrison 2013 — Harrison K. The Rhetoric of Rebel Women: Civil War Diaries and Confederate Persuasion. Carbondale, IL: Southern Illinois University Press, 2013.

Harrison, Klotter 1997 — Harrison L. H., Klotter J. C. A New History of Kentucky. Lexington, KY: University Press of Kentucky, 1997.

Hazen, Hazen 1992 — Hazen M. H., Hazen R. M. Keepers of the Flame: The Role of Fire in American Culture, 1775–1925. Princeton, NJ: Princeton University Press, 1992.

Herrera 2015 — Herrera R. A. For Liberty and the Republic: The American Citizen as Soldier, 1775–1861. New York, NY: New York University Press, 2015.

Hess 2005 — Hess E. J. Field Armies and Fortifications in the Civil War: Eastern Campaigns, 1861–1864. Chapel Hill, NC: University of North Carolina Press, 2005.

Hess 2012 — Hess E. J. The Civil War in the West: Victory and Defeat from the Appalachians to the Mississippi. Chapel Hill, NC: University of North Carolina Press, 2012.

Hess K. 1992 — Hess K. The Carolina Rice Kitchen: The African Connection. Columbia, SC: University of South Carolina Press, 1992.

Hickey 1990 — Hickey D. R. The War of 1812: A Forgotten Conflict. Urbana, IL: University of Illinois Press, 1990.

Hickman 1962 — Hickman N. Mississippi Harvest: Lumbering in the Longleaf Pine Belt, 1840–1915. Montgomery, AL: Paragon Press, 1962.

Hilliard 2014 — Hilliard S. B. Hog Meat and Hoecake: Food Supply in the Old South, 1840–1860. With a Foreword by James C. Cobb. Athens, GA: University of Georgia, 2014.

Hitt 1992 — Hitt M. D. Charged with Treason: Ordeal of Four Hundred Mill Workers during Military Operations in Roswell, Georgia, 1864–1865. Monroe, NY: Library Research Associates, Inc., 1992.

Hoffer 2007 — Hoffer W. J. H. To Enlarge the Machinery of Government: Congressional Debates and the Growth of the American State, 1858–1891. Baltimore, MD: Johns Hopkins University Press, 2007.

Horowitz 2006 — Horowitz R. Putting Meat on the American Table: Taste, Technology, Transformation. Baltimore, MD: Johns Hopkins University, 2006.

Humphreys 2013 — Humphreys M. Marrow of Tragedy: The Health Crisis of the American Civil War. Baltimore, MD: Johns Hopkins University Press, 2013.

Hurt 2015 — Hurt R. D. Agriculture and the Confederacy. Chapel Hill, NC: University of North Carolina Press, 2015.

Huston 1996 — Huston J. A. The Sinews of War: Army Logistics, 1775–1953. Washington, DC: Office of the Chief of Military History, United States Army, 1966.

Ierley 1999 — Ierley M. Open House: A Guided Tour of the American Home, 1637 — Present. New York, NY: Henry Holt & Company, 1999.

Iserson 2001 — Iserson K. V. Death to Dust: What Happens to Dead Bodies. 2nd edn. Tucson, AZ: Galen Press, Ltd., 2001.

Jabour 2007 — Jabour A. Scarlett's Sisters: Young Women in the Old South. Chapel Hill, NC: University of North Carolina Press, 2007.

Jaffee 2010 — Jaffee D. A New Nation of Goods: The Material Culture of Early America. Philadelphia, PA: University of Pennsylvania Press, 2010.

Janney 2013 — Janney C. E. Remembering the Civil War: Reunion and the Limits of Reconciliation. Chapel Hill, NC: University of North Carolina Press, 2013.

Jimerson 1988 — Jimerson R. C. The Private Civil War: Popular Thought during the Sectional Conflict. Baton Rouge, LA: Louisiana State University Press, 1988.

Johnson 1998 — Johnson T. D. Winfield Scott: The Quest for Military Glory. Lawrence, KS: University Press of Kansas, 1998.

Jordan 1994 — Jordan R. N. Trees and People: Forestland Ecosystem and Our Future. Washington, DC: Regnery Publisher, 1994.

Judd 2014 — Judd R. W. Second Nature: An Environmental History of New England. Amherst, MA: University of Massachusetts Press, 2014.

Kastenberg 2011 — Kastenberg J. E. Law in War, War as Law: Brigadier General Joseph Holt and the Judge Advocate General's Department in the Civil War and Early Reconstruction, 1861–1865. Durham, NC: Carolina Academic Press, 2011.

Kennett 2001 — Kennett L. Sherman: A Soldier's Life. New York, NY: HarperCollins Publishers, 2001.

Klingberg 1955 — Klingberg F. W. The Southern Claims Commission. Berkeley, CA: University of California Press, 1955.

Knight H. 2011 — Knight H. J. Confederate Invention: The Story of the Confederate States Patent Office and Its Inventors. Baton Rouge, LA: Louisiana State University Press, 2011.

Knight L. 1917 — Knight L. L. A Standard History of Georgia and Georgians. Vol. 5. Chicago, IL: The Lewis Publishing Company, 1917.

Komer 1972 — Komer R. W. Bureaucracy Does Its Thing: Institutional Constraints on US–GVN Performance in Vietnam, A Report Prepared for Defense Advanced Research Projects Agency. Santa Monica, CA: Rand Corporation, 1972.

Kosto 2012 — Kosto A. J. Hostages in the Middle Ages. Oxford: Oxford University Press, 2012.

Kricher 1988 — Kricher J. A Field Guide to Eastern Forests in North America. Boston, MA: Houghton Mifflin Company, 1988.

Lair 2011 — Lair M. H. Armed with Abundance: Consumerism and Soldiering in the Vietnam War. Chapel Hill, NC: University of North Carolina Press, 2011.

Latimer 2007 — Latimer J. 1812: War with America. Cambridge, MA: Harvard University Press, 2007.

Lee 2014 — Lee S. M. Claiming the Union: Citizenship in the Post-Civil War South. Cambridge: Cambridge University Press, 2014.

Lerner 1967 — Lerner G. The Grimké Sisters from South Carolina: Rebels against Slavery. Boston, MA: Houghton Mifflin, 1967.

Lewis 2013 — Lewis D. Impulse: Why We Do What We Do Without Knowing Why We Do It. Cambridge, MA: Harvard University Press, 2013.

Lillard 1947 — Lillard R. G. The Great Forest. New York, NY: Alfred A. Knopf, 1947.

Linderman 1987 — Linderman G. F. Embattled Courage: The Experience of Combat in the American Civil War. New York, NY: The Free Press, 1987.

Link 2013 — Link W. A. Atlanta, Cradle of the New South: Race and Remembering in the Civil War's Aftermath. Chapel Hill, NC: University of North Carolina Press, 2013.

Litwack 1980 — Litwack L. F. Been in the Storm So Long: The Aftermath of Slavery. New York, NY: Alfred A. Knopf, 1980.

Lonn 1940 — Lonn E. Foreigners in the Confederacy. Chapel Hill, NC: University of North Carolina Press, 1940.

Lonn 1928 — Lonn E. Desertion during the Civil War. New York, NY: The Century Company, 1928.

Lowenthal 2000 — Lowenthal D. George Perkins Marsh, Prophet of Conservation / Foreword by William Cronon. Seattle, WA: University of Washington Press, 2000.

Loyd 1999 — Loyd A. My War Gone By, I Miss It So. New York, NY: Atlantic Monthly Press, 1999.

Lupold, French 2004 — Lupold J. S., French T. L. Bridging Deep South Rivers: The Life and Legend of Horace King. Athens, GA: University of Georgia Press, 2004.

MacClancy 1992 — MacClancy J. Consuming Culture: Why You Eat What You Eat. New York, NY: Henry Holt & Company, 1992.

Manning 2007 — Manning C. What This Cruel War Was Over: Soldiers, Slavery, and the Civil War. New York, NY: Alfred A. Knopf, 2007.

Marks 1994 — Marks S. A. Southern Hunting in Black and White: Nature, History, and Ritual in a Carolina Community. Princeton, NJ: Princeton University Press, 1991.

Marshall 2010 — Marshall A. E. Creating a Confederate Kentucky: The Lost Cause and Civil War Memory in a Border State. Chapel Hill, NC: University of North Carolina Press. 2010.

Martin 2008 — Martin A. S. Buying into the World of Goods: Early Consumers in Backcountry Virginia. Baltimore, MD: Johns Hopkins University Press, 2008.

Marvel 1991 — Marvel W. Burnside. Chapel Hill, NC: University of North Carolina Press, 1991.

Massey 1993 — Massey M. E. Bonnet Brigades. New York, NY: Alfred A. Knopf, 1966. Ersatz in the Confederacy: Shortages and Substitutes on the Southern Homefront. Columbia, SC: University of South Carolina Press, 1993.

Massey 1964 — Massey M. E. Refugee Life in the Confederacy. Baton Rouge, LA: Louisiana State University Press, 1964.

McCaslin 1994 — McCaslin R. B. Tainted Breeze: The Great Hanging at Gainesville, Texas, 1862. Baton Rouge, LA: Louisiana State University Press, 1994.

McCurry 2010 — McCurry S. Confederate Reckoning: Power and Politics in the Civil War South. Cambridge, MA: Harvard University Press, 2010.

McDaniel 2011 — McDaniel R. An Irresistible History of Southern Food: Four Centuries of Black-Eyed Peas, Collard Greens, and Whole Hog Barbecue. Charleston, SC: The History Press, 2011.

McKenzie 2006 — McKenzie R. T. Lincolnites and Rebels: A Divided Town in the American Civil War. Oxford: Oxford University Press, 2006.

McKenzie 1997 — McKenzie R. T. "Oh! Ours Is a Deplorable Condition": The Economic Impact of the Civil War in Upper East Tennessee // The Civil War in Appalachia: Collected Essays / eds. Noe K. W., Wilson S. H. Knoxville, TN: University of Tennessee Press, 1997. P. 119–226.

McNeill 1982 — McNeill W. H. The Pursuit of Power: Technology, Armed Force, and Society since AD 1000. Chicago, IL: University of Chicago Press, 1982.

McPhee 1968 — McPhee J. The Pine Barrens. New York, NY: Farrar, Straus, & Giroux, 1968.

McWilliams 2005 — McWilliams J. E. A Revolution in Eating: How the Quest for Food Shaped America. New York, NY: Columbia University Press, 2005.

Meier 2013 — Meier K. S. Nature's Civil War: Common Soldiers and the Environment in 1862 Virginia. Chapel Hill, NC: University of North Carolina Press, 2013.

Mennell 1985 — Mennell S. All Manners of Food: Eating and Taste in England and France from the Middle Ages to the Present. Oxford: Basil Blackwell, 1985.

Merriam-Webster 2003 — Merriam-Webster's Collegiate Dictionary. 11th edn. Springfield, MA: Merriam-Webster, Incorporated, 2003.

Merridale 2006 — Merridale C. Ivan's War: Life and Death in the Red Army, 1939–1945. New York, NY: Metropolitan Books, 2006.

Mitchell 1988 — Mitchell R. Civil War Soldiers. New York, NY: Penguin Books, 1988.

Mohr 2001 — Mohr C. L. On the Threshold of Freedom: Masters and Slaves in Civil War Georgia. Baton Rouge, LA: Louisiana State University Press, 2001.

Moneyhon 2015 — Moneyhon C. H. David O. Dodd, the "Boy Martyr" of Arkansas: The Growth and Use of a Legend // Arkansas Historical Quarterly. 2015. № 74. P. 203–230.

Murrell 2005 — Murrell T. A. The Divided Family in Civil War America. Chapel Hill, NC: University of North Carolina Press, 2005.

Myers 2014 — Myers B. A. Rebels against the Confederacy: North Carolina's Unionists. Cambridge: Cambridge University Press, 2014.

Nash 2007 — Nash G. B. The Unknown American Revolution: The Unruly Birth of Democracy and the Struggle to Create America. New York, NY: Viking, 2005.

Neely 1991 — Neely M. E. The Fate of Liberty: Abraham Lincoln and Civil Liberties. Oxford: Oxford University Press, 1991.

Neely 1999 — Neely M. E. Southern Rights: Political Prisoners and the Myth of Confederate Constitutionalism. Charlottesville, VA: University Press of Virginia, 1999.

Neely 2007 — Neely M. E. The Civil War and the Limits of Destruction. Cambridge, MA: Harvard University Press, 2007.

Neff 2005 — Neff J. R. Honoring the Civil War Dead: Commemoration and the Problem of Reconciliation. Lawrence, KS: University Press of Kansas, 2005.

Nelson 2012 — Nelson M. K. Ruin Nation: Destruction and the American Civil War. Athens, GA: University of Georgia, 2012.

Noe 2010 — Noe K. W. Reluctant Rebels: The Confederates Who Joined the Army after 1861. Chapel Hill, NC: University of North Carolina Press, 2010.

O'Brien, Parsons 2010 — O'Brien P., Parsons L. H., eds. The Home-Front War: World War II and American Society. Westport, CT: Greenwood Press, 1995.

O'Grada 2009 — O'Grada C. Famine: A Short History. Princeton, NJ: Princeton University Press, 2009.

Ott 2008 — Ott V. E. Confederate Daughters: Coming of Age during the Civil War. Carbondale, IL: Southern Illinois University Press, 2008.

Outland 2004 — Outland R. B. Tapping the Pines: The Naval Stores Industry in the American South. Baton Rouge, LA: Louisiana State University Press, 2004.

Panayi 2012 — Panayi P. Prisoners of Britain: German Civilian and Combatant Internees during the First World War. Manchester: Manchester University Press, 2012.

Parker 2013 — Parker G. Global Crisis: War, Climate Change, and Catastrophe in the Seventeenth Century. New Haven, CT: Yale University Press, 2013.

Parrish 1992 — Parrish T. M. Richard Taylor, Soldier Prince of Dixie. Chapel Hill, NC: University of North Carolina Press, 1992.

Paskoff 2008 — Paskoff P. F. Measures of War: A Quantitative Examination of the Civil War's Destructiveness in the Confederacy // Civil War History. 2008. № 54. P. 35–62.

Pauley 1992 — Pauley M. J. Unreconstructed Rebel: The Life of General John McCausland, CSA. Charleston, WV: Pictorial Histories Publishing Co., Inc., 1992.

Percival 1995 — Percival J. The Great Famine: Ireland's Potato Famine / Foreword by Ian Gibson. New York, NY: Viewer Books, 1995.

Perrow 1986 — Perrow C. Complex Organizations: A Critical Essay. 3rd edn. New York, NY: Random House, 1986.

Proctor 2010 — Proctor T. M. Civilians in a World at War, 1914–1918. New York, NY: New York University Press, 2010.

Pryor 1987 — Pryor E. B. Clara Barton, Professional Angel. Philadelphia, PA: University of Pennsylvania Press, 1987.

Pryor 2007 — Pryor E. B. Reading the Man: A Portrait of Robert E. Lee through His Private Letters. New York, NY: Viking Press, 2007.

Pyne 2010 — Pyne S. J. America's Fires: A Historical Context for Policy and Practice. Durham, NC: Forest History Society, 2010.

Pyne 1982 — Pyne S. J. Fire in America: A Cultural History of Wildland and Rural Fire. Princeton, NJ: Princeton University Press, 1982.

Quiroz 2008 — Quiroz A. W. Corrupt Circles: A History of Unbound Graft in Peru. Baltimore, MD: Johns Hopkins University Press, 2008.

Rable 1989 — Rable G. C. Civil Wars: Women and the Crisis of Southern Nationalism. Urbana, IL: University of Illinois Press, 1989.

Rable 1994 — Rable G. C. The Confederate Republic: A Revolution against Politics. Chapel Hill, NC: University of North Carolina Press, 1994.

Rable 2002 — Rable G. C. Fredericksburg! Fredericksburg! Chapel Hill, NC: University of North Carolina Press, 2002.

Rable 2015 — Rable G. C. Damn Yankees! Demonization and Defiance in the Confederate South. Baton Rouge, LA: Louisiana State University Press, 2015.

Ramold 2010 — Ramold S. J. Baring the Iron Hand: Discipline in the Union Army. DeKalb, IL: Northern Illinois University Press, 2010.

Reardon 2012 — Reardon C. With a Sword in One Hand and Jomini in the Other: The Problem of Military Thought in the Civil War North. Chapel Hill, NC: University of North Carolina Press, 2012.

Rice, Campbell 1996 — Rice K. S., Campbell E. D. C., eds. A Woman's War: Southern Women, Civil War, and the Confederate Legacy. Richmond, VA: Museum of the Confederacy and the University Press of Virginia, 1996.

Richardson 2000 — Richardson R. Death, Dissection, and the Destitute. 2nd edn. Chicago, IL: University of Chicago Press, 2000.

Ries, Leighton 2008 — Ries H., Leighton H. History of the Clay-Working Industry in the United States. New York, NY: John Wiley & Sons, 1909.

Risch 1989 — Risch E. Quartermaster Support of the Army: A History of the Corps 1775–1939. Washington, DC: Center of Military History, United States Army, 1989.

Ritchie 1981 — Ritchie C. I. A. Food in Civilization: How History Has Been Affected by Human Tastes. New York, NY: Beaufort Books, Inc., 1981.

Robertson 1960 — Robertson B. Red Hills and Cotton: An Upcountry Memory, with a Biographical Sketch by Wright Bryan. Columbia, SC: University of South Carolina Press, 1960.

Romero 2015 — Romero S. Gender and the Jubilee: Black Freedom and the Reconstruction of Citizenship in Civil War Missouri. Athens, GA: University of Georgia Press, 2015.

Roth 2001 — Roth L M. American Architecture: A History. Boulder, CO: Westview Press, 2001.

Royster 1991 — Royster C. The Destructive War: William Tecumseh Sherman, Stonewall Jackson, and the Americans. New York, NY: Alfred A. Knopf, 1991.

Rubin 2005 — Rubin A. S. A Shattered Nation: The Rise and Fall of the Confederacy, 1861–1868. Chapel Hill, NC: University of North Carolina Press, 2005.

Rusling 1899 — Rusling, James F. Men and Things I Saw in Civil War Days. New York, NY: Eaton & Mains, 1899.

Russell 2005 — Russell S. A. Hunger: An Unnatural History. New York, NY: Basic Books, 2005.

Rutkow 2012 — Rutkow E. American Canopy: Trees, Forests, and the Making of a Nation. New York, NY: Scribner, 2012.

Sarna 2012 — Sarna J. D. When General Grant Expelled the Jews. New York, NY: Schocken Books, 2012.

Schrijvers 1998 — Schrijvers P. The Crash of Ruin: American Combat Soldiers in Europe during World War II. New York, NY: New York University Press, 1998.

Schuck 2014 — Schuck P. H. Why Government Fails So Often and How It Can Do Better. Princeton, NJ: Princeton University Press, 2014.

Shackley, Finney 2005 — Shackley T., Finney R. A. Spymaster: My Life in the CIA. Dulles, VA: Potomac Books, Inc., 2005.

Shannon 1965 — Shannon F. A. The Organization and Administration of the Union Army, 1861–1865. Vol. 1. Gloucester, MA: Peter Smith, 1965.

Sharpless 2010 — Sharpless R. Cooking in Other Women's Kitchens: Domestic Workers in the South, 1865–1960. Chapel Hill, NC: University of North Carolina Press, 2010.

Sheehan-Dean 2007 — Sheehan-Dean A. Why Confederates Fought: Family and Nation in Civil War Virginia. Chapel Hill, NC: University of North Carolina Press, 2007.

Shields 2015 — Shields D. S. Southern Provisions: The Creation and Revival of a Cuisine. Chicago, IL: University of Chicago Press, 2015.

Siddali 2005 — Siddali S. R. From Property to Person: Slavery and the Confiscation Acts, 1861–1862. Baton Rouge, LA: Louisiana State University Press, 2005.

Silver 1990 — Silver T. A New Face on the Countryside: Indians, Colonists, and Slaves in South Atlantic Forests, 1500–1800. Cambridge: Cambridge University Press, 1990.

Simon 1996 — Simon R. I. Bad Men Do What Good Men Dream: A Forensic Psychiatrist Illuminates the Darker Side of Human Behavior. Washington, DC: American Psychiatric Press, Inc., 1996.

Simpson, Weiner 1989 — Simpson J. A., Weiner E. S. C., eds. Oxford English Dictionary. 2nd edn. Oxford: Clarendon, 1989.

Sinisi 2003 — Sinisi K. S. Sacred Debts: State Civil War Claims and American Federalism, 1861–1880. New York, NY: Fordham University Press 2003.

Skelton 1992 — Skelton W. B. An American Profession of Arms: The Army Officer Corps, 1784–1861. Lawrence, KS: University Press of Kansas, 1992.

Small 1997 — Small J. K. The Giving of Hostages // Politics and the Life Sciences. 1997. № 16. P. 77–85.

Stern 2012 — Stern A. H. M. Southern Crucifix, Southern Cross: Catholic–Protestant Relations in the Old South. Tuscaloosa, AL: University of Alabama Press, 2012.

Sternhell 2012 — Sternhell Y. A. Routes of War: The World of Movement in the Confederate South. Cambridge, MA: Harvard University Press, 2012.

Stewart 1996 — Stewart M. A. "What Nature Suffers to Groe": Life, Labor, and Landscapes on the Georgia Coast, 1680–1920. Athens, GA: University of Georgia Press, 1996.

Stilgoe 2005 — Stilgoe J. R. Landscape and Images. Charlottesville, VA: University of Virginia Press, 2005.

Stoll 2002 — Stoll S. Larding the Lean Earth: Soil and Society in Nineteenth-Century America. New York, NY: Hill & Wang, 2002.

Storey 2004 — Storey M. M. Loyalty and Loss: Alabama's Unionists in the Civil War and Reconstruction. Baton Rouge, LA: Louisiana State University Press, 2004.

Stout 2006 — Stout H. S. Upon the Altar of the Nation: A Moral History of the Civil War. New York, NY: Penguin Books, 2006.

Strasser 1999 — Strasser S. Waste and Want: A Social History of Trash. New York, NY: Metropolitan Books, 1999.

Sutherland 2009 — Sutherland D E. A Savage Conflict: The Decisive Role of Guerillas in the American Civil War. Chapel Hill, NC: University of North Carolina, 2009.

Sutherland 1995 — Sutherland D E. Seasons of War: The Ordeal of a Confederate Community, 1861–1865. Baton Rouge, LA: Louisiana State University Press, 1995.

Syrett 2005 — Syrett, John. The Civil War Confiscation Acts: Failing to Reconstruct the South. New York, NY: Fordham University Press, 2005.

Tatum 1934 — Tatum G. L. Disloyalty in the Confederacy. Chapel Hill, NC: University of North Carolina Press, 1934.

Taylor J. 2008 — Taylor J. G. Eating, Drinking, and Visiting in the South: An Informal History. Updated Edition with a New Introduction by John Egerton. Baton Rouge, LA: Louisiana State University Press, 2008.

Taylor L. 2004 — Taylor L. S. The Supply for Tomorrow Must Not Fail: The Civil War of Captain Simon Perkins, Jr., a Union Quartermaster. Kent, OH: Kent State University Press, 2004.

Thomas 1974 — Thomas E. M. The Confederate Nation, 1861–1865. New York, NY: Harper & Row, 1979.

Tirman 2011 — Tirman J. The Deaths of Others: The Fate of Civilians in America's Wars. Oxford: Oxford University Press, 2011.

Torpey 2000 — Torpey J. The Invention of the Passport: Surveillance, Citizenship, and the State. Cambridge: Cambridge University Press, 2000.

Toussaint-Samat 1996 — Toussaint-Samat M. History of Food / Translated by Anthea Bell. Cambridge, MA: Blackwell Publishers, Inc., 1996.

Towne 2015 — Towne S. E. Surveillance and Spies in the Civil War: Exposing Confederate Conspiracies in America's Heartland. Athens, OH: Ohio University Press, 2015.

Trefousse 1997 — Trefousse H. L. Andrew Johnson: A Biography. New York, NY: W. W. Norton & Company, 1997.

Tucker 2004 — Tucker R. P. The World Wars and the Globalization of Timber Cutting // Natural Enemy, Natural Ally / eds. Tucker R. P., Russell E. Corvallis, OR: Oregon State University Press, 2004. P. 110–141.

Tucker, Russell 2004a — Tucker R. P., Russell E. Introduction // Natural Enemy, Natural Ally: Toward an Environmental History of Warfare / eds. Tucker R. P., Russell E. Corvallis, OR: Oregon State University Press, 2004. P. 1–14.

Tucker, Russell 2004b — Tucker R. P., Russell E. eds. Natural Enemy, Natural Ally: Toward an Environmental History of Warfare. Corvallis, OR: Oregon State University Press, 2004.

Uglow 2014 — Uglow J. In These Times: Living in Britain through Napoleon's War, 1793–1815. New York, NY: Farrar, Straus, & Giroux, 2014.

Van Tuyll 2001 — Van Tuyll H. P. The Netherlands and World War I: Espionage, Diplomacy, and Survival. Leiden: Brill Academic Publishers, 2001.

Varon 2014 — Varon E. R. Appomattox: Victory, Defeat, and Freedom at the End of the Civil War. Oxford: Oxford University Press, 2014.

Venet 2005 — Venet W. H. A Strong-Minded Woman: The Life of Mary A. Livermore. Amherst, MA: University of Massachusetts Press, 2005.

Vlach 1993 — Vlach J. M. Back of the Big House: The Architecture of Plantation Slavery. Chapel Hill, NC: University of North Carolina Press, 1993.

Walker, Detro 1990 — Walker H. J., Detro R. A., eds. Cultural Diffusion and Landscapes: Selections by Fred Kniffen. Baton Rouge, LA: Department of Geography and Anthropology, 1990.

Ward 1999 — Ward H. M. The War for Independence and the Transformation of American Society. New York, NY: Routledge, 1999.

Watson 2013 — Watson S. J. Peacekeepers and Conquerors: The Army Officer Corps on the American Frontier, 1821–1846. Lawrence, KS: University Press of Kansas, 2013.

Weigley 1959 — Weigley R. F. Quartermaster General of the Union Army: A Biography of M. C. Meigs. New York, NY: Columbia University Press, 1959.

Weiner 1998 — Weiner M. F. Mistresses and Slaves: Plantation Women in South Carolina, 1830–1880. Urbana, IL: University of Illinois Press, 1998.

Weissbach 2005 — Weissbach L. S. Jewish Life in Small-Town America: A History. New Haven, CT: Yale University Press, 2005.

Wetherington 2005 — Wetherington M. V. Plain Folk's Fight: The Civil War and Reconstruction in Piney Woods Georgia. Chapel Hill, NC: University of North Carolina Press, 2005.

Whites 1995 — Whites L. The Civil War as a Crisis in Gender: Augusta, Georgia, 1860–1890. Athens, GA: University of Georgia Press, 1995.

Whites 2009 — Whites L. Corresponding with the Enemy: Mobilizing the Relational Field of Battle in St. Louis // Occupied Women: Gender, Military Occupation, and the American Civil War / eds. Whites L., Long A. P. Baton Rouge, LA: Louisiana State University Press, 2009. P. 103–116.

Wiley 1962 — Wiley B. I. The Life of Billy Yank: The Common Soldier of the Union. Indianapolis, IN: Charter Books, 1962.

Wiley 1943 — Wiley B. I. The Life of Johnny Reb: The Common Soldier of the Confederacy. Indianapolis, IN: Bobbs-Merrill, 1943.

Williams et al. 2002 — Williams D., Williams T. C., Carlson D. Plain Folk in a Rich Man's War: Class and Dissent in Confederate Georgia. Gainesville, FL: University Press of Florida, 2002.

Williams M. 1989 — Williams M. Americans and Their Forests. Cambridge: Cambridge University Press, 1989.

Williams S. 2006 — Williams S. Food in the United States, 1820s–1890. Westport, CT: Greenwood Press, 2006.

Wilson 2006 — Wilson, Mark R. The Business of Civil War: Military Mobilization and the State, 1861–1865. Baltimore, MD: Johns Hopkins University Press, 2006.

Witt 2012 — Witt J. F. Lincoln's Code: The Laws of War in American History. New York, NY: Free Press, 2012.

Wolfe 1995 — Wolfe M. R. Daughters of Canaan: A Saga of Southern Women. Lexington, KY: University Press of Kentucky 1995.

Wood 2011 — Wood C. E. Mud: A Military History. Lincoln, NE: University of Nebraska Press, 2011.

Woodward 2007 — Woodward I. Understanding Material Culture. Los Angeles, CA: Sage, 2007.

Worcester 2008 — Worcester D. A Passion for Nature: The Life of John Muir. Oxford: Oxford University Press, 2008.

Wyatt-Brown 1982 — Wyatt-Brown B. Southern Honor: Ethics and Behavior in the Old South. Oxford: Oxford University Press, 1982.

Zimring 2014 — Zimring D. R. To Live and Die in Dixie: Native Northerners Who Fought for the Confederacy. Knoxville, TN: University of Tennessee Press, 2014.

Сетевые ресурсы

Американские леса. Факты о деревьях (URL: www.americanforests.org — дата обращения: 16.02.2022).

Bearss 1960 — Bearss E. Fortress Rosecrans Research Reportю 1960 (URL: www.nps.gov/stri/historyculture/foro.htm — дата обращения: 16.02.2022).

Driskell — Driskell S. L., ed. History of the 25th Alabama Infantry Regiment, 1861–1865: A Narrative by Captain Wilson P. Howell, Company I (URL: https://sites.google.com/site/25thAlabama/Home — дата обращения: 16.02.2022).

Служба национальных парков, округ Чарльз-Сити, Беркли (URL: www.nps.gov/articles/Berkeley.htm — дата обращения: 16.02.2022).

Служба национальных парков, материалы по Гражданской войне, база данных по солдатам (URL: www.nps.gov/civilwar/search-soldiers.htm — дата обращения: 16.02.2022).

Руководство по распознаванию растений. Служба сохранения природных ресурсов, Министерство сельского хозяйства США (URL: http://usdasearch.usda.gov/search — в настоящий момент ресурс недоступен).

Министерство сельского хозяйства США (URL: usda.gov/media/blog — дата обращения: 16.02.2022; blogs.usda.gov/2013/01/28 — в настоящий момент ресурс недоступен).

Оглавление

Благодарности 5
Список сокращений 8

Введение 11
Глава 1. Старый Юг 27
Глава 2. Население 56
Глава 3. Провизия 94
Глава 4. Древесина 137
Глава 5. Здания 177
Глава 6. Переломный год 212
Глава 7. 1865 год и то, что было потом 250

Источники 274
Библиография 300

Научное издание

Джоан Э. Кэшин
НАСУЩНЫЙ ХЛЕБ СРАЖЕНИЙ
Борьба за человеческие и природные ресурсы
в ходе гражданской войны в США

Директор издательства *И. В. Немировский*
Ответственный редактор *И. Белецкий*
Куратор серии *Е. Яндуганова*
Заведующая редакцией *О. Петрова*

Дизайн *И. Граве*
Редактор *А. Тюрин*
Корректоры *А. Филимонова, Е. Гайдель*
Верстка *Е. Падалки*

Подписано в печать 26.04.2023.
Формат издания 60 × 90 $^1/_{16}$. Усл. печ. л. 20,1.
Тираж 300 экз.

Academic Studies Press
1577 Beacon Street, Brookline, MA 02446 USA
https://www.academicstudiespress.com

ООО «Библиороссика».
190005, Санкт-Петербург, 7-я Красноармейская ул., д. 25а

Эксклюзивные дистрибьюторы:
ООО «Караван»
ООО «КНИЖНЫЙ КЛУБ 36.6»
http://www.club366.ru
Тел./факс: 8(495)9264544
e-mail: club366@club366.ru

Книги издательства можно купить
в интернет-магазине: www.bibliorossicapress.com
e-mail: sales@bibliorossicapress.ru

(12+)

*Знак информационной продукции согласно
Федеральному закону от 29.12.2010 № 436-ФЗ*

CPSIA information can be obtained
at www.ICGtesting.com
Printed in the USA
LVHW070354090623
749186LV00001B/1